Álgebra para o Ensino Fundamental

Caderno de Atividades
9º ano
volume 2

1ª Edição

Manoel Benedito Rodrigues

São Paulo
2020

Digitação, Diagramação : Sueli Cardoso dos Santos - suly.santos@gmail.com
Elizabeth Miranda da Silva - elizabeth.ms2015@gmail.com

www.editorapolicarpo.com.br
contato: contato@editorapolicarpo.com.br

Dados Internacionais de Catalogação, na Publicação (CIP)

(Câmara Brasileira do Livro, SP, Brasil)

Rodrigues, Manoel Benedito.
Matémática / Manoel Benedito Rodrigues.
- São Paulo: Editora Policarpo, **1ª Ed. - 2020**
ISBN: 978-85-87592-93-4
1. Matemática 2. Ensino fundamental
I. Rodrigues, Manoel Benedito II. Álgebra para ensino fundamental vol. 2.

Índices para catálogo sistemático:

Todos os direitos reservados à:
EDITORA POLICARPO LTDA
Rua Dr. Rafael de Barros, 175 - Conj. 01
São Paulo - SP - CEP: 04003-041
Tel./Fax: (11) 3288 - 0895
Tel.: (11) 3284 - 8916
contato@editorapolicarpo.com.br

Índice

I Equaçõm 2º grau (continuação)

1 - Discriminante ($\Delta = b^2 - 4ac$) 01

2 - Relações entre coeficientes e raízes 05

3 - Fatoração do trinômio $ax^2 + bx + c$ 19

4 - O trinômio $abx^2 + (a+b)x + 1$ 25

5 - O trinômio $(nx)^2 + (a+b)(nx) + ab$ 28

II Equações Literais

1 - Equações literais do 1º grau 31

2 - Equações literais do 2º grau (ou redutíveis a do 2º grau) 34

III Sistemas Literais 41

IV Conjuntos

1 - Elemento, pertinência, determinação e representação 45

2 - Conjunto unitário e conjunto vazio 46

3 - Conjunto universo 47

4 - Número de elementos 47

5 - Subconjunto 51

6 - Igualdade de conjuntos 51

7 - Conjuntos das partes 52

8 - Operações com conjuntos 54

V Funções

1 - Conjuntos numéricos 71

2 - Intervalos 72

3 - Plano cartesiano 77

4 - Produto cartesiano 88

5 - Relação binária 91

6 - Funções 96

VI Inequações do 2º grau e redutíveis

1 - Inequações do 2º grau 165

2 - Inequações na forma de produto ou quociente 170

3 - Sistema de inequações 173

VII Exercícios de fixação 178

I. EQUAÇÕES DO 2º GRAU (CONTINUAÇÃO)

1 - Discriminante ($\Delta = b^2 - 4ac$)

De acordo com o valor do discriminante, sabemos se a equação tem raízes iguais ou diferentes ou se ela não tem raízes reais.

$$ax^2 + bx + c = 0 \text{, com a, b e c reais e } a \neq 0.$$

$\Delta = b^2 - 4ac$ é chamado discriminante da equação.

Observe os três exemplos:

1) $2x^2 - 5x - 3 = 0$
$\Delta = 25 + 24 = 49$
$x = \dfrac{5 \pm 7}{4}$
$x = 3 \lor x = -\dfrac{1}{2}$

2) $4x^2 - 12x + 9 = 0$
$\Delta = 144 - 144 = 0$
$x = \dfrac{12 \pm 0}{8}$
$x = \dfrac{3}{2}$

3) $3x^2 - 7x + 5 = 0$
$\Delta = 49 - 60 = -11$
$x = \dfrac{7 \pm \sqrt{-11}}{6}$
As raízes não são reais.

$$\Delta = b^2 - 4ac$$
$$\Delta > 0 \iff \text{As raízes são reais e distintas}$$
$$\Delta = 0 \iff \text{As raízes são reais e iguais}$$
$$\Delta < 0 \iff \text{A equação não tem raízes reais}$$

Para as equações incompletas não é necessário determinar o discriminante para dizer se ela tem raízes reais ou não, mas também podemos determiná-lo:

1) $ax^2 + bx = 0$, com $a \neq 0$ e $b \neq 0$.
$ax^2 + bx + 0 = 0 \Rightarrow \Delta = b^2 - 4(a)(0) \Rightarrow \Delta = b^2 \Rightarrow \boxed{\Delta > 0} \Rightarrow$

A equação tem duas raízes reais distintas. Uma é o zero e outra é $-\dfrac{b}{a}$

2) $ax^2 = 0$, $a \neq 0$
$ax^2 + 0x + 0 = 0 \Rightarrow \Delta = 0^2 - 4 \cdot (a)(0) \Rightarrow \boxed{\Delta = 0} \Rightarrow$ A equação tem duas raízes reais e iguais a zero.

3) $ax^2 + c = 0 \Rightarrow ax^2 + 0x + c = 0 \Rightarrow \Delta = 0^2 - 4ac \Rightarrow \boxed{\Delta = -4ac}$.

Se **a** e **c** tiverem sinais diferentes, $-4ac$ será maior que zero e ela terá duas raízes reais diferentes que são opostas. Se **a** e **c** tiverem os mesmos sinais, ab será positivo e $-4ac$ negativo e a equação não terá raízes reais.

$$ax^2 + bx = 0 \Rightarrow \Delta > 0 \Rightarrow S = \left\{0, -\dfrac{b}{a}\right\}$$
$$ax^2 = 0 \Rightarrow \Delta = 0 \Rightarrow S = \{0\}$$
$$ax^2 + c = 0 \Rightarrow \begin{cases} ac > 0 \Rightarrow \Delta < 0 \Rightarrow S = \varnothing \\ ac < 0 \Rightarrow \Delta > 0 \Rightarrow S = \left\{\pm\sqrt{\dfrac{c}{a}}\right\} \end{cases}$$

Exemplos:

1) $5x^2 = 0$
$S = \{0\}$

2) $5x^2 + 7x = 0$
$S = \left\{0, -\dfrac{7}{5}\right\}$

3) $3x^2 - x = 0$
$S = \left\{0, \dfrac{1}{3}\right\}$

4) $5x^2 + 7 = 0$
$S = \varnothing$

5) $4x^2 - 9 = 0$
$S = \left\{\pm\dfrac{3}{2}\right\}$

1 Determinando o discriminante ($\Delta = b^2 - 4ac$), sem determinar as raízes, dizer se a equação tem raízes reais diferentes, raízes reais iguais ou não tem raízes reais, nos casos:

a) $2x^2 - 5x + 1 = 0$

b) $2x^2 - 5x + 4 = 0$

c) $9x^2 - 6x + 1 = 0$

c) $4x^2 - 5x + 3 = 0$

d) $4x^2 - 5x + 1 = 0$

e) $4x^2 - 20x + 25 = 0$

2 Sem determinar o discriminante, nem determinar as raízes, dizer se a equação tem raízes reais diferentes, tem raízes reais iguais ou não tem raízes reais, nos casos:

a) $5x^2 = 0$

b) $6x^2 = 0$

c) $7x^2 + 3x = 0$

d) $4x^2 - 5x = 0$

e) $x^2 - 16 = 0$

f) $x^2 + 25 = 0$

g) $4x^2 + 1 = 0$

h) $4x^2 - 1 = 0$

i) $8x^2 = 0$

j) $4x^2 + 7x = 0$

k) $5x^2 - 7 = 0$

l) $6x^2 + 5 = 0$

m) $4x^2 + 9x = 0$

n) $4x^2 + 9 = 0$

o) $4x^2 - 9x = 0$

p) $4x^2 - 9 = 0$

3 Dada uma equação do 2º grau, determinar o parâmetro **m**, de modo que as raízes da equação sejam iguais, nos casos:

a) $2x^2 - 6x + 2m - 1 = 0$

b) $m^2x^2 - (2m - 3)^2 + 1 = 0$

4 Dada a equação $(m - 3)x^2 - 2(m + 2)x + 5m + 16 = 0$, determinar **m** para que a equação tenha raízes reais e iguais.

5 Dada a equação do 2º grau com parâmetro real **m**, determinar **m** de modo que a equação não tenha raízes reais, nos casos:

a) $2x^2 - 4x - (3m - 4) = 0$

b) $(2m - 3)x^2 - 6x + 3 = 0$

6 Dada a equação do 2º grau com parâmetro real **m**, determinar **m** de modo que a equação tenha raízes reais diferentes.

a) $(2m - 1)x^2 - 8x + 2 = 0$

b) $3mx^2 - (6m - 4)x - (2 - 3m) = 0$

7 Dada a equação do 2º grau $(m + 2)x^2 - (3m + 6)x + 2m + 5 = 0$, determinar **m** de modo que suas raízes sejam reais e iguais.

8 Em cada caso temos uma equação do 2º grau de raízes reais e iguais. Determinar esta raiz.

a) $mx^2 - 2(m - 3)x + m - 8 = 0$

b) $x^2 - (4m - 2)x - (7 - 4m^2) = 0$

c) $(2m + 3)x^2 - 2(m + 3)x + 2(m - 1) = 0$

9 Se 2 é uma das raízes de $(m - 1)x^2 - 2mx + 2m - 4 = 0$, qual é a outra raiz?

2 – Relações entre coeficientes e raízes

Consideremos a equação do 2º grau $ax^2 + bx + c = 0$, $a \neq 0$, com $\Delta = b^2 - 4ac$ maior ou igual a zero ($\Delta \geq 0$). Sendo **r** e **s** as suas raízes (costumamos também indicar as raízes por x' e x" ou x_1 e x_2), temos:

$r = \dfrac{-b + \sqrt{\Delta}}{2a}$ e $s = \dfrac{-b - \sqrt{\Delta}}{2a}$. Vamos determinar a soma $S = r + s$ e o produto $P = r \cdot s$, isto é, a **soma** e o **produto** das raízes.

$S = r + s = \dfrac{-b + \sqrt{\Delta}}{2a} + \dfrac{-b - \sqrt{\Delta}}{2a} \Rightarrow S = \dfrac{-b + \sqrt{\Delta} - b - \sqrt{\Delta}}{2a} \Rightarrow S = \dfrac{-2b}{2a} \Rightarrow \boxed{S = -\dfrac{b}{a}}$

$P = r \cdot s = \dfrac{-b + \sqrt{\Delta}}{2a} \cdot \dfrac{-b - \sqrt{\Delta}}{2a} \Rightarrow P = \dfrac{(b - \sqrt{\Delta})(b + \sqrt{\Delta})}{4a^2} = \dfrac{b^2 - \Delta}{4a^2} = \dfrac{b^2 - (b^2 - 4ac)}{4a^2} = \dfrac{4ac}{4a^2} \Rightarrow \boxed{P = \dfrac{c}{a}}$

Vamos considerar apenas, nos exercícios, o caso em a equação tenha raízes reais, isto é, $\Delta \geq 0$. Sendo **S** a soma e **P** o produto das raízes da equação em questão, temos:

$$\boxed{ax^2 + bx + c = 0 \Rightarrow S = -\dfrac{b}{a} \text{ e } P = \dfrac{c}{a}}$$

Consequência:

Consideramos a equação $ax^2 + bx + c = 0$, $a \neq 0$, com raízes reais, dividindo ambos os membros por a, obtemos:

$ax^2 + bx + c = 0 \Rightarrow \dfrac{a}{a}x^2 + \dfrac{b}{a}x + \dfrac{c}{a} = 0 \Rightarrow x^2 - \left(-\dfrac{b}{a}\right)x + \dfrac{c}{a} = 0 \Rightarrow x^2 - Sx + P = 0$

Podemos afirmar que quando o coeficiente de x^2 for igual a 1, a soma **S** das raízes é o oposto do coeficiente de x e o produto **P** das raízes é o termo independente de x.

$$\boxed{x^2 - Sx + P = 0 \Leftrightarrow S = r + s \text{ e } P = r \cdot s}$$

Exemplo 1: Determinar a soma e o produto das raízes da equação, nos casos:

a) $2x^2 + 10x + 7 = 0$

$S = -\dfrac{b}{a} = -\dfrac{10}{2} \Rightarrow S = -5$

$P = \dfrac{c}{a} = \dfrac{7}{2} \Rightarrow P = \dfrac{7}{2}$

b) $4x^2 - 6x + 1 = 0$

$S = -\dfrac{b}{a} = \dfrac{-(-6)}{4} \Rightarrow S = \dfrac{3}{2}$

$P = \dfrac{c}{a} = \dfrac{1}{4} \Rightarrow P = \dfrac{1}{4}$

c) $7x^2 + 3x - 21 = 0$

$S = -\dfrac{b}{a} = \dfrac{-3}{7} \Rightarrow S = -\dfrac{3}{7}$

$P = \dfrac{c}{a} = \dfrac{-21}{7} \Rightarrow P = -3$

Exemplo 2: Determinar a soma e o produto das raízes de $x^2 - 8x - 31 = 0$

Resolução: $x^2 - Sx + P = 0$ e $x^2 - 8x - 31 = 0 \Leftrightarrow S = 8$ e $P = -31$

Exemplo 3: Formar uma equação do 2º grau ($ax^2 + bx + c = 0$) com a, b e c inteiros, sendo a o menor natural possível, dada a soma $\dfrac{3}{4}$ e produto $-\dfrac{5}{6}$ das raízes.

Resolução: $x^2 - Sx + P = 0$, $S = \dfrac{3}{4}$ e $P = -\dfrac{5}{6} \Rightarrow x^2 - \dfrac{3}{4}x - \dfrac{5}{6} = 0 \Rightarrow 12x^2 - 9x - 10 = 0$

Resp: **1** a) Raízes reais e diferentes. b) Não tem raízes reais. c) Raízes reais e iguais. d) Não tem raízes reais.
e) Raízes reais diferentes. f) Raízes reais e iguais. **2** a) Raízes reais e iguais. b) Raízes reais e iguais.
c) Raízes reais e diferentes. d) Raízes reais e diferentes. e) Raízes reais e diferentes.
f) Não tem raízes reais. g) Não tem raízes reais. h) Raízes reais diferentes. i) Raízes reais e iguais.
j) Raízes reais diferentes. k) Raízes reais diferentes. l) Não tem raízes reais.
m) Raízes reais diferentes. n) Não tem raízes reais. o) Raízes reais diferentes.
p) Raízes reais diferentes. **3** a) $m = \dfrac{11}{4}$ b) $m = \dfrac{3}{4}$ **4** $m = 4$ ou $m = -\dfrac{13}{4}$ **5** a) $m < \dfrac{2}{3}$
b) $m > 3$ **6** a) $m < \dfrac{9}{2}$ b) $m < \dfrac{2}{3}$ **7** $m = 2$

Exemplo 4: Formar uma equação do 2º grau cujas raízes sejam $\frac{2}{3}$ e $-\frac{3}{4}$

Resolução: Determinemos S e P:

$S = \frac{2}{3} + \left(-\frac{3}{4}\right) = \frac{8-9}{12} \Rightarrow \boxed{S = \frac{-1}{12}}$ e $P = \left(\frac{2}{3}\right)\left(-\frac{3}{4}\right) \Rightarrow \boxed{P = -\frac{1}{2}}$

$x^2 - Sx + P = 0 \Rightarrow x^2 - \left(-\frac{1}{12}\right)x + \left(-\frac{1}{2}\right) = 0 \Rightarrow x^2 + \frac{1}{12}x - \frac{1}{2} = 0 \Rightarrow$

qualquer equação da forma $\alpha\left(x^2 + \frac{1}{12}x - \frac{1}{2}\right) = 0$, $\alpha \in \mathbb{R}^*$ será do 2º grau e terá as raízes $\frac{2}{3}$ e $-\frac{3}{4}$.

$\alpha = 2 \Rightarrow 2x^2 + \frac{1}{6}x - 1 = 0$, $\alpha = 6 \Rightarrow 6x^2 + \frac{1}{2}x - 3 = 0$, $\alpha = 12 \Rightarrow 12x^2 + x - 6 = 0$, etc.

Quando nada for dito em contrário neste caderno, sempre que possível, dar a resposta com coeficientes inteiros, com o de x^2 sendo o menor número natural possível, neste caso, $12x^2 + x - 6 = 0$.

Exemplo 5: Dada a equação $(m-5)x^2 - 4(m-7)x - 4m + 5 = 0$, determinar **m** nos casos:

a) Para que a soma de suas raízes seja 5.

b) Para que o produto das suas raízes seja – 9.

Resolução: a) $S = 5$ e $S = -\frac{b}{a} = \frac{4(m-7)}{m-5} \Rightarrow \frac{4m-28}{m-5} = 5 \Rightarrow$

$\Rightarrow 5m - 25 = 4m - 28 \Rightarrow \boxed{m = -3}$

Observação: Verifica-se que para m = – 3, a equação tem raízes reais.

b) $P = -9$ e $P = \frac{c}{a} = \frac{-4m+5}{m-5} \Rightarrow \frac{-4m+5}{m-5} = -9 \Rightarrow$

$\Rightarrow -4m + 5 = -9m + 45 \Rightarrow 5m = 40 \Rightarrow \boxed{m = 8}$

Observação: Verifica-se que para m = 8, a equação tem raízes reais.

Exemplo 6: Dada a equação $3(2m-3)x^2 + 2(m-6)x - 16 + m = 0$, determinar **m** de modo que as raízes sejam simétricas.

Resolução: As raízes x' e – x' $\Rightarrow S = x' + (-x') \Rightarrow S = 0$

$S = -\frac{b}{a} \Rightarrow \frac{-2(m-6)}{3(2m-3)} = 0 \Rightarrow m - 6 = 0 \Rightarrow \boxed{m = 6}$

Observação: Para m = 6, as raízes são reais. Note que a ≠ 0 e b = 0.

Exemplo 7: Dada a equação $(5m-6)x^2 - 5(3m-4)x - 15 + 2m = 0$, determinar **m** de modo que as raízes sejam recíprocas (uma é o inverso da outra).

Resolução: A raízes são x' e $\frac{1}{x'}$ $\Rightarrow P = x' \cdot \frac{1}{x'} \Rightarrow P = 1$

$P = \frac{c}{a} \Rightarrow \frac{-15+2m}{5m-6} = 1 \Rightarrow 5m - 6 = -15 + 2m \Rightarrow 3m = -9 \Rightarrow \boxed{m = -3}$

Observação: Para m = – 3, as raízes são reais. Note que a = c ≠ 0.

Exemplo 8: Formar uma equação do 2º grau cujas raízes sejam as da equação $x^2 + 5x - 13 = 0$ aumentadas de 4.

Resolução: Sejam **r** e **s** as raízes da equação dada e **r'** e **s'** as da equação que se quer.

Note que r' = r + 4 e s' = s + 4 e S = – 5 e P = – 13. Determinemos S' e P' da nova equação.

S' = r' + s' = r + 4 + s + 4 = r + s + 8 ⇒ S' = S + 8 ⇒ S' = – 5 + 8 ⇒ S' = 3

P' = r'· s' = (r + 4)(s + 4) = rs + 4r + 4s + 16 ⇒ P' = rs + 4(r + s) + 16 ⇒

⇒ P' = P + 4S + 16 ⇒ P' = – 13 + 4(– 5) + 16 = –13 – 20 + 16 ⇒ P' = – 17

S' = 3, P' = – 17 e x^2 – S'x + P' = 0 ⇒ $\boxed{x^2 - 3x - 17 = 0}$

Exemplo 9: Sendo **r** e **s** as raízes da equação $4x^2 - 6x - 5 = 0$, sem determiná-las, determinar:

a) $\dfrac{1}{r} + \dfrac{1}{s}$

b) $r^2 + s^2$

Resolução: $r + s = \dfrac{6}{4} = \dfrac{3}{2}$ e $r \cdot s = -\dfrac{5}{4}$

a) $\dfrac{1}{r} + \dfrac{1}{s} = \dfrac{r+s}{rs} = \dfrac{\frac{3}{2}}{-\frac{5}{4}} = \dfrac{3}{2} \cdot \left(-\dfrac{4}{5}\right) = -\dfrac{6}{5} \Rightarrow \dfrac{1}{r} + \dfrac{1}{s} = -\dfrac{6}{5}$

b) $r + s = \dfrac{3}{2} \Rightarrow (r+s)^2 = \dfrac{9}{4} \Rightarrow r^2 + 2rs + s^2 = \dfrac{9}{4} \Rightarrow r^2 + s^2 = \dfrac{9}{4} - 2rs \Rightarrow$

⇒ $r^2 + s^2 = \dfrac{9}{4} - 2\left(-\dfrac{5}{4}\right) \Rightarrow r^2 + s^2 = \dfrac{9}{4} + \dfrac{10}{4} \Rightarrow r^2 + s^2 = \dfrac{19}{4}$

Exemplo 10: Mostrar que se a equação $x^2 - mx + n = 0$ tem duas raízes reais, então $x^2 - (m - 2n)x + n(n - m + 1) = 0$ também terá raízes reais.

Resolução: $x^2 - mx + n = 0$ tem raízes reais ⇒ $\Delta \geq 0$ ⇒ $m^2 - 4n \geq 0$

Determinemos o Δ' da equação $x^2 - (m - 2n)x + n(n - m + 1) = 0$

$\Delta' = (m - 2n)^2 - 4n(n - m + 1) \Rightarrow \Delta' = m^2 - 4mn + 4n^2 - 4n^2 - 4mn - 4n \Rightarrow$

$\Delta' = m^2 - 4n \Rightarrow \Delta' = \Delta$. Como $\Delta \geq 0$, obtemos $\Delta' \geq 0$ ⇒ a equação tem raízes reais.

Exemplo 11: Sendo **r** e **s** as raízes da equação $x^2 - 5x - 4 = 0$, sem determiná-las, determinar $r^3 + s^3$.

Resolução: $r + s = 5$ e $r \cdot s = -4$

$r + s = 5 \Rightarrow (r+s)^3 = 5^3 \Rightarrow r^3 + 3r^2s + 3rs^2 + s^3 = 125 \Rightarrow r^3 + s^3 = 125 - 3r^2n - 3rs^2 \Rightarrow$

⇒ $r^3 + s^3 = 125 - 3rs(r+s) \Rightarrow r^3 + s^3 = 125 - 3(-4)(5) \Rightarrow r^3 + s^3 = 125 + 60$

⇒ $r^3 + s^3 = 185$.

Resp: **8** a) $\dfrac{5}{3}$ b) 3 c) m = 3 ⇒ x = $\dfrac{2}{3}$, m = $-\dfrac{5}{3}$ ⇒ x = – 4 **9** $\dfrac{2}{3}$

10 Determinar a soma e o produto das raízes da equação dada, nos casos:

a) $7x^2 + 14x + 5 = 0$

$S = -\dfrac{b}{a}$ e $P = \dfrac{c}{a}$

b) $3x^2 - 7x - 9 = 0$

$S = -\dfrac{b}{a}$ e $P = \dfrac{c}{a}$

c) $10x^2 + 15x - 8 = 0$

$S = -\dfrac{b}{a}$ e $P = \dfrac{c}{a}$

d) $5x^2 - 9x = 0$

e) $3x^2 - 27 = 0$

f) $7x^2 = 0$

g) $\dfrac{2}{3}x^2 - 5x - \dfrac{3}{7} = 0$

h) $-\dfrac{4}{3}x^2 + \dfrac{15}{4}x - \dfrac{7}{6} = 0$

i) $0,5x^2 - \dfrac{3}{5}x - \dfrac{1}{2} = 0$

11 Determinar a soma e o produto das raízes da equação dada, nos casos:

a) $x^2 - 9x + 7 = 0$

b) $x^2 + 8x - 11 = 0$

c) $x^2 + \dfrac{2}{3}x - \dfrac{9}{4} = 0$

12 Admitindo que os parâmetros assumam valores de modo que a equação seja do 2º grau e as raízes sejam reais, determinar a soma e o produto das raízes, nos casos:

a) $2abx^2 - 3bcx - 7ac = 0$

b) $2b(a-b)x^2 - (a-b)^2 x - 4b^2 = 0$

c) $(a^2 - b^2)x^2 + (a+b)x - 5(a-b) = 0$

13 Formar uma equação do 2º grau (ax² + bx + c = 0) com **a**, **b** e **c** inteiros, sendo **a** o menor número natural possível, dados a soma **S** e o produto **P** das raízes, nos casos:

a) S = – 7 e P = – 8

b) S = 0 e P = – 16

c) S = 9 e P = 0

d) $S = -\frac{3}{4}$ e $P = -\frac{5}{6}$

e) $S = \frac{4}{9}$ e $P = \frac{4}{81}$

f) $S = \frac{7}{8}$ e $P = -\frac{5}{12}$

14 Formar uma equação do 2º grau, dadas as raízes, nos casos:

a) 5 e –7

b) – 4 e 9

c) – 5 e – 2

d) $\frac{2}{3}$ e $-\frac{3}{2}$

e) $-\frac{3}{4}$ e $\frac{5}{6}$

f) $-\frac{3}{8}$ e $-\frac{1}{6}$

15 Dada a equação 2x² − (3m − 1)x + 4m − 8 = 0, determinar **m**, nos casos:

a) A soma das raízes é $\frac{2}{7}$

b) O produto das raízes é $-\frac{3}{5}$

c) As raízes são simétricas.

d) As raízes são recíprocas.

16 Dada a equação (2m − 5)x² − 4(5 − m)x − 3m + 5 = 0, determinar **m**, nos casos:

a) Uma raiz é inverso da outra (raízes recíprocas).

b) Uma é o simétrico da outra (raízes opostas).

17 Dada a equação 2x² − 6x − (2n − 1) = 0, determinar **n**, nos casos:

a) As raízes são recíprocas.

b) As raízes são simétricas.

c) Uma das raízes é nula.

d) Tenha raiz dupla (raízes iguais).

18 Dada a equação $(k-1)x^2 - 2(k+4)x + k + 2 = 0$, determinar:

a) O discriminante (Δ) em função do parâmetro **k**.

b) k de modo que a equação tenha raízes iguais (raiz dupla).

c) k de modo que as equações sejam reais e diferentes.

d) k de modo que a equação não tenha raízes reais.

e) k de modo que as raízes sejam simétricas.

f) k de modo que as raízes sejam recíprocas.

g) k de modo que a soma das raízes seja 7.

19 Dada a equação $x^2 - 4x + 2k - 3 = 0$, determinar **k** de modo que a diferença das raízes seja 10.

Resp: **10** a) $S = -2$; $P = \frac{5}{7}$ b) $S = \frac{7}{6}$; $P = -3$ c) $S = -\frac{3}{2}$; $P = -\frac{4}{5}$ d) $S = \frac{9}{5}$; $P = 0$ e) $S = 0$; $P = -9$

f) $S = 0$; $P = 0$ g) $S = \frac{15}{2}$; $P = -\frac{9}{14}$ h) $S = \frac{45}{16}$; $P = \frac{7}{8}$ i) $S = \frac{6}{5}$; $P = -1$

11 a) $S = 9$; $P = 7$ b) $S = -8$; $P = -11$ c) $S = -\frac{2}{3}$; $P = -\frac{9}{4}$ **12** a) $S = \frac{3c}{2b}$; $P = -\frac{7c}{2a}$

b) $S = \frac{a-b}{2b}$; $P = \frac{-2b}{a-b}$ c) $S = \frac{1}{b-a}$; $P = \frac{-5}{a+b}$ **13** a) $x^2 + 7x - 8 = 0$ b) $x^2 - 16 = 0$

c) $x^2 - 9x = 0$ d) $12x^2 + 9x - 10 = 0$ e) $81x^2 - 36x + 4 = 0$ f) $24x^2 - 21x - 10 = 0$

14 a) $x^2 + 2x - 35 = 0$ b) $x^2 - 5x - 36 = 0$ c) $x^2 + 7x + 10 = 0$ d) $6x^2 + 5x - 6 = 0$

e) $24x^2 - 2x - 15 = 0$ f) $48x^2 - 26x + 3 = 0$

20 Dados a soma e o produto de dois números, determiná-los, nos casos:

a) S = 7 e P = 10

b) S = – 5 e P = – 24

c) S = 4 e P = – 14

d) S = $\dfrac{1}{2}$ e P = – 2

21 Formar uma equação cujas raízes sejam as raízes de $x^2 - 6x - 8 = 0$ aumentadas de 5.

22 Formar uma equação cujas raízes sejam as raízes de $x^2 + 7x + 1 = 0$ diminuidas de 4.

23 Formar uma equação cujas raízes sejam o dobro das raízes da equação $2x^2 - 3x - 9 = 0$.

24 Formar uma equação cujas raízes sejam as terças partes das raízes da equação $4x^2 + 2x - 3 = 0$.

25 Formar uma equação cujas raízes são as opostas (simétricas) das raízes da equação $3x^2 - 5x - 2 = 0$.

26 Formar uma equação cujas raízes sejam as inversas das raízes de $5x^2 + 4x - 7 = 0$.

Resp: **15** a) $\frac{11}{21}$ b) $\frac{17}{10}$ c) $\frac{1}{3}$ d) $\frac{5}{2}$ **16** a) 2 b) 5 **17** a) $-\frac{1}{2}$ b) Não existe n tal que as raízes sejam simétricas. c) $\frac{1}{2}$ d) $-\frac{7}{4}$ **18** a) $28k + 72$ b) $k = -\frac{18}{7}$ c) $k > -\frac{18}{7}$ d) $k < -\frac{18}{7}$ e) Não existe k. f) Não existe k. g) $k = 3$ **19** $k = -9$

13

27 Sendo **r** e **s** as raízes da equação $2x^2 - 4x - 3 = 0$, sem determinar **r** e **s**, determinar:

a) r + s =

b) r · s =

c) $\dfrac{1}{r} + \dfrac{1}{s}$

d) $r^2 + s^2 =$

e) $r^3 + s^3 =$

f) $r^4 + s^4 =$

g) $\dfrac{1}{r^2} + \dfrac{1}{s^2}$

28 Dada a equação $2x^2 - 8x + n = 0$ determinar **n**, nos casos:

a) Uma das raízes é o triplo da outra.

b) A soma dos inversos das raízes seja igual a – 8.

c) A diferença das raízes seja – 6.

29 Dada a equação $3x^2 - (2h - 1)x + 54 = 0$, determinar **h**, nos casos:

a) Uma raiz é o dobro da outra.

b) A soma dos inversos das raízes é igual a $\frac{1}{2}$.

c) A diferença das raízes seja igual a 7.

30 Dada a equação $ax^2 + bx + c = 0$ de raízes reais não nulas, escrever uma equação cujas raízes são os inversos das raízes da equação dada.

Resp: **20** a) 2 e 5   b) –8 e 3   c) $2 + 3\sqrt{2}$ e $2 - 3\sqrt{2}$ d) $\frac{1+\sqrt{33}}{4}$ e $\frac{1-\sqrt{33}}{4}$

21 a) $x^2 - 16x + 47 = 0$ **22** $x^2 + 15x + 45 = 0$ **23** $x^2 - 3x - 18 = 0$

24 $12x^2 + 2x - 1 = 0$ **25** $3x^2 + 5x - 2 = 0$ **26** $7x^2 - 4x - 5 = 0$

15

31 Mostre que a equação $x^2 - (m + n)x + mn - h^2 = 0$ admite duas raízes reais distintas para $m \neq n$.

32 Mostre que se a equação $x^2 + mx + n = 0$ tem duas raízes reais e distintas, então o mesmo acontece com a equação $x^2 + h(2x + m) + mx + n = 0$.

33 Sabe-se que as equações $x^2 - 5x + m + 1 = 0$ e $x^2 + 2x + m - 13 = 0$, têm uma raiz em comum. Determinar as raízes destas equações.

34 Sendo **r** e **s** as raízes da equação $x^2 + mx + n = 0$, formar uma equação que tenha por raízes:

a) $r + 8$ e $s + 8$

b) $5r$ e $5s$

c) r^2 e s^2

d) $\dfrac{r}{s}$ e $\dfrac{s}{r}$

Resp: **27** a) 2   b) $-\dfrac{3}{2}$ c) $-\dfrac{4}{3}$ d) 7   e) 17   f) $\dfrac{89}{2}$ g) $\dfrac{28}{9}$ **28** a) 6   b) -1 c) -10

29 -13 ou 14   b) 14   c) -16 ou 17   **30** $cx^2 + bx + a = 0$

17

35 Sendo **r** e **s** as raízes da equação $x^2 + mx + n = 0$, formar uma equação que tenha por raízes:

a) $\dfrac{r}{s}+1$ e $\dfrac{s}{r}+1$

b) $r+s$ e r^2+s^2

c) $r+\dfrac{1}{s}$ e $s+\dfrac{1}{r}$

d) $r+\dfrac{1}{r}$ e $s+\dfrac{1}{s}$

3 - Fatoração do trinômio $ax^2 + bx + c$

Vamos mostrar que o trinômio $ax^2 + bx + c$ com raízes reais x' e x" pode ser escrito na forma fatorada. Ou seja:

$$ax^2 + bx + c = a(x - x')(x - x")$$

Sabemos que sendo x' e x" as raízes do trinômio $ax^2 + bx + c$, então $S = x' + x" = -\dfrac{b}{a}$ e $P = x' \cdot x" = \dfrac{c}{a}$.

Pondo **a** em evidência, obtemos:

$$ax^2 + bx + c = a\left(x^2 + \frac{b}{a}x + \frac{c}{a}\right) = a\left[x^2 - \left(-\frac{b}{a}\right)x + \frac{c}{a}\right]$$

$$= a[x^2 - (x' + x")x + x' \cdot x"] =$$

$$= a[x^2 - xx' - xx" + x'x"] =$$

$$= a[x(x - x') - x"(x - x')] =$$

$$= a[(x - x')(x - x")] = a(x - x')(x - x"). \text{ Então:}$$

$$\boxed{ax^2 + bx + c = a(x - x')(x - x")}$$

Exemplo 1:

1) $2x^2 - 7x + 3$. Determinamos primeiramente as suas raízes:

$2x^2 - 7x + 3 = 0 \Rightarrow \Delta = 49 - 24 = 25 \Rightarrow x = \dfrac{7 \pm 5}{4} \Rightarrow x' = 3$ e $x" = \dfrac{1}{2}$

Como $ax^2 + bx + c = a(x - x')(x - x")$, temos:

$2x^2 - 7x + 3 = 2(x-3)\left(x - \dfrac{1}{2}\right) = (x-3)(2x-1)$

Exemplo 2:

2) $6x^2 + 5x - 6$. Determinamos primeiramente as suas raízes.

$6x^2 + 5x - 6 = 0 \Rightarrow \Delta = 25 + 144 = 169 \Rightarrow x = \dfrac{-5 \pm 13}{12} \Rightarrow x' = \dfrac{2}{3}$ e $x" = -\dfrac{3}{2}$

Como $ax^2 + bx + c = a(x - x')(x - x")$, temos:

$6x^2 + 5x - 6 = 6\left(x - \dfrac{2}{3}\right)\left(x + \dfrac{3}{2}\right) = 2 \cdot 3 \left(x - \dfrac{2}{3}\right)\left(x + \dfrac{3}{2}\right) = (3x - 2)(2x + 3)$

Exemplo 3: $4x^2 - 8x + 1$. Determinamos primeiramente as raízes do trinômios.

$4x^2 - 8x + 1 = 0 \Rightarrow \Delta = 64 - 16 = 48 = 16 \cdot 3 \Rightarrow x = \dfrac{8 \pm 4\sqrt{3}}{8} = \dfrac{2 \pm \sqrt{3}}{2}$

$ax^2 + bx + c = a(x - x')(x - x") \Rightarrow$

$4x^2 - 8x + 1 = 4\left(x - \dfrac{2+\sqrt{3}}{2}\right)\left(x - \dfrac{2-\sqrt{3}}{2}\right) = 2 \cdot 2 \left(x - \dfrac{2+\sqrt{3}}{2}\right)\left(x - \dfrac{2-\sqrt{3}}{2}\right)$

$4x^2 - 8x + 1 = (2x - 2 - \sqrt{3})(2x - 2 + \sqrt{3})$

Resp: **31** Demonstração **32** Demonstração **33** 3 e 2; –4 e 2 **34** a) $x^2 - (16 - m)x + n - 8m + 64 = 0$
b) $x^2 + 5m + 25n = 0$ c) $x^2 - (m^2 - 2n)x + n^2 = 0$ d) $nx^2 - (m^2 - 2n)x + n = 0$, $n \neq 0$

Exemplo 4: $4x^2 - 6x + 1$.   Determinamos primeiramente as raízes do trinômio.

$4x^2 - 6x + 1 = 0 \Rightarrow \Delta = 36 - 16 = 20 = 4 \cdot 5 \Rightarrow x = \dfrac{6 \pm 2\sqrt{5}}{8} = \dfrac{3 \pm \sqrt{5}}{4}$

$4x^2 - 6x + 1 = 4\left(x - \dfrac{3 + \sqrt{5}}{4}\right)\left(x - \dfrac{3 - \sqrt{5}}{4}\right) = 4\left(\dfrac{4x - 3 - \sqrt{5}}{4}\right)\left(\dfrac{4x - 3 + \sqrt{5}}{4}\right)$

$4x - 6x + 1 = \dfrac{4}{16}(4x - 3 - \sqrt{5})(4x - 3 + \sqrt{5}) = \dfrac{1}{4}(4x - 3 - \sqrt{5})(4x - 3 + \sqrt{5})$

Exemplo 5: $\dfrac{1}{4}x^2 - \dfrac{3}{2}x + 2$.   Reduzimos primeiramente ao mesmo denominador.

$\dfrac{1}{4}x^2 - \dfrac{3}{2}x + 2 = \dfrac{x^2 - 6x + 8}{4} = \dfrac{1}{4}(x^2 - 6x + 8) = \dfrac{1}{4}(x - 2)(x - 4)$

Exemplo 6: $x^2 + \dfrac{7}{2}x - 2$.   Reduzimos primeiramente ao mesmo denominador.

$x^2 + \dfrac{7}{2}x - 2 = \dfrac{2x^2 + 7x - 4}{2} = \dfrac{1}{2}(2x^2 + 7x - 4)$

$2x^2 + 7x - 4 = 0 \Rightarrow \Delta = 49 + 32 = 81 \Rightarrow x = \dfrac{-7 \pm 9}{4} \Rightarrow x' - 4, x'' = \dfrac{1}{2}$

$x^2 + \dfrac{7}{2}x - 2 = \dfrac{1}{2}(2x^2 + 7x - 4) = \dfrac{1}{2}\left[2 \cdot (x - (-4))\left(x - \dfrac{1}{2}\right)\right] = \dfrac{1}{2}\left[2(x + 4)\left(x - \dfrac{1}{2}\right)\right]$

$= \dfrac{1}{2}(x + 4)(2x - 1)$

36 Fatorar os trinômios.

a) $5x^2 + 9x - 2$

b) $8x^2 - 14x + 3$

c) $3x^2 - 7x - 6$

37 Fatorar os trinômios.

a) $10x^2 + 3x - 4$

b) $8x^2 - 18x + 9$

c) $18x^2 - 27x + 10$

d) $24x^3 + 4x^2 - 48x$

e) $4x^4 - 17x^2 + 4$

f) $12x^5 - 15x^3 - 27x$

Resp: **35** a) $nx^2 - m^2x + m^2 = 0, n \neq 0$ b) $x^2 - (m^2 - m - 2n)x - m(m^2 - 2n) = 0$
c) $nx^2 + m(n + 1)x + (n + 1)^2 = 0, n \neq 0$ d) $nx^2 + m(n + 1)x + m^2 + n^2 - 2n + 1 = 0, n \neq 0$

38 Fatorar os seguintes trinômios.

a) $x^2 - 6x - 41$

b) $x^2 - 10x + 22$

c) $4x^2 - 8x + 1$

d) $4x^2 - 16x - 11$

e) $2x^2 - 4x - 7$

f) $8x^2 - 16x - 1 = 0$

g) $x^2 + \dfrac{5}{4}x - \dfrac{3}{2} = \dfrac{4x^2 + 5x - 6}{4} = \dfrac{1}{4}(4x^2 + 5x - 6)$

39 Simplificar as seguintes frações:

a) $\dfrac{4x^2 - 9}{2x^2 - 7x + 6} =$

b) $\dfrac{5x^2 + 3x - 2}{x^2 + 8x + 7} =$

c) $\dfrac{2x^2 + 5x - 3}{4x^2 - 12x + 5} =$

40 Simplificar a expressão $\dfrac{2x^2 - 7x + 5}{x^2 + x - 2} \cdot \dfrac{3x^2 + 2x - 8}{10x^2 - 33x + 20}$.

Resp: **36** a) $(x + 2)(5x - 1)$ b) $(2x - 3)(4x - 1)$ c) $(x - 3)(3x + 2)$ **37** a) $(2x - 1)(5x + 4)$ b) $(2x - 3)(4x - 3)$
c) $(3x - 2)(6x - 5)$ d) $4x(3x - 4)(2x + 3)$ e) $(x + 2)(x - 2)(2x + 1)(2x - 1)$ f) $3x(x^2 + 1)(2x + 3)(2x - 3)$

41 Simplificar a expressão $\dfrac{10x^2 - 13x - 3}{6x^2 - 5x - 6} \div \dfrac{5x^2 - 14x - 3}{9x^2 + 12x + 4}$.

42 Resolver a equação $\dfrac{x+1}{2x^2 - 7x + 3} - \dfrac{x-1}{x^2 - 9} = \dfrac{3x+2}{2x^2 + 5x - 3}$.

4 - O trinômio $abx^2 + (a + b)x + 1$

Já vimos um caso de produto notável e um de fatoração, baseados na identidade seguinte:

$(x + a)(x + b) = x^2 + ax + bx + c = x^2 + (a + b)x + ab$

O caso de produto notável: $(x + a)(x + b) = x^2 + (a + b)x + ab$

Exemplos: 1) $(x + 5)(x + 2) = x^2 + (5 + 2)x + 5 \cdot 2 = x^2 + 7x + 10$

Fazemos diretamente, pulando a primeira passagem.

2) $(x + 2)(x + 28) = x^2 + 30x + 56$; $(x - 2)(x - 28) = x^2 - 30x + 56$

3) $(x + 5)(x - 2) = x^2 + 3x - 10$; $(x - 5)(x + 2) = x^2 - 3x - 10$

O caso de fatoração: $x^2 + (a + b)x + ab = (x + a)(x + b)$

Exemplos: 1) $x^2 + 7 + 10 = x^2 + (5 + 2)x + 5 \cdot 2 (x + 5)(x + 2)$

Fazemos diretamente, pulando a primeira passagem.

2) $x^2 + 9x + 20 = (x + 5)(x + 4)$; $x^2 - 9x + 20 = (x - 5)(x - 4)$

3) $x^2 + 4x - 60 = (x + 10)(x - 6)$; $x^2 - 4x - 60 = (x - 10)(x + 6)$

Vamos ver agora o caso em que o termo independente de x é 1, os outros coeficientes são inteiros e as raízes do trinômio são racionais.

Observar a identidade:

$(ax + 1)(bx + 1) = abx^2 + ax + bx + 1 = abx^2 + (a + b)x + 1$

O caso de produto notável: $(ax + 1)(bx + 1) = abx^2 + (a + b)x + 1$

Exemplos: 1) $(5x + 1)(3x + 1) = (5 \cdot 3)x^2 + (5 + 3)x + 1 = 15x^2 + 8x + 1$

Fazemos direto, pulando a primeira passagem

2) $(4x + 1)(5x + 1) = 20x^2 + 9x + 1$; $(-4x + 1)(-5x + 1) = 20x^2 - 9x + 1$

3) $(-7x + 1)(3x + 1) = -21x^2 - 4x + 1$; $(7x + 1)(-3x + 1) = -21x^2 + 4x + 1$

O caso de fatoração: $abx^2 + (a + b)x + 1 = (ax + 1)(bx + 1)$

Exemplos: 1) $12x^2 + 7x + 1 = (4 \cdot 3)x^2 + (4 + 3)x + 1 = (4x + 1)(3x + 1)$

Fazemos direto, pulando a primeira passagem.

2) $20x^2 + 12x + 1 = (10x + 1)(2x + 1)$;

$20x^2 - 12x + 1 = (-10x + 1)(-2x + 1) = (10x - 1)(2x - 1)$

3) $-18x^2 + 7x + 1 = (9x + 1)(-2x + 1)$; $-18x^2 - 7x + 1 = (-9x + 1)(2x + 1)$

4) $-12x^2 + x + 1 = (4x + 1)(-3x + 1)$; $-20x^2 - x + 1 = (-5x + 1)(4x + 1)$

Resp: **38** a) $(x - 3 - 5\sqrt{2})(x - 3 + 5\sqrt{2})$ b) $(x - 5 - \sqrt{3})(x - 5 + \sqrt{3})$ c) $(2x - 2 - \sqrt{3})(2x - 2 + \sqrt{3})$

d) $(2x - 4 - 3\sqrt{3})(2x - 4 + 3\sqrt{3})$ e) $\frac{1}{2}(2x - 2 - 3\sqrt{2})(2x - 2 + 3\sqrt{2})$ f) $\frac{1}{2}(4x - 4 - 3\sqrt{2})(4x - 4 + 3\sqrt{2})$

g) $\frac{1}{4}(x + 2)(4x - 3)$ **39** a) $\frac{2x + 3}{x - 2}$ b) $\frac{5x - 1}{x + 7}$ c) $\frac{x + 3}{2x - 5}$ **40** $\frac{3x - 4}{5x - 4}$

25

43 Determinar os seguintes produtos:

a) $(x + 9)(x + 3) =$

b) $(x - 7)(x - 5) =$

c) $(x + 10)(x - 6) =$

d) $(x + 4)(x - 10) =$

44 Determinar os seguintes produtos:

a) $(5x + 1)(7x + 1) =$

b) $(3x + 1)(7x + 1)$

c) $(-8x + 1)(-3x + 1)$

d) $(-5x + 1)(-6x + 1) =$

e) $(-9x + 1)(4x + 1) =$

f) $(-5x + 1)(8x + 1) =$

g) $(5x + 1)(-7x + 1) =$

h) $(4x + 1)(-2x + 1) =$

i) $(1 + 5x)(1 + 2x) =$

j) $(1 - 8x)(1 - 3x) =$

k) $(1 - 7x)(1 + 2x)$

l) $(1 - 5x)(1 + 8x) =$

m) $(1 - 6x)(1 + 5x) =$

n) $(1 - 7x)(1 + 8x) =$

o) $(-7x + 1)(9x + 1) =$

p) $(4x + 1)(-8x + 1) =$

45 Fatorar os seguintes trinômios:

a) $x^2 - 13x + 36 =$

b) $x^2 + 17x + 42 =$

c) $x^2 - 12x - 45 =$

d) $x^2 + 9x - 52 =$

46 Fatorar os seguintes trinômios:

a) $1 + 5x + 6x^2 =$

b) $1 + 8x + 15x^2 =$

c) $1 - 9x + 20x^2 =$

d) $1 - 12x + 20x^2 =$

e) $1 - 9x + 18x^2 =$

f) $1 - 15x + 44x^2 =$

g) $1 - 15x + 26x^2 =$

h) $1 - 17x + 42x^2 =$

i) $40x^2 - 13x + 1 =$

j) $30x^2 - 17x + 1 =$

47 Fatorar os seguintes trinômios:

a) $1 - 17x + 30x^2 =$

b) $y^2 - 13xy + 30x^2 =$

c) $1 - 5x + 4x^2 =$

d) $a^2 - 7ax + 6x^2 =$

e) $x^2 - 9nx + 8n^2 =$

f) $y^2 - 17ay + 60a^2 =$

g) $1 - 7x - 18x^2 =$

h) $-21x^2 + 4x + 1 =$

i) $1 + 8x - 33x^2 =$

j) $-56x^2 - x + 1 =$

48 Resolver, fatorando o trinômio, as seguintes equações:

a) $x^2 - 9x - 36 = 0$

b) $x^2 + 8x - 48 = 0$

c) $x^2 - x - 42 = 0$

49 Resolver, fatorando o trinômio, as seguintes equações?

a) $1 + 12x + 32x^2 = 0$

b) $1 - 14x + 40x^2 = 0$

c) $24x^2 + 11x + 1 = 0$

d) $1 - x - 20x^2 = 0$

e) $1 - 10x - 11x^2 = 0$

f) $-36x^2 + 5x + 1 = 0$

Resp: **41** $\dfrac{3x + 2}{x - 3}$ **42** $\left\{-\dfrac{1}{2}, 4\right\}$

50 Simplificar as seguintes frações:

a) $\dfrac{15x^2 + 8x + 1}{9x^2 - 1}$

b) $\dfrac{-15x^2 + 2x + 1}{-12x^2 + x + 1}$

c) $\dfrac{-15x^2 - 2x + 1}{9x^2 + 6x + 1}$

d) $\dfrac{1 - 11x + 28x^2}{28x^2 - 4x}$

e) $\dfrac{1 - 6x - 27x^2}{1 + 27x^3}$

f) $\dfrac{1 - 8x^3}{1 + 6x - 16x^2}$

5 - O trinômio $(nx)^2 + (a + b)(nx) + ab$

De acordo com a identidade $y^2 + (a + b)y + ab = (y + a)(y + b)$, podemos fatorar trinômio do tipo $(nx)^2 + (a + b)(nx) + ab$. Basta considerarmos $y = nx$. Então:

$$(nx)^2 + (a + b)(nx) + ab = (nx + a)(nx + b)$$

Exemplos: 1) $(5x)^2 + 7(5x) + 12 = (5x + 3)(5x + 4)$

2) $(7x)^2 - 9(7x) + 20 = (7x - 4)(7x - 5)$

3) $(3x)^2 - 2(3x) - 8 = (3x - 4)(3x + 2)$

4) $16x^2 - 32x - 33 = (4x)^2 - 8(4x) - 33 = (4x - 11)(4x + 3)$

5) $9x^2 - 3x - 42 = (3x)^2 - 1(3x) - 42 = (3x - 7)(3x + 6)$

Usando este método, podemos fatorar trinômios do 2º grau de raízes racionais, sem determinar primeiramente as raízes. Observe os exemplos:

1) $5x^2 - 8x + 3$ Vamos **multiplicar** e **dividir** o trinômio por 5 para obtermos um termo do 2º grau que seja quadrado perfeito.

$\dfrac{1}{5} \cdot 5(5x^2 - 8x + 3) = \dfrac{1}{5}(25x^2 - 8 \cdot 5x + 3 \cdot 5) = \dfrac{1}{5}[(5x)^2 - 8(5x) + 15] \Rightarrow$

$5x^2 - 8x + 3 = \dfrac{1}{5}(5x - 5)(5x - 3) = (x - 1)(5x - 3)$

2) $8x^2 + 6x - 9 = \dfrac{1}{8} \cdot 8(8x^2 + 6x - 9) = \dfrac{1}{8}[(8x)^2 + 6(8x) - 72] \Rightarrow$

$8x^2 + 6x + 9 = \dfrac{1}{8}(8x + 12)(8x - 6) = \dfrac{1}{4} \cdot \dfrac{1}{2}(8x + 12)(8x - 6) = (2x + 3)(4x - 3)$

Este método é interessante para resolver equações do 2º grau de raízes racionais, sem aplicar o Báskara.

Exemplos:

1) $3x^2 + x - 2 = 0$ Vamos multiplicar por 3: $9x^2 + 3x - 6 = 0 \Rightarrow (3x)^2 + (3x) - 6 = 0$
$\Rightarrow (3x + 3)(3x - 2) = 0 \Rightarrow (x + 1)(3x - 2) = 0 \Rightarrow x = -1 \lor x = \dfrac{2}{3}$

2) $10x^2 - 19x + 6 = 0 \Rightarrow (10x)^2 - 19(10x) + 60 = 0 \Rightarrow (10x - 15)(10x - 4) = 0 \Rightarrow x = \dfrac{3}{2} \lor x = \dfrac{2}{5}$

51 Fatorar os seguintes trinômios do 2º grau:

a) $(8x)^2 - 12(8x) + 27 =$	b) $(9x)^2 - 4(9x) - 32 =$	c) $(6x)^2 - 2(6x) - 35 =$
d) $25x^2 - 40x + 12 =$	e) $49x^2 - 21x - 40 =$	f) $81x^2 + 36x - 77 =$
g) $16x^2 - 8x - 63 =$	h) $100x^2 + 60x - 27 =$	i) $144x^2 - 72x - 55 =$
j) $5x^2 - 13x - 6 =$	k) $7x^2 + 25x - 12 =$	l) $6x^2 - 11x + 4 =$

Resp: **43** a) $x^2 + 12x + 27$ b) $x^2 - 12x + 35$ c) $x^2 + 4x - 60$ d) $x^2 - 6x - 40$

44 a) $35x^2 + 12x + 1$ b) $21x^2 + 10x + 1$ c) $24x^2 - 11x + 1$ d) $30x^2 - 11x + 1$ e) $36x^2 - 5x + 1$
f) $-40x^2 + 3x + 1$ g) $-35x^2 - 2x + 1$ h) $-8x^2 + 2x + 1$ i) $1 + 7x + 10x^2$ j) $1 - 11x + 24x^2$
k) $1 - 5x - 14x^2$ l) $1 + 3x - 40x^2$ m) $1 - x - 30x^2$ n) $1 + x - 56x^2$ o) $-63x^2 + 2x + 1$
p) $-32x^2 - 4x + 1$ **45** a) $(x - 4)(x - 9)$ b) $(x + 3)(x + 14)$ c) $(x - 15)(x + 3)$ d) $(x + 13)(x - 4)$

46 a) $(1 + 2x)(1 + 3x)$ b) $(1 + 3x)(1 + 5x)$ c) $(1 - 4x)(1 - 5x) = (4x - 1)(5x - 1)$ d) $(1 - 2x)(1 - 10x) = (2x - 1)(10x - 1)$
e) $(1 - 3x)(1 - 6x) = (3x - 1)(6x - 1)$ f) $(1 - 4x)(1 - 11x) = (4x - 1)(11x - 1)$ g) $(1 - 13x)(1 - 2x) = (13x - 1)(2x - 1)$
h) $(1 - 14x)(1 - 3x) = (14x - 1)(3x - 1)$ i) $(-8x + 1)(-5x + 1) = (8x - 1)(5x - 1)$
j) $(-15x + 1)(-2x + 1) = (15x - 1)(2x - 1)$ **47** a) $(1 - 2x)(1 - 15x) = (2x - 1)(15x - 1)$
b) $(y - 3x)(y - 10x) = (3x - y)(10x - y)$ c) $(1 - 4x)(1 - x) = (4x - 1)(x - 1)$ d) $(a - 6x)(a - x) = (6x - a)(x - a)$
e) $(x - 8n)(x + n)$ f) $(y - 5a)(y - 12a)$ g) $(1 - 9x)(1 + 2x)$ h) $(7x + 1)(-3x + 1)$ i) $(1 + 11x)(1 - 3x)$
j) $(-8x + 1)(7x + 1)$ **48** a) $\{12; -3\}$ b) $\{-12; 4\}$ c) $\{7; -6\}$
49 a) $V = \left\{-\dfrac{1}{8}; -\dfrac{1}{4}\right\}$ b) $S = \left\{\dfrac{1}{4}; \dfrac{1}{10}\right\}$ c) $S = \left\{-\dfrac{1}{8}; -\dfrac{1}{3}\right\}$ d) $\left\{\dfrac{1}{5}; -\dfrac{1}{4}\right\}$ e) $\left\{-1; \dfrac{1}{11}\right\}$ f) $\left\{-\dfrac{1}{9}; \dfrac{1}{4}\right\}$

52 Resolver as seguintes equações de raízes racionais:

a) $25x^2 - 25x - 66 = 0$

b) $9x^2 + 18x - 40 = 0$

c) $6x^2 + 7x - 3 = 0$

d) $4x^2 + 15x - 4 = 0$

e) $6x^2 + x - 1 = 0$

f) $7x^2 - 18x - 9 = 0$

g) $8x^2 - 18x + 9 = 0$

h) $20x^2 + 7x - 6 = 0$

i) $18x^2 - 3x - 10 = 0$

II EQUAÇÕES LITERAIS

As equações que além da variável (na maioria das vezes x, y, z), contêm outras letras (a, b, c, ...), que representam neste estudo números reais, são chamadas **equações literais**. Esses números reais a, b, c, ... são também chamados parâmetros.

Quando nada for dito em contrário, as variáveis serão x, y, z e essas variáveis serão determinadas em função dos parâmetros, que são números reais.

Neste capítulo, vamos resolver as equações literais sem fazer a discussão de acordo com valores assumidos pelos parâmetros, isto é, vamos considerar que os parâmetros assumam apenas valores para os quais a equação seja possível determinada.

1 - Equações literais do 1º grau

Exemplo 1: $abx - a^2 = ab - b^2x$

$$abx + b^2x = a^2 + ab \Rightarrow bx(a + b) = a(a + b) \Rightarrow x = \frac{a}{b}$$

Observação: Não discutir e considerar que a equação seja possível e determinada, significa considerar, neste caso, que $a \neq -b$ e $b \neq 0$.

Exemplo 2: $\frac{x+a}{x-a} - \frac{x-2a}{x+a} = \frac{-x-1-ax(a-3)}{x^2-a^2}$

mmc $= (x + a)(x - a)$, $D = R - \{\pm a\}$

$(x + a)(x + a) - (x - a)(x - 2a) = -x - 1 - a^2x + 3ax \Rightarrow$

$x^2 + 2ax + a^2 - (x^2 - 3ax + 2a^2) = -x - 1 - a^2x + 3ax \Rightarrow$

$5ax - a^2 + x + a^2x - 3ax = -1 \Rightarrow$

$a^2x + 2ax + x = a^2 - 1 \Rightarrow (a^2 + 2a + 1)x = a^2 - 1 \Rightarrow$

$(a + 1)^2 x = (a + 1)(a - 1) \Rightarrow x = \frac{a-1}{a+1}$, $S = \left\{\frac{a-1}{a+1}\right\}$

53 Resolver as seguintes equações. Não é necessário discutir segundo os parâmetros.

a) $a(bx - 2a - b) + 2ab = b(3a - bx)$

b) $a(bx + x - 1) + b^2 = b(ax + x + b + 1)$

Resp: **50** a) $\frac{5x+1}{3x-1}$ b) $\frac{5x+1}{4x+1}$ c) $\frac{-5x+1}{3x+1}$ d) $\frac{4x-1}{4x}$ e) $\frac{1-9x}{1-3x+9^2}$ f) $\frac{1+2x+4x}{1+8x}$

51 a) $(8x - 3)(8x - 9)$ b) $(9x - 8)(9x = 4)$ c) $(6x - 7)(6x + 5)$ d) $(5x - 2)(5x - 6)$ e) $(7x - 8)(7x + 5)$

f) $(9x + 11)(9x - 7)$ g) $(4x - 9)(4x - 7)$ h) $(10x + 9)(10x - 3)$ i) $(12x - 11)(12x - 5)$ j) $(x - 3)(5x + 2)$

k) $(x + 4)(7x - 3)$ l) $(3x - 4)(2x - 1)$

31

54 Resolver as seguintes equações. (Não é necessário discutir).

a) $2a - 3a(x - b) - 2b(x - a) - (x - a)^2 = b^2 - a(3a + 3b - 2) - (x - b)^2$

b) $(3y - 2a)^2 - (y - 3b)^2 - (y - 2a)^2 = (7y - a)(y + b) - 8b^2 + a(49a + 15b) \Rightarrow$

55 Resolver as seguintes equações literais.

a) $\dfrac{x + a}{b} = \dfrac{x - b}{a} + 2$

b) $\dfrac{x}{ab} - \dfrac{a - x}{a^2 + ab} = \dfrac{b - x}{b^2 + ab}$

32

56 Resolver, sem fazer a discussão, as seguintes equações:

a) $\dfrac{c+3y}{4c^2+6cd} - \dfrac{c-2y}{9d^2-6cd} = \dfrac{2c+y}{4c^2-9d^2}$

b) $\dfrac{x-1}{n-1} + \dfrac{2n^2-2n^2x}{n^4-1} = \dfrac{2x-1}{1-n^4} - \dfrac{1-x}{1+n}$

Resp: **52** a) $\left\{-\dfrac{6}{5}, \dfrac{11}{5}\right\}$ b) $\left\{-\dfrac{10}{3}, \dfrac{4}{3}\right\}$ c) $\left\{-\dfrac{3}{2}; \dfrac{1}{3}\right\}$ d) $\left\{-4; \dfrac{1}{4}\right\}$ e) $\left\{-\dfrac{1}{2}; \dfrac{1}{3}\right\}$ f) $\left\{3; -\dfrac{3}{7}\right\}$

g) $\left\{\dfrac{3}{2}; \dfrac{3}{4}\right\}$ h) $\left\{-\dfrac{3}{4}; \dfrac{2}{5}\right\}$ i) $\left\{\dfrac{5}{6}; -\dfrac{2}{3}\right\}$ **53** a) $\left\{\dfrac{2a}{b}\right\}$ b) $\left\{\dfrac{a+b}{a-b}\right\}$

2 - Equações literais do 2º grau (ou redutíveis a do 2º grau)

Nos exemplos e exercícios de equações literais seguintes vamos considerar que os parâmetros assumam apenas valores para os quais a equação seja possível e determinada e tenha apenas raízes reais.

Exemplo 1:

a) $5ax^2 = 0$
   $x = 0$

b) $3ax^2 = 27a^3$
   $x^2 = 9a^2$
   $x = \pm 3a$

c) $5ax^2 + bx = 0$
   $x(5ax + b) = 0$
   $x = 0 \vee x = -\dfrac{b}{5a}$

Exemplos 2:

a) $6x^2 + nx - 15n^2 = 0$
   $\Delta = n^2 + 360n^2 = 361n^2$
   $x = \dfrac{-n \pm 19n}{12}$
   $x = \dfrac{3}{2}n \vee x = -\dfrac{5}{3}n$

b) $x^2 - bx - a^2 + 5ab - 6b^2 = 0$
   $\Delta = b^2 - 4(-a^2 + 5ab - 6b^2) \Rightarrow$
   $\Delta = 4a^2 - 20ab + 25b^2 = (2a - 5b)^2$
   $x = \dfrac{b \pm (2a - 5b)}{2}$
   $x = a - 2b \vee x = -a + 3b$

Exemplo 3:

$\dfrac{1}{2n + nx} - \dfrac{1}{2x - x^2} = \dfrac{2n + 6}{x^3 - 4x} \Rightarrow \dfrac{1}{n(2 + x)} + \dfrac{1}{x(x - 2)} = \dfrac{2n + 6}{x(x^2 - 4)}$

mmc $= nx(x + 2)(x - 2) \Rightarrow x(x - 2) + n(x + 2) = n(2n + 6) \Rightarrow$

$x^2 - 2x + nx + 2n - 2n^2 - 6n = 0 \Rightarrow$

$x^2 - (2 - n)x - 2n^2 - 4n = 0$

$\Delta = 4 - 4n + n^2 - 4(-2n^2 - 4n) \Rightarrow \Delta = 9n^2 + 12n + 4 \Rightarrow \Delta = (3n + 2)^2$

$x = \dfrac{2 - n \pm (3n + 2)}{2} \Rightarrow x = n + 2 \vee x = -2n$

Exemplo 4: $\sqrt{2x + a^2} + \sqrt{3x + 4a^2} = \sqrt{10x + 9a^2} \Rightarrow$

$2x + a^2 + 2\sqrt{(2x + a^2)(3x + 4a^2)} + 3x + 4a^2 = 10x + 9a^2 \Rightarrow$

$2\sqrt{6x^2 + 11a^2x + 4a^4} = 5x + 4a^2 \Rightarrow 4(6x^2 + 11a^2x + 4a^4) = 25x^2 + 40a^2x + 16a^4$

$\Rightarrow x^2 - 4a^2x = 0 \Rightarrow x(x - 4a^2) = 0 \Rightarrow$

$x = 0 \vee x = 4a^2$

Este dois satisfazem a equação proposta.

57 Resolver as seguintes equações:

Obs.: Considerar nas equações literais, deste e dos próximos exercícios, que os parâmetros assumam apenas, quando existir, valores para os quais as equações sejam determinadas e de raízes reais.

a) $6ax^2 = 0$

b) $3x^2 - 27a = 0$

c) $2x^2 + 8a = 0$

d) $5x^2 + 45a^2 = 0$

e) $5ax^2 - 8abx = 0$

f) $4mx^2 + 8m^2nx = 0$

g) $6x^2 - 5nx - 6n^2 = 0$

h) $12x^2 - 7nx - 12n^2 = 0$

i) $20a^2x^2 - 27anx + 9n^2 = 0$

j) $20a^2x^2 - 37ax + 15 = 0$

Resp: **54** a) $\{2a\}$ b) $\{-7a - b\}$ **55** a) $\{b - a\}$ b) $\left\{\dfrac{ab}{a+b}\right\}$ **56** a) $\left\{\dfrac{c(4c^2 - 9d^2)}{8c^2 + 27d^2}\right\}$ b) $\left\{\dfrac{3}{4}\right\}$

58 Resolver as seguintes equações:

a) $6anx^2 - (9n^2 + 2a^2)x + 3an = 0$

b) $4anx^2 - (10x^2 - 6n^2)x - 15an = 0$

c) $x^2 - (3a - 3b)x + 2a^2 - 5ab + 2b^2 = 0$

d) $x^2 + (a + 2b)x - (6a^2 - 11ab + 3b^2) = 0$

59 Resolver as seguintes equações:

a) $\dfrac{2x}{x+b} - \dfrac{x}{b-x} = \dfrac{b^2}{4x^2 - 4b^2}$

b) $\dfrac{x^2}{ab - 2b^2} = \dfrac{a-b}{ac^2 - 2bc^2} + \dfrac{x}{bc}$

c) $\dfrac{x^2+1}{n^2 x - 2n} - \dfrac{1}{2-nx} = \dfrac{x}{n}$

Resp: **57** a) $\{0\}$ b) $\{\pm 3\sqrt{a}\}$ c) $\{\pm 2\sqrt{-a}\}$ d) $\varnothing$ e) $\left\{0; \dfrac{8}{5}b\right\}$ f) $\{0; -2mn\}$

g) $\left\{\dfrac{3}{2}n; -\dfrac{2}{3}\right\}$ h) $\left\{\dfrac{4}{3}n; -\dfrac{3}{4}n\right\}$ i) $\left\{\dfrac{3n}{4a}; \dfrac{3n}{5a}\right\}$ j) $\left\{\dfrac{5}{4a}; \dfrac{3}{5a}\right\}$

60 Resolver as seguintes equações:

a) $1 - \dfrac{2b}{x-a} = \dfrac{a^2 - b^2}{a^2 x^2 - 2ax}$

b) $\dfrac{1}{2n + nx} - \dfrac{1}{2x - x^2} = \dfrac{2n+6}{x^3 - 4x}$

c) $\dfrac{a}{nx - x} - \dfrac{a-1}{x^2 - 2nx^2 + n^2 x^2}$

61 Resolver as seguintes equações:

a) $(9x^2 - b^2)(5x^2 - 2a^2) - (3x^2 + 2a^2)(3x^2 - 2b^2) = 4x^2(7b^2 - 4a^2)$

b) $x^4 + a^4 + b^4 + 2ab(a^2 + b^2) - 2b^2(x^2 - a^2) = 2ax^2(a + b)$

Resp: **58** a) $\left\{\dfrac{3n}{2a}; \dfrac{n}{3a}\right\}$ b) $\left\{\dfrac{5a}{2n}; -\dfrac{3n}{2a}\right\}$ c) $\{2a - b\,;\, a - 2b\}$ d) $\{2a - 3b\,;\, -3a + b\}$

59 a) $\left\{-\dfrac{b}{6}; \dfrac{b}{2}\right\}$ b) $\left\{-\dfrac{b}{c}; \dfrac{a-b}{c}\right\}$ c) $\left\{-1; \dfrac{n+1}{n-1}\right\}$

62 Resolver as seguintes equações:

a) $\sqrt{2x^2 + a^2} + \sqrt{x^2 - 3a^2} = 4a$

b) $\sqrt[3]{a - x} + \sqrt[3]{b - x} = \sqrt[3]{a + b - 2x}$

c) $\dfrac{\sqrt{1 + a^{-2}x^2} - xa^{-1}}{\sqrt{1 + a^{-2}x^2} + xa^{-1}} = \dfrac{1}{4}$

III. SISTEMAS LITERAIS

Os sistemas de equações que além das variáveis (x, y, ou x, y, z), contêm outras letras (a, b, c, ..., m, n, ...), que neste estudo representam números reais, são chamados sistemas literais. A letras a, b, c, ... são chamadas parâmetros. Neste capítulo vamos determinar as variáveis em função dos parâmetros, mas sem fazer a discussão para os possíveis valores assumidos pelos parâmetros, isto é, vamos admitir que os parâmetros assumam apenas valores para os quais os sistemas tenham solução única (sejam possíveis determinados).

Exemplo 1:

$$\begin{cases} bx - ay = 3ab - a^2 \\ (a-b)x - by = 2a^2 - 3ab + b^2 \end{cases}$$ Multiplicando a 1ª por (b) e a 2ª por (−a), obtemos:

$$\begin{cases} b^2 x - aby = 3ab^2 - a^2 b \\ (-a^2 + ab)x + aby = -2a^3 + 3a^2 - ab^2 \end{cases} \Rightarrow (b^2 - a^2 + ab)x = -2a^3 + 2a^2 b + 2ab^2$$

$$\Rightarrow (b^2 - a^2 + ab)x = 2a(-a^2 + ab + b^2) \Rightarrow \boxed{x = 2a} \Rightarrow$$

$b(2a) - ay = 3ab - a^2 \Rightarrow -ay = ab - a^2 \Rightarrow -y = b - a \Rightarrow \boxed{y = a - b}$

$$S = \{2a, a - b\}$$

Exemplo 2:

$$\begin{cases} x + y = 2a - b \\ x^2 + y^2 = 2a^2 - 2ab + 5b^2 \end{cases} \qquad x + y = 2a - b \Rightarrow \boxed{x = 2a - b - y} \Rightarrow$$

$(2a - b - y)^2 + y^2 = 2a^2 - 2ab + 5b^2$

$4a^2 + b^2 + y^2 - 4ab - 4ay + 2by + y^2 - 2a^2 + 2ab - 5b^2 = 0$

$2y^2 - 4ay + 2by + 2a^2 - 2ab - 4b^2 = 0 \Rightarrow$

$y^2 - (2a - b)y + a^2 - ab - 2b^2 = 0 \Rightarrow$

$\Delta = 4a^2 - 4ab + b^2 - 4a^2 + 4ab + 8b^2 \Rightarrow \Delta = 9b^2$

$y = \dfrac{2a - b \pm 3b}{2} \Rightarrow y = a + b \lor y = a - 2b$

$y = a + b \Rightarrow x = 2a - b - a - b \Rightarrow x = a - 2b \Rightarrow (a - 2b, a + b)$

$y = a - 2b \Rightarrow x = 2a - b - a + 2b \Rightarrow x = a + b \Rightarrow (a + b, a - 2b)$

$V = \{(a - 2b, a + b); (a + b, a - 2b)\}$

Resp: **60** a) $\{b ; 2a + b\}$ b) $\{-2n ; n + 2\}$ c) $\left\{\dfrac{a-1}{n-1} ; \dfrac{1}{n-1}\right\}$ **61** a) $\left\{\pm\dfrac{a\sqrt{2}}{3} ; \dfrac{b\sqrt{3}}{2}\right\}$ b) $\{\pm(a+b) ; \pm\sqrt{a^2+b^2}\}$

63 Resolver os seguintes sistemas:

Obs: Não é para fazer a discussão segundo os parâmetros. A discussão é feita no Ensino Médio.

a) $\begin{cases} ax - 3by = 3a^2 - 3b^2 + 6ab \\ 2bx - ay = 2a^2 + 5ab \end{cases}$

b) $\begin{cases} (a-2)x + 3y = 4 \\ ax - y = 4 \end{cases}$

c) $\begin{cases} (7-a)x + ay = 5 \\ (a+1)x + 3y = 5 \end{cases}$

64 Resolver, sem fazer a discussão, os seguintes sistemas:

a) $\begin{cases} 2x + ny = -4 \\ (n-3)x - y = n \end{cases}$

b) $\begin{cases} nx + y = n^2 \\ 4x + ny = 8 \end{cases}$

c) $\begin{cases} x + y + z = n + 1 \\ x + ny + z = n^2 - 2n + 3 \\ x + y + nz = -n^2 + 3n \end{cases}$

Resp: **62** a) $\{\pm 2a\}$ b) $\left\{a; b; \dfrac{a+b}{2}\right\}$ c) $\left\{\dfrac{3}{4}a\right\}$

65 Resolver, sem fazer a discussão, os seguintes sistemas:

a) $\begin{cases} x + y = 2a \\ x^2 + y^2 = 2a^2 + 2 \end{cases}$

b) $\begin{cases} x^2 + y^2 = a^2 + b^2 \\ xy = ab \end{cases}$

c) $\begin{cases} x + y = a \\ x^2 - y^2 = b^2 \end{cases}$

IV CONJUNTOS

1 - Elemento, pertinência, determinação e representação

Os conceitos de conjunto, elemento e pertinência entre elemento e conjunto são considerados primitivos e são aceitos sem definição.

1) Enumeração dos elementos

Costumamos colocar os elementos de um conjunto entre chaves, separados, por vírgulas (ou ponto e vírgula), e dizemos que, desta forma, o conjunto foi determinado pela **enumeração de seus elementos**. De modo geral nomeamos um conjunto com letras maiúsculas.

Exemplos:

1º) Conjunto A dos números 1, 2, 3 e 4.

A = {1, 2, 3, 4}. Dizemos que:

1 é elemento do conjunto {1, 2, 3, 4} ou que

1 é elemento do conjunto A ou que 1 pertence ao conjunto A.

2 é elemento do conjunto {1, 2, 3, 4} ou que

2 é elemento do conjunto A ou que 2 pertence ao conjunto A.

5 não é elemento do conjunto {1, 2, 3, 4} ou que

5 não é elemento de A ou que 5 não pertence a A.

Usando os símbolos $\in$ (pertence a) e $\notin$ (não pertence a), podemos escrever as sentenças de maneira mais simples.

A = {1, 2, 3, 4} $\Rightarrow$ 1 $\in$ A, 2 $\in$ A, 3 $\in$ A, 4 $\in$ A, 5 $\notin$ A, 7 $\notin$ A, etc.

2º) Conjunto B dos números ímpares que estão entre 2 e 10.

B = {3, 5, 7, 9} $\Rightarrow$ 3 $\in$ B, 5 $\in$ B, 8 $\notin$ B, 13 $\notin$ B.

3º) Conjunto V das vogais do nosso alfabeto.

V = {a, e, i, o, u} $\Rightarrow$ a $\in$ V, e $\in$ V, u $\in$ V, n $\notin$ V, v $\notin$ V.

2) Diagramas

Costumamos também colocar os elementos de um conjunto dentro de uma região delimitada por uma linha fechada. Dizemos que, desta forma, o conjunto foi determinado ou representado através de um diagrama, que quando por um círculo é chamado de Euler ou de Venn. (Euler-Venn)

Exemplos: 1º) Os mesmos do item anterior.

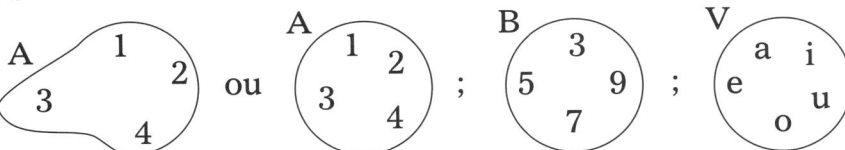

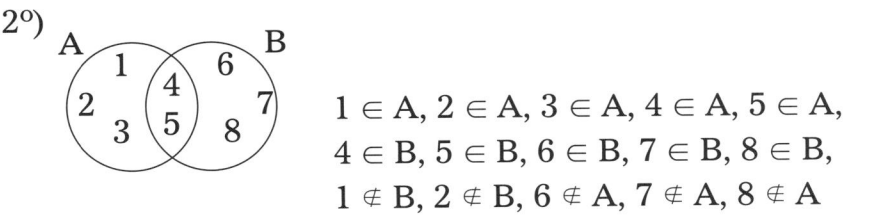

2º)

1 $\in$ A, 2 $\in$ A, 3 $\in$ A, 4 $\in$ A, 5 $\in$ A,

4 $\in$ B, 5 $\in$ B, 6 $\in$ B, 7 $\in$ B, 8 $\in$ B,

1 $\notin$ B, 2 $\notin$ B, 6 $\notin$ A, 7 $\notin$ A, 8 $\notin$ A

Resp: **63** a) {(3a, b – 2a)}   b) $\left\{\left(\dfrac{8}{2a-1};\dfrac{4}{2a-1}\right)\right\}$ c) $\left\{\left(\dfrac{5}{a+7};\dfrac{10}{a+7}\right)\right\}$

64 a) $\left\{\left(\dfrac{n+2}{n-1};\dfrac{-6}{n-1}\right)\right\}$ b) $\left\{\left(\dfrac{n^2+2n+4}{n+2};\dfrac{-4n}{n+2}\right)\right\}$ c) {(n + 2) ; n – 2 ; – n + 1)}

3) Propriedade característica dos elementos

Um conjunto pode também ser determinado por uma propriedade característica de seus elementos, de modo que dado um elemento, seja possível dizer se ele pertence ou não a este conjunto.

Se um conjunto A for determinado por uma propriedade P, característica de seus elementos, escrevemos:

A = {x tal que x satisfaz a propriedade P}.

Usamos alguns símbolos para simplificar a sentença entre chaves.

$\mathbb{N}$ = {0, 1, 2, ..., 10, 11, ...} = conjunto dos números naturais

$\mathbb{Z}$ = {..., – 2, – 1, 0, 1, 2, ...} = conjunto dos números inteiros

(| = tal que), (< = menor do que), (> = maior do que)

($\leq$ = menor ou igual a), ($\geq$ = maior ou igual a), ($\wedge$ = e), ($\vee$ = ou)

Quando um conjunto for determinado por uma propriedade característica dos seus elementos, se for possível e conveniente, podemos escrevê-lo, enumerando os elementos entre chaves.

Exemplos:

1º) Conjunto A dos números primos naturais menores que 10.

A = { x tal que x é primo natural e menor que 10} = {2, 3, 5, 7}

A = {x $\in \mathbb{N}$ | x é primo e x < 10} = {2, 3, 5, 7}

A = {x é primo | 0 < x < 10} = {2, 3, 5, 7}

Note que: 1 $\notin$ A, 2 $\in$ A, 3 $\in$ A, 4 $\notin$ A, 5 $\in$ A, 6 $\notin$ A

2º) B = {x $\in \mathbb{Z}$ | –3 $\leq$ x < 3} $\Rightarrow$ B = {–3, –2, –1, 0, 1, 2}

3º) D = {x $\in \mathbb{N}$ | x² = 9} $\Rightarrow$ D = {3}

4º) E = {x $\notin \mathbb{Z}$ | x² = 9} $\Rightarrow$ E = {–3, 3}

2 - Conjunto unitário e conjunto vazio

Quando há apenas um elemento que pertence a um conjunto, ele é chamado **conjunto unitário** e quando não há elemento em um conjunto ele é chamado conjunto vazio. Símbolo para conjunto vazio: { } ou $\varnothing$.

Exemplos:

1) Conjunto unitário: {x | x $\in \mathbb{N}$ e x² = 16} = {4}

2) Conjunto vazio: {x | x $\in \mathbb{N}$ e x² = 5} = { } = $\varnothing$

3 - Conjunto Universo (U)

Quando estamos determinando alguns conjuntos, vamos considerar um conjunto ao qual pentencem todos os elementos desses conjuntos. Este conjunto é chamado conjunto universo e o indicaremos por U.

Exemplos:

1) Quando estamos determinando os conjuntos das letras de determinadas palavras, o conjunto universo é o conjunto das letras do alfabeto.

2) Quando estamos trabalhando com o **máximo divisor comum e mínimo múltiplo comum** de determinados números, o conjunto universo considerado é o conjunto $\mathbb{N}$ dos números naturais

3) Quando estamos pesquisando em uma escola, os números de alunos que leem os jornais **A**, **B** ou **C**, o conjunto universo é o conjunto de todos os alunos da escola.

4) Quando pesquisamos a intensão de votos em três candidatos, em uma eleição municipal, o conjunto universo é o conjuntos dos eleitores desta cidade.

4 - Número de elementos de um conjunto

Mais adiante definiremos a igualdade de conjuntos. Por enquanto, vamos admitir que dois conjuntos que têm os mesmos elementos são iguais.

Embora não seja errado repetir elementos entre vírgulas, em um conjunto, quando enumeramos os elementos de um conjunto, não devemos repetir elementos.

Exemplo: A = conjunto das letras da palavra arara

A = {a, r}. Não devemos escrever A = {a, r, a, r, a}

Vamos indicar o número de elementos de um conjunto A por n(A).

Exemplos: 1) A = {5, 7, 9, 11, 13} $\Rightarrow$ n(A) = 5

2) B = {1, 2, 1, 2, 3} $\Rightarrow$ B = {1, 2, 3} $\Rightarrow$ n(B) = 3

3) D = {5} $\Rightarrow$ n(D) = 1

4) E = { } ou E = $\varnothing$ $\Rightarrow$ n(E) = 0

Obs.: 1) Quando vamos enumerar entre chaves os elementos de um conjunto, mas ele é finito com número grande de elementos, não é necessário colocar todos os elementos entre chaves.

A = {x| x é múltiplo de 5 e 7 < x < 503} $\Rightarrow$ A = {10, 15, 20, 25, .., 495, 500}

2) Quando o conjunto for infinitos, enumeramos apenas alguns elementos.

B = {x $\in \mathbb{N}$ | x é múltiplo de 3} $\Rightarrow$ B = {0, 3, 6, 9, 12, 15, ...}

Resp: 65 a) {(a + 1 ; a – 1)} b) {(a, b); (– a, – b) ; (b, a) ; (– b, – a)} c) $\left\{\left(\dfrac{a^2+b^2}{2a} ; \dfrac{a^2-b^2}{2a}\right)\right\}$

66 Completar com ∈ (pertence a) ou com ∉ (não pertence a), de modo que a sentença obtida fique verdadeira, nos casos:

a) 4 ___ {0, 1, 3, 4}	b) 3 ___ {1, 2, 3, 4}	c) 5 ___ {2, 4, 6}	d) 2 ___ {3, 2, 1}
e) 2 ___ {22, 222}	f) 1 ___ {11, 111}	g) 4 ___ {2, 4, 6}	h) $\sqrt{5}$ ___ {$\sqrt{2}$, $\sqrt{3}$, $\sqrt{5}$}
i) 5 ___ {51, 52}	j) 7 ___ {7}	k) 2 ___ { }	l) 5 ___ ∅

67 Determinar o conjunto, enumerando os seus elementos entre chaves, nos casos:

a) A é o conjunto das letras da palavra curso.

b) B é o conjunto das letras da palavra estudar.

c) D é o conjunto das letras da palavra ocioso.

d) E é o conjunto dos números primos que estão entre 0 e 10.

e) F é o conjunto dos números pares que estão entre 15 e 25.

f) G é o conjunto dos múltiplos naturais de 5.

g) H é o conjunto dos múltiplos de 5 que estão entre 13 e 633.

h) K é o conjunto dos múltiplos de 13 que estão entre 20 e 30.

i) M é o conjunto dos números naturais maiores que 7.

j) N é o conjunto dos múltiplos de 12 que estão entre 27 e 35.

68 Dados os conjuntos A = {– 3, – 2, 0, 1, 2} e B = {– 5, – 3, – 1, 1, 2, 3}, completar com ∈ (pertence a) ou ∉ (não pertence a). Sempre que for pedido para completar, devemos completar de modo que a sentença fique verdadeira.

a) 0 ___ A	b) 0 ___ B	c) – 3 ___ A	d) – 3 ___ B
e) 3 ___ A	f) 3 ___ B	g) – 5 ___ A	h) – 5 ___ B

69 Dados os conjuntos A = {b, c, d} e B = {a, b, c}, classificar com V (verdadeira) ou F (falsa) a sentença dada, nos casos:

a) a ∈ A ( )	b) a ∈ B ( )	c) b ∈ A ( )	d) b ∈ B ( )
e) c ∉ A ( )	f) a ∉ A ( )	g) b ∉ B ( )	h) d ∉ A ( )

70 Dados os conjuntos A, B, C, D, E e F na forma de diagrama de Venn, determinar estes conjuntos pela enumeração de seus elementos entre chaves.

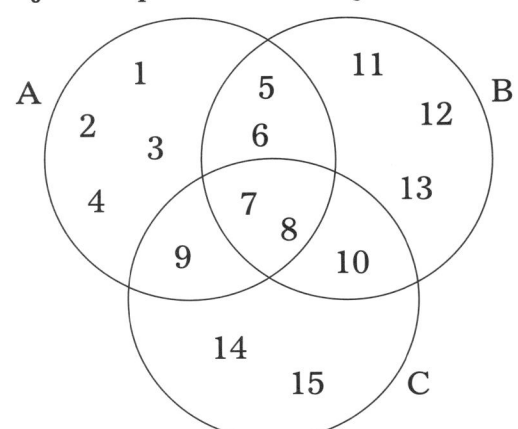

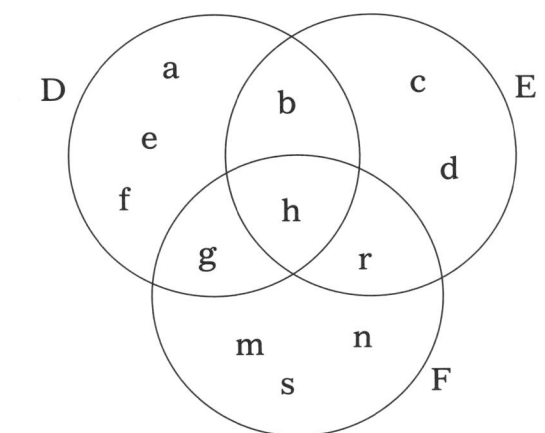

A = | B =

C = | D =

E = | F =

71 Dados os conjuntos A e B, represente-os na forma de diagrama, nos casos:

a) A = {a, b, c, d}
   B = {c, d, e, f, g}

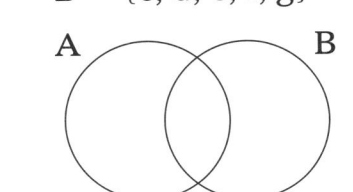

b) A = {−2, −1, 0, 1}
   B = {−2, −1, 2, 3, 4}

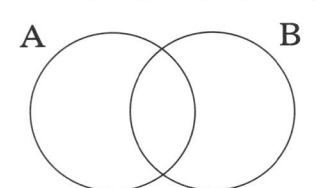

c) A = {−2, −3, 1}
   B = {−1, 2, 3}

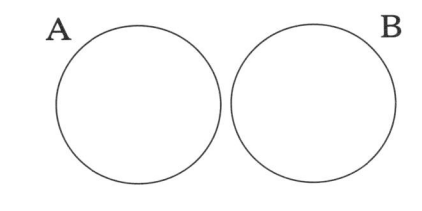

72 Dado o conjunto por uma propriedade característica dos seus elementos, determinar este conjunto enumerado os seus elementos entre chaves, nos casos:

a) A = {x ∈ ℤ | 7 < x < 12} ⇒

b) B = {x ∈ ℕ | 7 < x 12} ⇒

c) C = {x ∈ ℤ | −3 < x ⩽ 4} ⇒

d) D = {x ∈ ℕ | −3 < x ⩽ 4} ⇒

e) E = {x ∈ ℕ | x ⩾ 5 ∧ x < 10} ⇒

f) F = {x ∈ ℕ | 5 ⩽ x < 10} ⇒

g) G = {x ∈ ℕ | x² = 25} ⇒

73 Determinar o conjunto por enumeração dos seus elementos e determinar o número de elementos dele nos casos:

a) $A = \{x \in \mathbb{N} \mid 5 \leqslant x < 13\} \Rightarrow$

b) $B = \{x \mid x \in \mathbb{N} \land x \leqslant 9\} \Rightarrow$

c) $C = \{x \mid x \in \mathbb{N} \land x^2 = 36\} \Rightarrow$

d) $D = \{x \mid x \in \mathbb{Z} \land x^2 = 36\} \Rightarrow$

e) $E = \{x \in \mathbb{N} \mid x < 4 \lor 7 < x \leqslant 10\} \Rightarrow$

f) $F = \{x \in \mathbb{N} \mid 1 < x \leqslant 3 \lor 7 \leqslant x < 10\} \Rightarrow$

g) $G = \{x \in \mathbb{Z} \mid x^2 = 5\} \Rightarrow$

h) $H = \{x \in \mathbb{N} \mid 1 \leqslant x < 4 \lor 7 \leqslant x < 10\} \Rightarrow$

i) $I = \{x \in \mathbb{N} \mid 1 \leqslant x < 4 \land 7 \leqslant x < 10\} \Rightarrow$

74 Dados os conjuntos A, B, C e U através de diagramas, determinar por enumeração, os seguintes conjuntos:

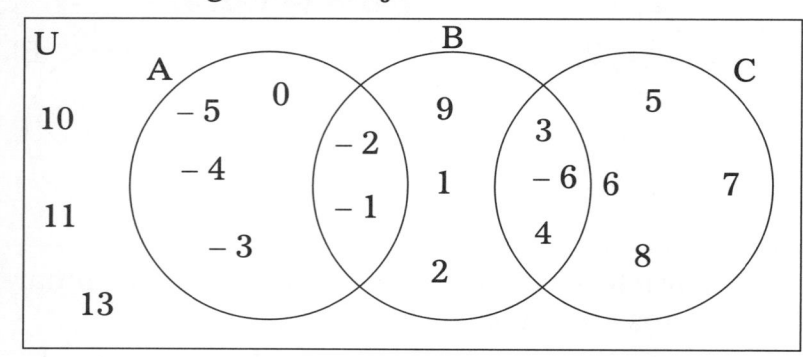

a) $D = \{x \mid x \in A \land x \in B\}$
   $D =$

b) $E = \{x \mid x \in B \land x \in C\}$
   $E =$

c) $F = \{x \mid x \in A \land x \in C\}$
   $F =$

d) $G = \{x \mid x \in A \lor x \in B\}$
   $G =$

e) $H = \{x \mid x \in A \lor x \in C\}$
   $H =$

f) $I = \{x \mid x \in B \lor x \in C\}$
   $I =$

g) $J = \{x \mid x \in A \land x \notin B\}$
   $J =$

h) $K = \{x \mid x \in A \land x \notin C\}$
   $K =$

i) $L = \{x \mid x \in B \land x \notin A\}$
   $L =$

j) $M = \{x \mid x \notin B \land x \in C\}$
   $M =$

k) $N = \{x \mid x \in B \land x \notin A \land x \notin C\}$
   $N =$

5 - Subconjunto

Dizemos que um conjunto é subconjunto de outro quando todo elemento dele for também elemento do outro.

Então, um conjunto A é subconjunto de um conjunto B se, e somente se, todo elemento do conjunto A for também elemento de B.

Exemplos:

1) A = {1, 2} e B = {1, 2, 3, 4} ⇒ A é subconjunto de B.

2) A = {2, 3} e B = {1, 2, 3, 4, 5} ⇒ A é subconjunto de B.

3) D = {5} e E = {3, 5, 7, 8} ⇒ D é subconjunto de E.

4) M = {1, 2, 3} e N = {2, 3, 4, 5} ⇒ M não é subconjunto de N.

Note que 1 é elemento de M mas não é de N (1 ∈ M ∧ 1 ∉ N))

5) G = {0, 1, 2, 3} e H = {1, 2} ⇒ G não é subconjunto de H, mas H é subconjunto de G.

6) J = {2, 4, 6} e K = {2, 4, 6} ⇒ J é subconjunto de K e K é subconjunto de J.

Quando A for subconjunto de B dizemos também que A é parte de B ou que A **está contido** em B ou que B **contém** A.

Símbolos: ⊂ = está contido, ⊃ = contém, ⊄ = não está contido, ⊅ = não contém.

Se o conjunto A está contido no conjunto B, escrevemos A ⊂ B ou B ⊃ A.

Note que: {1, 2} ⊂ {0, 1, 2, 3}; {0, 1, 2, 3} ⊃ {1, 2}; {2, 3} ⊄ {1, 3, 5}; {1} ⊂ {1, 2}.

Propriedades:

O conjunto vazio é subconjunto de qualquer conjunto A: ∅ ⊂ A e A ⊃ ∅.

Todo conjunto A é subconjunto dele mesmo: A ⊂ A e A ⊃ A.

Dados os conjuntos A, B e D, temos: A ⊂ B ∧ B ⊂ D ⇒ A ⊂ D

6 - Igualdade de conjuntos

Dizemos que dois conjuntos são iguais se, e somente se, cada um for subconjunto do outro.

$$A = B \iff A \subset B \land B \subset A$$

Exemplos: {1, 2} = {1, 2}; {4, 6, 8} = {8, 6, 4}; {1, 2, 2, 1} = {1, 2}; ∅ = ∅; {5} = {5}

Resp: **66** a) ∈ b) ∈ c) ∉ d) ∈ e) ∉ f) ∉ g) ∈ h) ∈ i) ∉ j) ∈ k) ∉ l) ∉

67 a) A = {c, o, r, s, u}   b) B = {e, s, t, u, d, a, r}   c) D = {o, c, i, s}   d) E = {2, 3, 5, 7}
e) F = {16, 18, 20, 22, 24}   f) G = {0, 5, 10, 15, 20, 25,...}   g) H = {15, 20,..., 625, 630}   h) K = {26}
i) M = {8, 9, 10, 11,...}   j) N = { } = ∅   **68** a) ∈   b) ∉   c) ∈   d) ∈   e) ∉   f) ∈
g) ∉   h) ∈   **69** a) F   b) V   c) V   d) V   e) F   f) V   g) F   h) F
70 A = {1, 2, 3, 4, 5, 6, 7, 8, 9}   B = {5, 6, 7, 8, 10, 11, 12, 13}   C = {7, 8, 9, 10, 14, 15}   D = {a, b, e, f, g, h}
E = {b, c, d, h, r}   F = {g, h, m, n, r, s}   **72** a) A = {8, 9, 10, 11}   b) B = {8, 9, 10, 11}
c) C = {−3, −2, −1, 0, 1, 2, 3, 4}   d) D = {0, 1, 2, 3, 4}   e) E = {5, 6, 7, 8, 9}   f) F = {5, 6, 7, 8, 9}   g) = {5}

51

7 - Conjunto das partes de um conjunto

Quando um conjunto está contido em outro, ele é também chamado parte do outro.

Então, o conjunto das partes de um conjunto é o conjunto cujos elementos são as partes, ou subconjuntos, deste conjunto.

Dado um conjunto A, o conjunto das partes de A, que indicamos por P(A), lê-se pê de A, é conjunto cujos elementos são todos (e apenas) os subconjuntos de A.

$$P(A) = \{x \mid x \subset A\}$$

Exemplos:

1) $A = \{a, b\} \Rightarrow P(A) = \{\varnothing, \{a\}, \{b\}, \{a, b\}\}$

2) $B = \{5\} \Rightarrow P(B) = \{\varnothing, \{5\}\}$

3) $D = \varnothing \Rightarrow P(D) = \{\varnothing\}$

Obs.: 1) Note que $\varnothing$ e A são sempre elementos de P(A).

2) Note que $\{\ \} = \varnothing$ e que $\{\ \} = \varnothing \neq \{\varnothing\}$.

$\{\varnothing\}$ é um conjunto de um só elemento. Conjunto unitário.

3) Se A tem n elementos, P(A) tem 2^n elementos.

Nos exemplos acima, temos:

$n(A) = 2 \Rightarrow n(P(A)) = 2^2 = 4$, $n(B) = 1 \Rightarrow n(P(B)) = 2^1 = 2$, $n(D) = 0 \Rightarrow (P(D)) = 2^0 = 1$

75 Completar com $\subset$ (está contido) ou com $\supset$ (contém), nos casos:

a) {2, 3} ___ {1, 2, 3}	b) {a, b, c, d} ___ {b, c}	c) {5} ___ {1, 3, 5, 7}
d) {2, 4, 8} ___ {8}	e) $\varnothing$ ___ {1, 2}	f) $\varnothing$ ___ {7}
g) {5} ___ $\varnothing$	h) { } ___ {3, 5}	i) {a, b} ___ { }
j) {1, 2} ___ {1, 2}	k) {5} ___ {5}	l) $\varnothing$ ___ $\varnothing$

76 Completar com $\subset$ (está contido) ou com $\not\subset$ (não está contido), nos casos:

a) {2, 4} ___ {0, 2, 4, 6}	b) {5, 6} ___ {55, 66}	c) {1, 2, 3} ___ {2, 3, 4, 5}
d) {2} ___ {1, 2, 3}	e) {3} ___ {3}	f) $\varnothing$ ___ {5, 7}
g) {2, 4} ___ {2}	h) {5} ___ $\varnothing$	i) {1, 2, 3} ___ $\mathbb{N}$
j) {−1, 0, 1} ___ $\mathbb{N}$	k) {−1, 2, 3} ___ $\mathbb{Z}$	l) $\varnothing$ ___ $\varnothing$
m) $\varnothing$ ___ { }	n) {1, 2, 3} ___ {2, 3}	o) {1, 2, 3} ___ {123}

77 Dados os conjuntos A = {a, b}, B = {c, d, e} e D = {a, b, c, d, e, f}, completar com ⊂ ou com ⊄, nos casos:

a) A ___ B	b) A ___ D	c) B ___ D	d) B ___ A
e) D ___ A	f) A ___ A	g) ∅ ___ A	h) ∅ ___ B
i) ∅ ___ D	j) B ___ B	k) { } ___ A	l) D ___ D

78 Completar com ∈ (pertence) ou ⊂ (está contido), nos casos:

| a) {2, 3} ___ {1, 2, 3, 4} | b) {2} ___ {1, 2, 3} | c) 2 ___ {1, 2, 3} |
| d) {1} ___ {1, 2, 3} | e) 1 ___ {1, 2, 3} | f) ∅ ___ {1, 2} |

79 Dados os conjuntos A = {a, b}, B = {a, b, c, d} e D = {c, d, e}, completar com ∈ ou ⊂, nos casos:

| a) a ___ A | b) {a} ___ A | c) b ___ A | d) {c} ___ D |
| e) c ___ B | f) {a, b} ___ B | g) {a, b} ___ A | h) d ___ B |

80 Classificar com V (verdadeira) ou com F (falsa), conforme a sentença seja verdadeira ou falsa, nos casos:

a) a ∈ {a, b} ( )	b) a ⊂ {a, b} ( )	c) {a} ∈ {a, b} ( )
d) {a} ⊂ {a, b} ( )	e) ∅ ⊂ {a} ( )	f) ∅ ∈ {a} ( )
g) a = {a} ( )	h) {a} ⊂ {a} ( )	i) a ∈ {a} ( )

81 Dado o conjunto A = {1, 2, 3, 4}, determinar:

Obs.: Quando falarmos em conjuntos com 2 elementos, 3 elementos, etc, estamos nos referindo a número de elementos de conjuntos escritos na forma simplificada, isto é, não há no conjunto elementos repetidos.

a) Os subconjuntos de A que têm 1 elemento:

b) Os subconjuntos de A que têm 2 elementos:

c) O subconjuntos de A que tem o maior número de elementos:

d) Os subconjuntos de A que têm 3 elementos:

Resp: **73** a) A = {5, 6, 7, 8, 9, 10, 11, 12}, n(A) = 8   b) B = {0, 1, 2,..., 9}, n(B) = 10   c) C = {6}, n(C) = 1
d) D = {−6, 6}, n(C) = 2   e) E = {0, 1, 2, 3, 8, 9, 10}, n(E) = 7   f) f = {2, 3, 7, 8, 9}, n(F) = 5
g) G = ∅, n(G) = 0   h) H = {1, 2, 3, 7, 8, 9}, n(H) = 6   i) I = ∅, n(I) = 0   **74** a) {−2, −1}
b) {−6, 3, 4}   c) ∅   d) {−5, −4, −3, −2, −1, 0, 1, 2, 9, 3, 4, −6}   e) {−6, −5, −4, −3, −2, −1, 0, 3, 4, 5, 6, 7, 8}
f) {−6, −2, −1, 1, 2, 3, 4, 5, 6, 7, 8, 9}   g) {−5, −4, −3, 0}   h) {−5, −4, −3, −2, −1, 0} = A
i) {−6, 1, 2, 3, 4, 9}   j) {5, 6, 7, 8}   k) {1, 2, 9}

53

82 Dado o conjunto A, determinar o conjunto das partes de A, P(A), nos casos:

a) A = {3, 4} ⇒

b) A = {m, n} ⇒

c) A = {7} ⇒

d) A = {a} ⇒

e) A = ∅ ⇒

f) A = {2, 3, 4} ⇒

g) A = {1, 2, 3, 4} ⇒

83 Dado o conjunto A, sem determinar P(A), determinar o número de elementos de P(A), nos casos:

a) A = {a, b, c} ⇒

b) A = {c, d} ⇒

c) A = {a} ⇒

d) A = ∅ ⇒

e) A = {1, 2, 3, 4} ⇒

f) A = {a, b, c, d, e} ⇒

8 - Operações com conjuntos

Interseção: Dados dois conjuntos A e B, chamama-se interseção de A e B ao conjunto dos elementos que pertencem a ambos, isto é, elementos que pertencem a A e também a B. Notação: A ∩ B. Lê-se A inter B

$$A \cap B = \{x \mid x \in A \land x \in B\}$$

Exemplos:

1) {1, 2, 3} ∩ {2, 3, 4} = {2, 3}

2) {a, b, c, d} ∩ {d, e, f} = {d}

3) {a, b, c} ∩ {d, e} = { } = ∅

4) {1, 2, 3, 4} ∩ {1, 2, 3, 4} = {1, 2, 3, 4}

Propriedades: 1) A ∩ A = A   2) A ∩ ∅ = ∅   3) A ∩ B = B ∩ A (comutativa)

4) (A ∩ B) ∩ C = A ∩ (B ∩ C) (associativa)   5) A ⊂ B ⇒ A ∩ B = A

Conjuntos disjuntos:

Dois conjuntos A e B são chamados conjuntos disjuntos se, e somente se, A ∩ B = ∅

2) União: Dados dois conjuntos A e B, chama-se união de A e B ao conjunto dos elementos que pertencem a A ou pertencem a B, isto é, elementos que pertencem apenas a A ou apenas a B ou a ambos.

Notação: A ∪ B. Lê-se A u B

$$A \cup B = \{x \mid x \in A \lor x \in B\}$$

Exemplos:

1) {1, 2, 3} ∪ {2, 3, 4, 5} = {1, 2, 3, 4, 5}

2) {1, 2, 3} ∪ {6, 7} = {1, 2, 3, 6, 7}

3) {a, b, c} ∪ {a, b, c, d} = {a, b, c, d},   {a, b} ∪ ∅ = {a, b}

Propriedades: 1) A ∪ A = A   2) A ∪ ∅ = A   3) A ∪ B = B ∪ A (comutativa)

4) (A ∪ B) ∪ C = A ∪ (B ∪ C) (associativa)   5) A ⊂ B ⇔ A ∪ B = B

6) x ∈ A ∪ B ⇒ (x ∈ A ∧ x ∉ B) ou (x ∉ A ∧ x ∈ B) ou (x ∈ A ∧ x ∈ B)

3) Diferença: Dados dois conjuntos A e B, chama-se diferença A − B entre eles, o conjuntos dos elementos que então em A e não estão em B. A − B lê-se A menos B

$$A - B = \{x \mid x \in A \land x \notin B\} \quad e \quad B - A = \{x \mid x \in B \land x \notin A\}$$

Exemplos: 1) {1, 2, 3, 4} − {3, 4, 5, 6} = {1, 2}

2) {a, b, c} − {e, f} = {a, b, c}

3) {a, b, c} − {a, b, c, d} = ∅

4) {2, 3} − {2, 3} = ∅,   {2, 3} − ∅ = {2, 3}

Propriedades: 1) A − ∅ = A   2) A − A = ∅   3) A ⊂ B ⇔ A − B = ∅

84 Determinar a intersecção dos conjuntos, nos casos:

a) {0, 1, 2, 3, 4} ∩ {3, 4, 5} =

b) {5, 3, 2, 1} ∩ {1, 2, 3} =

c) {1, 2, 3} ∩ {1, 2, 3} =

d) {a, b, c} ∩ {c, d, e} =

e) ∅ ∩ {1, 2} =

f) {1, 2, 3} ∩ {5, 6, 7} =

g) {b, c} ∩ {a, b, c, d} =

h) {a, b, c, d, e} ∩ {d, e} =

i) {1, 2, 3, 4, 5} ∩ {2, 3, 4, 5, 6} ∩ {4, 5, 6, 7, 8} =

Resp:

75 a) ⊂ b) ⊃ c) ⊂ d) ⊃ e) ⊂ f) ⊂ g) ⊃ h) ⊂ i) ⊃ j) ⊂ ou ⊃ k) ⊂ ou ⊃ l) ⊂ ou ⊃

76 a) ⊂ b) ⊄ c) ⊄ d) ⊂ e) ⊂ f) ⊂ g) ⊄ h) ⊄ i) ⊂ j) ⊄ k) ⊂ l) ⊂ m) ⊂ n) ⊄ o) ⊄

77 a) ⊄ b) ⊂ c) ⊂ d) ⊄ e) ⊄ f) ⊂ g) ⊂ h) ⊂ i) ⊂ j) ⊂ k) ⊂ l) ⊂

78 a) ⊂ b) ⊂ c) ∈ d) ⊂ e) ∈ f) ⊂   **79** a) ∈ b) ⊂ c) ∈ d) ⊂ e) ∈ f) ⊂ g) ⊂ h) ∈

80 a) V b) F c) F d) V e) V f) F g) F h) V i) V   **81** a) {1}, {2}, {3}, {4}

b) {1, 2}, {1, 3}, {1, 4}, {2, 3}, {2, 4}, {3, 4}   c) {1, 2, 3, 4}   d) {1, 2, 3}, {1, 2, 4}, {1, 3, 4}, {2, 3, 4}

55

85 Determinar a união dos conjuntos, nos casos:

a) {1, 2, 3} ∪ {4, 5, 6} =

b) {1, 2, 3, 4} ∪ {2, 3, 4, 5} =

c) {a, b, c} ∪ {a, b, c} =

d) {a, b} ∪ ∅ =

e) {a, b} ∪ {a, b, c, d} =

f) {1, 2} ∪ {2, 3} ∪ {3, 4} =

86 Determinar as seguintes diferenças de conjuntos:

a) {a, b, c, d} − {c, d, e} =

b) {1, 2, 3} − {4, 5, 6} =

c) {4, 5, 6} − {6, 7, 8} =

d) {6, 7, 8} − {4, 5, 6} =

e) {a, b, c} − {a, b, c} =

f) {2, 3, 4} − {1, 2, 3, 4, 5} =

g) {1, 2, 3, 4, 5} − {2, 3, 4} =

h) {1, 2} − ∅ =

87 Determinar o resultado dos seguintes operações:

a) {1, 2, 3} ∩ {3, 4, 5} =

b) {1, 2, 3} ∪ {3, 4, 5} =

c) {1, 2, 3} − {3, 4, 5} =

d) {3, 4, 5} − {1, 2, 3} =

e) {2, 3} ∩ {1, 2, 3, 4} =

f) {2, 3} ∪ {1, 2, 3, 4} =

g) {2, 3} − {1, 2, 3, 4} =

h) {1, 2, 3, 4} − {2, 3} =

i) {a, b, c} ∩ ∅ =

j) {a, b, c} ∪ ∅

k) {a, b, c} − ∅ =

l) ∅ − {a, b, c} =

m) {a, b, c} ∩ {a, b, c} =

n) {a, b, c} ∪ {a, b, c} =

o) {a, b, c} − {a, b, c} =

p) ({a, b, c} ∪ {b, c, d}) − {b, c} =

88 De acordo com os conjuntos dados na forma de diagrama, determinar os conjuntos pedidos, por enumeração dos seus elementos:

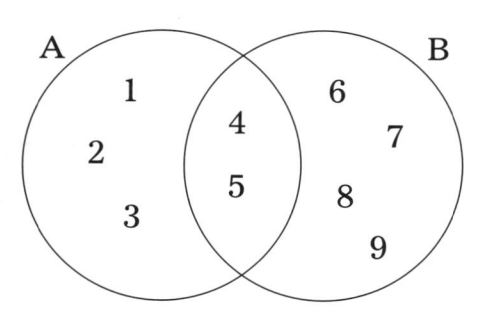

a) A ∩ B =

b) B ∩ A =

c) A − B =

d) B − A =

e) A ∪ B =

89 Considerando os conjuntos dados na forma de diagrama, determinar por enumeração dos seus elementos, os seguintes conjuntos:

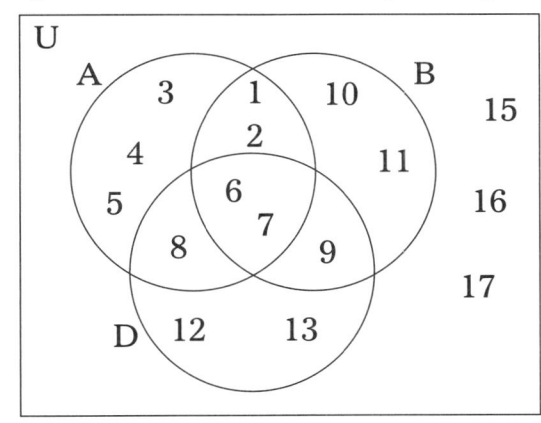

Diagrama: U contém A, B, D (três círculos). Elementos: A = {3, 4, 5, 1, 2, 6, 8, 7}; B = {1, 2, 10, 11, 6, 7, 9}; D = {8, 6, 7, 9, 12, 13}; fora: 15, 16, 17.

a) A ∩ B =

b) B ∩ D =

c) A ∪ B =

d) B ∪ D =

e) A − B =

f) B − A =

g) A − D =

h) D − A =

i) B − D =

j) D − B =

k) A ∩ B ∩ C =

l) A − (B ∪ D) =

m) (B ∪ d) − A =

n) (A ∩ B) − D =

o) D − (A ∩ B) =

p) A − (B − D) =

q) (B − D) − A =

r) D − (B − A) =

s) (B − A) − D =

t) (A − B) ∩ D =

u) B ∩ (D − A) =

90 Considerando ainda os diagramas dados no exercício anterior, determinar por enumeração, os seguintes conjuntos:

a) $U - (A \cup B \cup D) =$

b) $(A \cup B \cup D) - U =$

c) $U - (A \cup B) =$

d) $U - (B \cup D) =$

e) $U - (A \cap B) =$

f) $(A - B) \cup (B - A) =$

g) $(B - D) \cup (A - D) =$

Resp: **82** a) P(A) = {∅, {3}, {4}, {3,4}}   b) P(A) = {∅, {m}, {n}, {m,n}}   c) P(A) = {∅, {7}}   d) P(A) = {∅, {a}}
e) P(A) = {∅}   f) P(A) = {∅, {2}, {3}, {4}, {2,3}, {2,4}, {3,4}, {2,3,4}}
g) P(A) = {∅, {1}, {2}, {3}, {4}, {1,2}, {1,3}, {1,4}, {2,3}, {2,4}, {3,4}, {1,2,3}, {1,2,4}, {1,3,4}, {2,3,4}, {1,2,3,4}}
83 a) $n(P(A)) = 2^3 = 8$ b) $n(P(A)) = 2^2 = 4$ c) $n(P(A)) = 2^1 = 2$ d) $n(P(A)) = 2^0 = 1$ e) $n(P(A)) = 2^4 = 16$
f) $n(P(A)) = 2^5 = 32$ **84** a) {3, 4}   b) {1, 2, 3}   c) {1, 2, 3}   d) {c}   e) ∅   f) ∅
g) {b, c}   h) {d, e}   i) {4, 5}

57

91 Dados os conjuntos A = {0,1,2,3}, B = {0, 2, 4} e D = {2, 4, 6, 8}, determinar:

a) $A \cup B =$

b) $A \cup D =$

c) $A \cap B =$

d) $B \cap D =$

e) $A - B =$

f) $B - A =$

g) $A - D =$

h) $D - B =$

i) $A - (B \cap D) =$

j) $(B \cap D) - A =$

k) $(A \cup B) - D =$

l) $D - (A \cup B) =$

m) $A - (B - D) =$

n) $A - (D - B) =$

o) $(A \cup D) - B =$

p) $(A \cap D) - B =$

4) Complementar

Complementar: Dados os conjuntos A e B, com B contido em A ($B \subset A$), o conjunto A – B, ou seja, a diferença A – B chama-se complementar de B em A ou complemento de B em relação A. Notação: C_A^B

$$B \subset A \Rightarrow C_A^B = A - B \text{ ou } C_A^B = \{x \mid x \in A \land x \notin B\}$$

Exemplos:

1) $A = \{1, 2, 3, 4\}, B = \{2, 3\} \Rightarrow C_A^B = A - B = \{1, 4\}$

2) $A = \{1, 2, 3\} \Rightarrow C_A^\varnothing = A - \varnothing = A = \{1, 2, 3\}$

3) $A = \{a, b, c\}, B = \{a, b, c\} \Rightarrow C_A^B = A - B = \varnothing \Rightarrow C_A^A = \varnothing$

No caso do complemento em relação ao conjunto universo ∪.

Suprimimos o ∪ da notação e indicamos o complementar de B em ∪ por:

$$C_\cup^B = CB = \overline{B} = B'$$

Exemplo: ∪ = {0, 1, 2, 3, 4}, B = {1, 2} $\Rightarrow \overline{B} = \{0, 3, 4\}$

Obs.: Se $B \not\subset A$, não se define C_A^B

Propriedades: 1) $C_A^A = \varnothing$ 2) $C_A^\varnothing = A$

Obs.: Outras propriedades das operações serão apresentadas posteriormente.

92 Considerando os conjunto dados na forma de diagrama, determinar por enumeração dos seus elementos, os seguintes conjuntos:

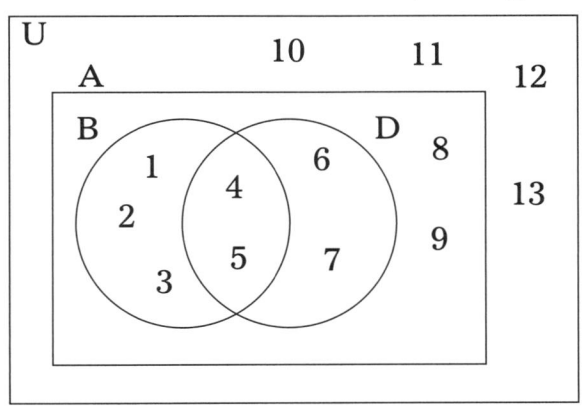

Diagrama: U contém A; A contém B e D (com interseção). Elementos: B = {1, 2, 3, 4, 5}; D = {4, 5, 6, 7}; B∩D = {4, 5}; em A fora de B∪D: {8, 9}; fora de A em U: {10, 11, 12, 13}.

a) $C_A^B =$

b) $C_A^D =$

c) $C_U^A = \overline{A} =$

d) $\overline{B} =$

e) $\overline{D} =$

f) $C_A^{(B \cap D)} =$

g) $C_A^{(B \cup D)} =$

h) $C_A^{(B-D)} =$

i) $C_A^{(D-B)} =$

j) $C_B^D =$

k) $C_D^B =$

l) $\overline{B \cup D} =$

m) $\overline{B \cap D} =$

n) $\overline{B - D} =$

o) $\overline{D - B} =$

p) $\overline{A - B} =$

q) $\overline{A - D} =$

r) $\overline{(B-D) \cup (D-B)} =$

s) $\overline{(B \cup D) - (B \cap D)} =$

93 Dados os conjuntos A = {0, 1, 2}, B = {2, 3, 4}, D = {0, 1, 2, 3, 4, 5, 6, 7}, todos subconjuntos de ∪ = {0, 1, 2, ..., 9}, determinar os seguintes conjuntos:

a) $C_D^B =$

b) $C_D^A =$

c) $C_D^{(A \cup B)} =$

d) $C_D^{(A \cap B)} =$

e) $C_D^{(A-B)} =$

f) $C_D^{(B-A)} =$

g) $C_B^A =$

h) $\overline{D} =$

i) $\overline{A \cup B} =$

j) $\overline{A \cap B} =$

k) $\overline{A - B} =$

l) $\overline{D - A} =$

Resp:

85 a) {1, 2, 3, 4, 5, 6} b) {1, 2, 3, 4, 5} c) {a, b, c} d) {a, b} e) {a, b, c, d} f) {1, 2, 3, 4}

86 a) {a, b} b) {1, 2, 3} c) {4, 5} d) {7, 8} e) ∅ f) ∅ g) {1, 5} h) {1, 2}

87 a) {3} b) {1, 2, 3, 4, 5} c) {1, 2} d) {4, 5} e) {2, 3} f) {1, 2, 3, 4} g) ∅ h) {1, 4} i) ∅
j) {a, b, c} k) {a, b, c} l) ∅ m) {a, b, c} n) {a, b, c} o) ∅ p) {a, d}

88 a) {4, 5} b) {4, 5} c) {1, 2, 3} d) {6, 7, 8, 9} e) {1, 2, 3, 4, 5, 6, 7, 8, 9}

89 a) {1, 2, 6, 7} b) {6, 7, 9} c) {1, 2, 3, 4, 5, 6, 7, 8, 9, 10, 11} d) {1, 2, 6, 7, 9, 10, 11, 12, 13} e) {3, 4, 5, 8}
f) {9, 10, 11} g) {1, 2, 3, 4, 5} h) {9, 12, 13} i) {1, 2, 10, 11} j) {8, 12, 13} k) {6, 7} l) {3, 4, 5}
m) {9, 10, 11, 12, 13} n) {1, 2} o) {8, 9, 12, 13} p) {3, 4, 5, 6, 7, 8} q) {10, 11} r) {6, 7, 8, 12, 13}
s) {10, 11} t) {8} u) {9} **90** a) {15, 16, 17} b) ∅ c) {12, 13, 15, 16, 17} d) {3, 4, 5, 15, 16, 17}
e) {3, 4, 5, 8, 9, 10, 11, 12, 13, 15, 16, 17} f) {3, 4, 5, 8, 9, 10, 11} g) {1, 2, 3, 4, 5, 10, 11}

59

Regiões sombreadas

Uma região sombreada (ou hachurada) em um diagrama representa o conjunto dos elementos que são daquela região. Usamos esses sombreamentos para indicar nos diagramas os resultados das operações com conjuntos.

Exemplos:

1) $A \cap B$ 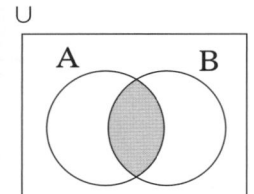
2) $A \cup B$ 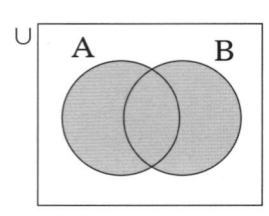
3) $A - B$ 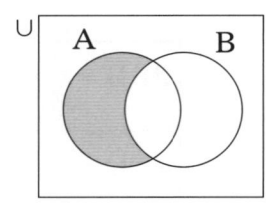
4) $B - A$ 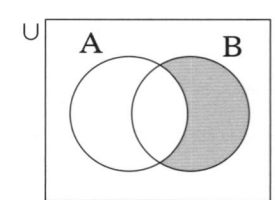
5) $C_A^B =$

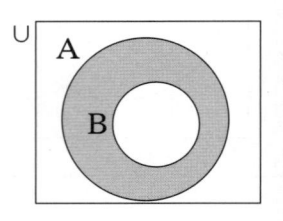

94 Sombrear (assinalar, indicar ou hachurar) nos diagramas, o que se pede, nos casos:
(**Obs.:** A região do retângulo representa o conjunto universo ∪)

a) A 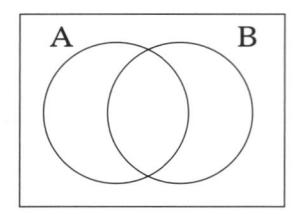
b) B 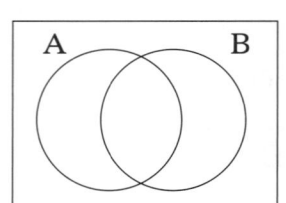
c) $A \cup B$ 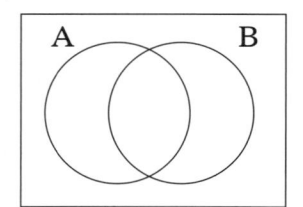
d) $A \cap B$

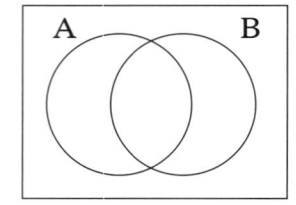

e) $A - B$ 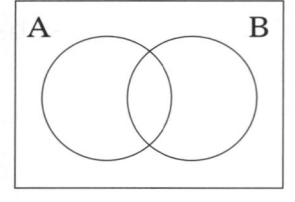
f) $B - A$ 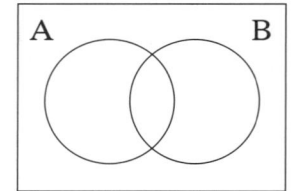
g) $\overline{A}$ 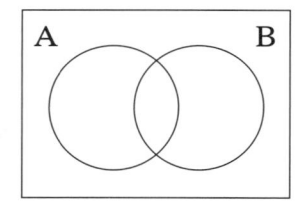
h) $\overline{B}$

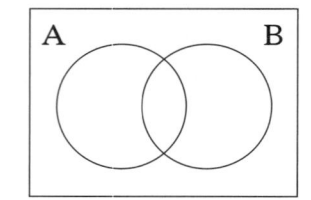

i) $\overline{A \cup B}$ 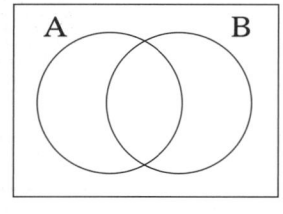
j) $\overline{A \cap B}$ 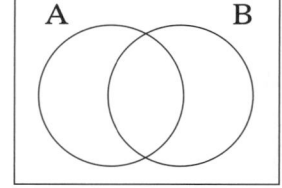
k) $\overline{A - B}$ 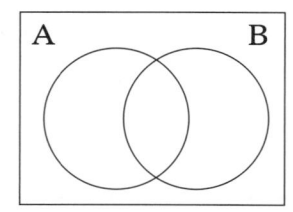
l) $\overline{B - A}$

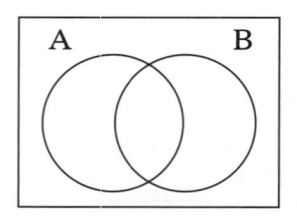

m) $A \cup B$ 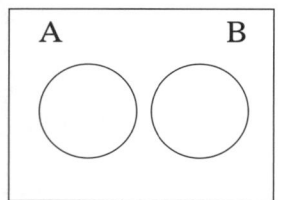
n) $A \cap B$ 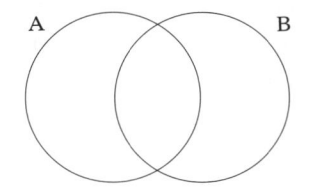
o) $A - B$ 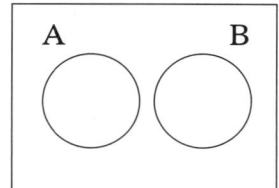
p) $B - A$

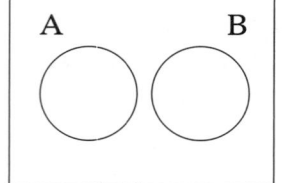

95 Sombrear nos diagramas, o que se pede, nos casos:
Obs.: A região do retângulo representa o conjunto universo ∪.

a) A ∩ B ∩ C

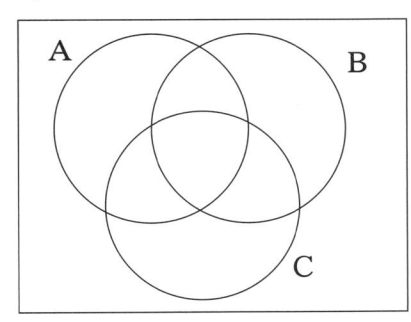

b) A ∪ B ∪ C

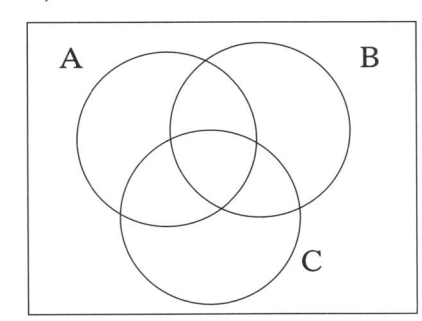

c) A − (B ∩ C)

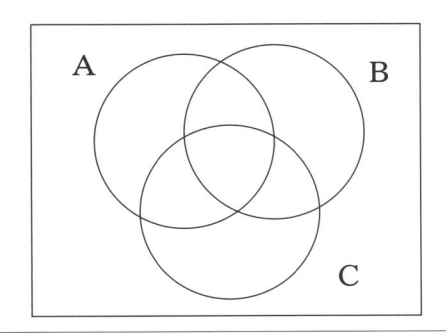

d) A − (B ∪ C)

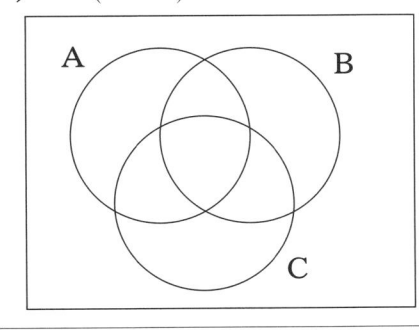

e) (B ∩ C) − A

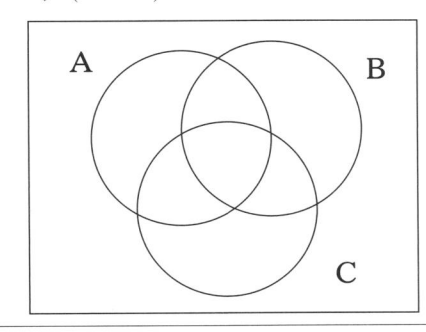

f) (B ∪ C) − A

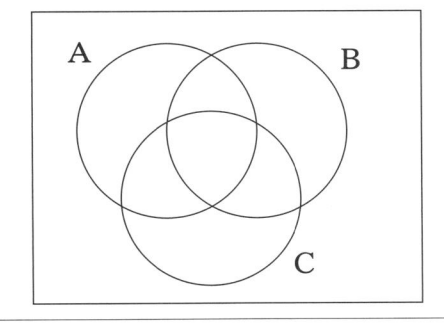

g) (B − A) ∪ (C − A)

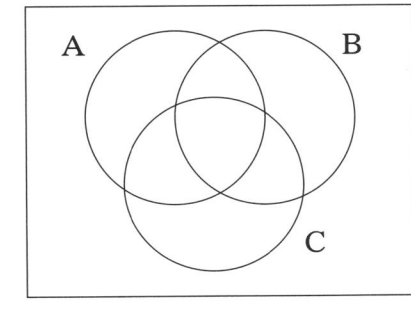

h) (B − A) ∩ (C − A)

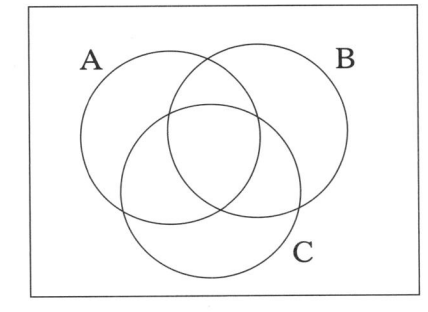

i) (A − B) ∪ (A − C)

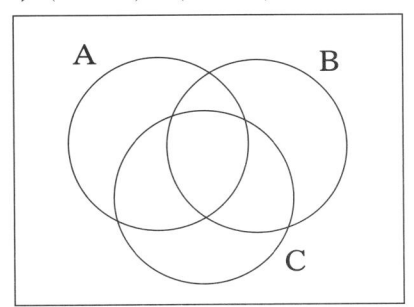

j) (A − B) ∩ (A − C)

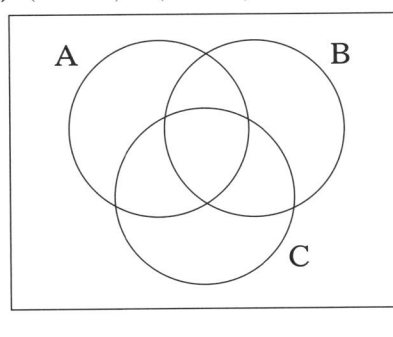

k) $\overline{A \cup B \cup C}$

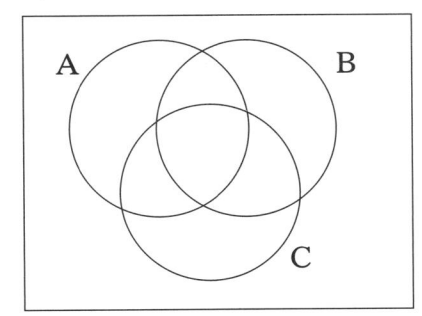

l) $\overline{(A \cup B) - C}$

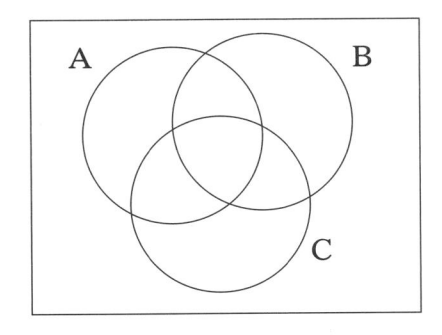

Resp: **91** a) {0, 1, 2, 3, 4}   b) {0, 1, 2, 3, 4, 6, 8}   c) {0, 2}   d) {2, 4}   e) {1, 3}   f) {4}   g) {0, 1, 3}   h) {6, 8}
i) {0, 1, 3}   j) {4}   k) {0, 1, 3}   l) {6, 8}   m) {1, 2, 3}   n) {0, 1, 2, 3} = A   o) {1, 3, 6, 8}   p) ∅

92 a) {6, 7, 8, 9}   b) {1, 2, 3, 8, 9}   c) {10, 11, 12, 13}   d) {6, 7, 8, 9, 10, 11, 12, 13}   e) {1, 2, 3, 8, 9, 10, 11, 12, 13}
f) {1, 2, 3, 6, 7, 8, 9}   g) {8, 9}   h) {4, 5, 6, 8, 9}   i) {1, 2, 3, 4, 5, 8, 9}   j) (Não existe pois D ⊄ B)
k) (Não existe pois B ⊄ D)   l) {8, 9, 10, 11, 12, 13}   m) {1, 2, 3, 6, 7, 8, 9, 10, 11, 12, 13}
n) {4, 5, 6, 7, 8, 9, 10, 11, 12, 13}   o) {1, 2, 3, 4, 5, 8, 9, 10, 11, 12, 13}   p) {1, 2, 3, 4, 5, 10, 11, 12, 13}
q) {4, 5, 7, 10, 11, 12, 13}   r) {4, 5, 8, 9, 10, 11, 12, 13}   s) {4, 5, 8, 9, 10, 11, 12, 13}

93 a) {0, 1, 5, 6, 7}   b) {3, 4, 5, 6, 7}   c) 5, 6, 7}   d) {0, 1, 3, 4, 5, 6, 7}   e) {2, 3, 4, 5, 6, 7}   f) {0, 1, 2, 5, 6, 7}
g) (Não existe, pois A ⊄ B)   h) {8, 9}   i) {5, 6, 7, 8, 9}   j) {0, 1, 3, 4, 5, 6, 7, 8, 9}
k) {2, 3, 4, 5, 6, 7, 8, 9}   l) {0, 1, 2, 8, 9}

61

96 Sombrear o que se pede, nos casos:

a) $(A-B) \cup (B-A)$

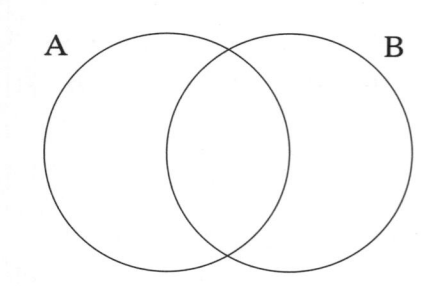

b) $(A \cup B) - (A \cap B)$

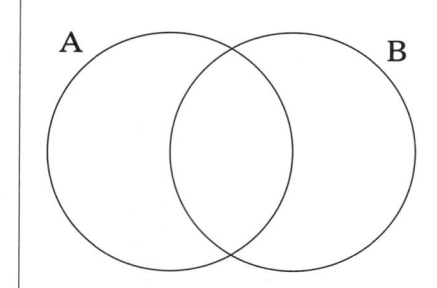

c) $C_D[(A-B) \cup (B-A)]$

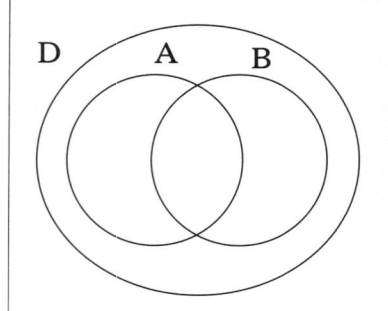

d) $[(A \cap B) - C] \cup [(A \cap C) - B] \cup [(B \cap C) - A]$

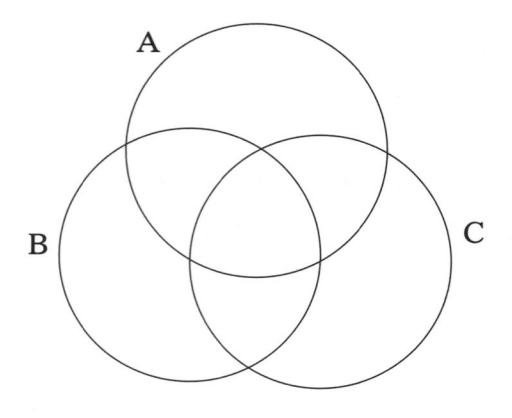

e) $[A - (B \cup C)] \cup [B - (A \cup C)] \cup [C - (A \cup B)]$

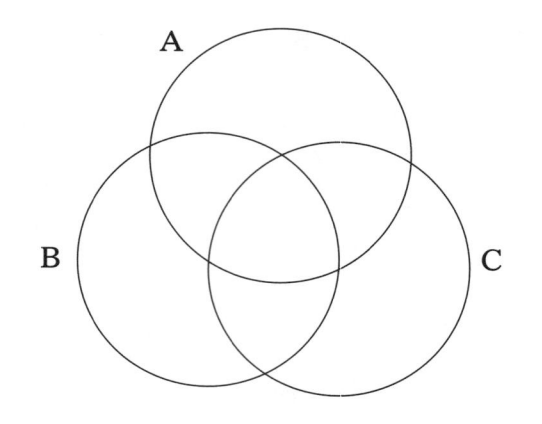

97 Classificar com V (verdadeira) ou F (falsa) cada uma das sentenças:
Obs.: Os diagramas de Ven podem ajudar na análise das afirmações.

a) $x \in A \cap B \Rightarrow x \in A$ (   )

b) $x \in (A \cup B) \Rightarrow x \in A$ (   )

c) $x \in (A \cup B) \Rightarrow x \notin A$ (   )

d) $x \in (A \cup B) \Rightarrow x \in A \wedge x \in B$ (   )

e) $x \in (A \cap B) \Rightarrow x \in A \vee x \in B$ (   )

f) $x \in (A - B) \Rightarrow x \in A$ (   )

g) $x \in (A - B) \Rightarrow x \in B$ (   )

h) $x \notin (A \cup B) \Rightarrow x \notin A$ (   )

i) $x \notin (A \cap B) \Rightarrow x \notin A$ (   )

j) $x \notin (A \cap B) \Rightarrow x \notin B$ (   )

k) $x \notin (A - B) \Rightarrow x \in B$ (   )

l) $x \in (A - B) \Rightarrow x \notin B$ (   )

m) $x \in (A \cap B) \Rightarrow x \notin (A - B)$ (   )

n) $x \in (A \cup B) \Rightarrow x \in (A - B)$ (   )

o) $x \notin (A \cap B) \Rightarrow x \in (A - B)$ (   )

p) $x \in (A - B) \Rightarrow x \notin (A \cap B)$ (   )

q) $x \notin (A \cup B) \Rightarrow x \notin (A - B)$ (   )

r) $x \in (A \cup B) \Rightarrow x \notin (A - B)$ (   )

98 Dados os conjuntos A e B contidos em ∪, determinar o que se pede:

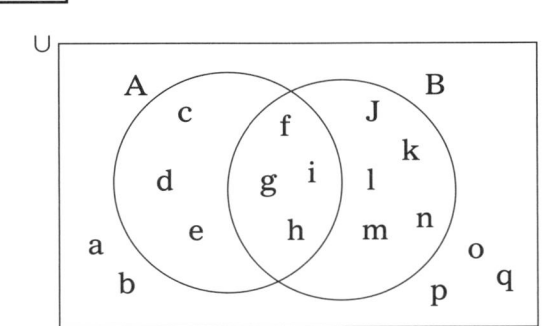

a) n (A) =	b) n (B) =
c) n (∪) =	d) n (A ∩ B) =
e) n (A ∪ B) =	f) n (A − B) =
g) n (B − A) =	h) n ($\overline{A \cup B}$) =

99 No diagrama seguinte os números entre parênteses, de cada região, indica o número de elementos desta região. Determinar o que se pede.

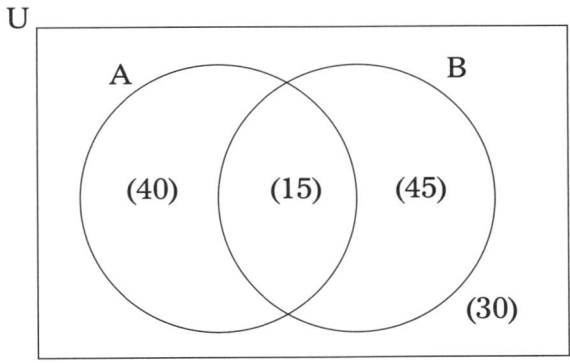

a) n (A) =	b) n (B) =
c) n (∪) =	d) n (A ∩ B) =
e) n (A ∪ B) =	f) n ($\overline{A}$) =
g) n ($\overline{B}$) =	h) n ($\overline{A \cup B}$) =
i) n ($\overline{A \cap B}$) =	j) n ($\overline{A - B}$) =

| k) n (B − A) = | l) n ($\overline{A} \cap \overline{B}$) = | m) n ($\overline{A} \cup \overline{B}$) = | n) n ($\overline{A} - \overline{B}$) = |

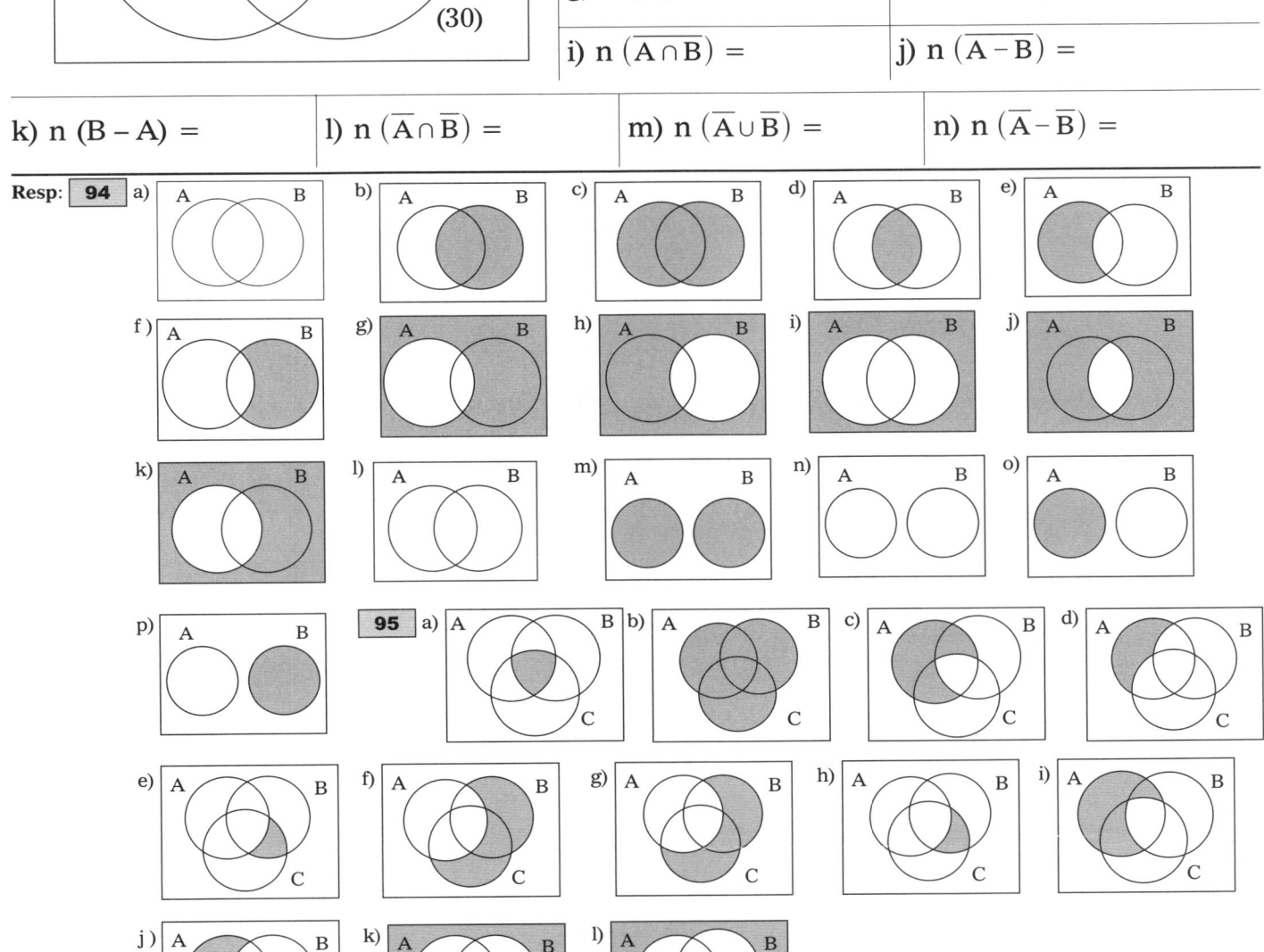

Resp: **94** a) ... [diagramas]

63

100 A e B são subconjuntos de ∪. Indicar em cada região, entre parênteses, o número de elementos da região, de acordo com os dados, e determinar o que se pede.

a) n (A ∩ B) = 20 , n (A − B) = 40
   n (B − A) = 25 , n ($\overline{A \cup B}$) = 10

b) n (A) = 100 , n (B) = 70
   n (A ∩ B) = 45 , n ($\overline{A \cup B}$) = 35

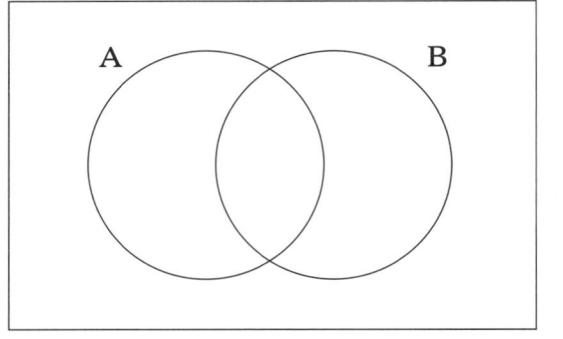

1) n (A) = | 2) n (B) =
3) n (∪) = | 4) n (A ∪ B) =

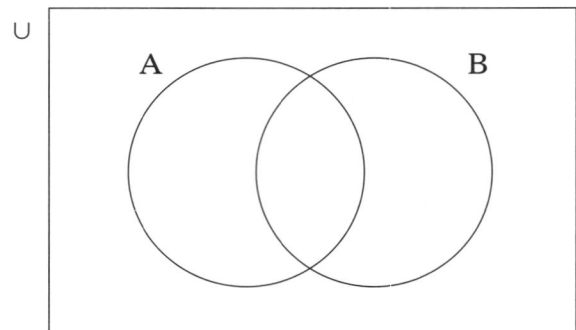

1) n (A − B) = | 2) n (B − A) =
3) n (A ∪ B) = | 4) n (∪) =

c) n (A) = 100 , n (B) = 90
   n (A ∪ B) = 150 , n (∪) = 220

d) n (A) = 300 , n (B) = 450
   n (A ∪ B) = 630 , n ($\overline{A \cup B}$) = 150

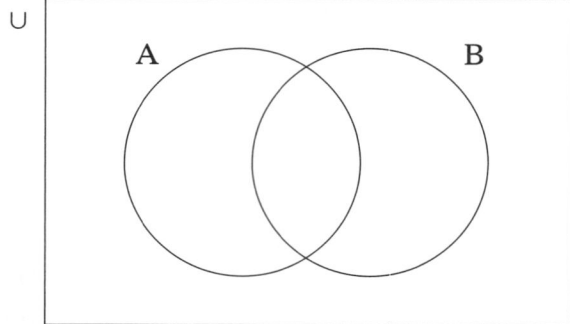

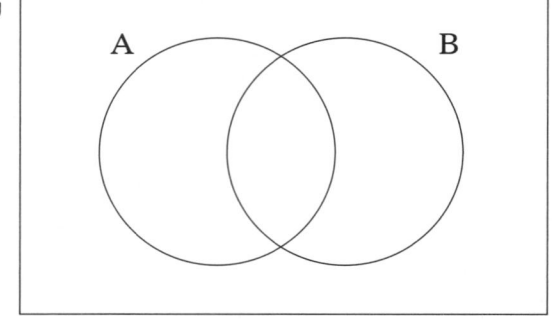

1) n ($\overline{A \cup B}$) = | 2) n (A ∩ B) =
3) n (A − B) = | 4) n (B − A) =

1) n (∪) = | 2) n (A ∩ B) =
3) n (A − B) = | 4) n (B − A) =

101 De um grupo de 500 pessoas, 40 são sócias de um clube A, 47 são sócias de um clube B e 5 pessoas são sócias dos dois clubes. Determinar
Sugestão: Indicar em cada região, entre parênteses, o número de sócios correspondente.

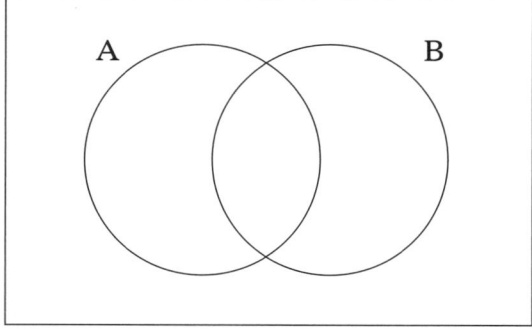

a) Quantas são sócios somente de A?
b) Quantas são sócias somente de B?
c) Quantas são sócias de A ou B?
d) Quantas pessoas deste grupo não são sócias de nenhum desses clubes?

102 Em uma pesquisa foram entrevistadas 600 pessoas e obtidos os seguintes resultados:
- 52 são assinantes da Folha de São Paulo.
- 55 são assinantes do Estado de São Paulo.
- 10 são assinantes dos dois jornais.

Nestas condições, pergunta-se:

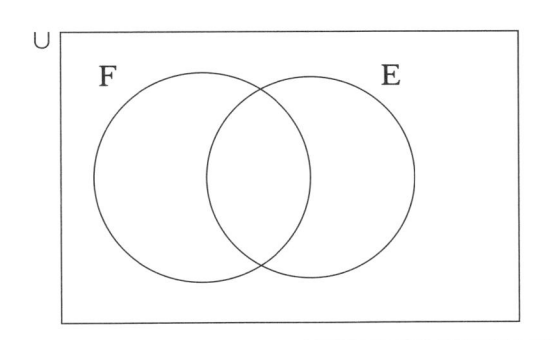

a) Quantas dessas pessoas assinam apenas a Folha?

b) Quantas assinam apenas o Estado?

c) Quantas assim a Folha ou o Estado?

103 110 pessoas que trabalham em uma empresa vão a um restaurante A ou a um B que ficam nas imediações. Verificou - se que em uma determinada semana 35 tinham ido apenas ao A e 50 apenas ao B. Pergunta - se:

a) Quantas foram aos dois ?   b) Quantas foram ao A ?   c) Quantas foram ao B ?

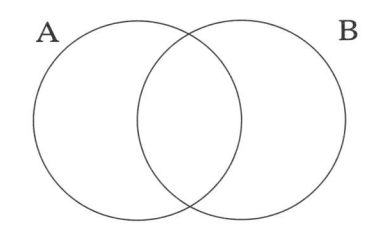

104 De um grupo de 650 estudantes pesquisados, verificou-se que vão para a escola,

a) de metrô ou ônibus. 500 pegam metrô e e 200 pegam ônibus. Quantos pegam os dois?

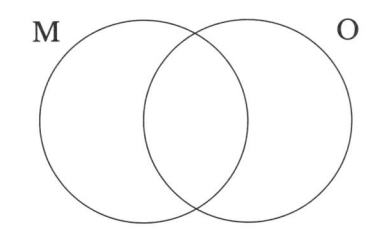

b) com camiseta ou tênis. 300 com camiseta 600 com tênis. Quantos vão com camiseta e tênis?

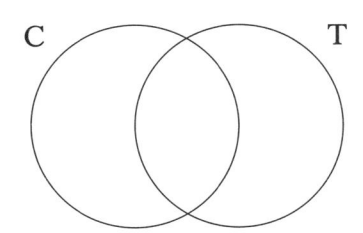

Resp: **96** a) ... b) ... c) ... d) ... e) ...

97 a) V b) F c) F d) F e) V f) V g) F h) V i) F j) F k) F l) V m) V n) F o) F p) V q) V r) F **98** a) 7 b) 9 c) 17 d) 4 e) 12 f) 3 g) 5 h) 5

99 a) 55 b) 60 c) 130 d) 15 e) 100 f) 75 g) 70 h) 30 i) 115 j) 90 k) 45 l) 30 m) 115 n) 45

105 Em uma pesquisa foram entrevistadas 2400 pessoas, a respeito da leitura da revistas A e B. Verificou-se que 370 liam A, 500 liam B e 800 liam A ou B. Pergunta-se:

a) Quantas não liam nenhuma?
b) Quantas liam ambos?
c) Quantas liam apenas A?
d) Quantas liam apenas B?

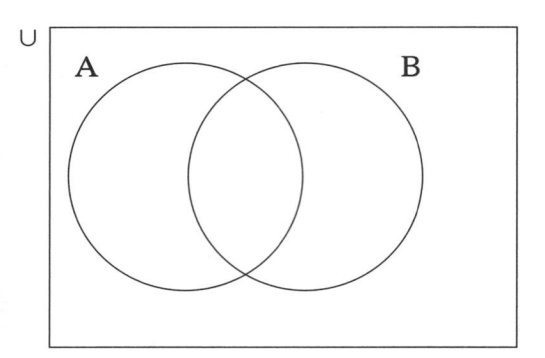

106 300 pessoas foram entrevistadas a respeito do consumo das marcas A e B de azeite. Constatou-se que 130 consomem A, 135 consomem B e 230 consomem A ou B. Pergunta-se quantas pessoas

a) não consomem nenhuma desses marcas?
b) consomem as duas?
c) consomem apenas A
d) consomem apenas B

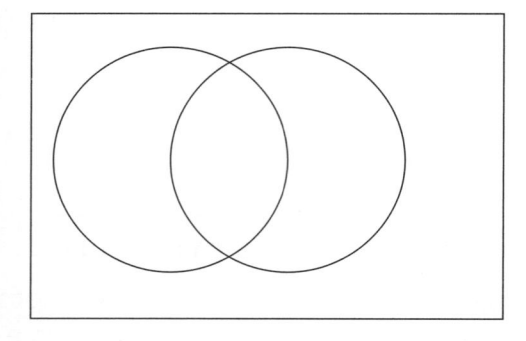

107 Em um grupo de consumidores foi feita uma pesquisa e vericou-se que 105 consomem um detergente A, 120 consomem um detergente B e 45 consomem os dois. Pergunta-se:

a) Quantos consomem A ou B?

b) Qual o número mínimo de consumidores desse grupo?

c) Se foram entrevistados 230 consumidores, quantos não consomem nenhum desses produtos?

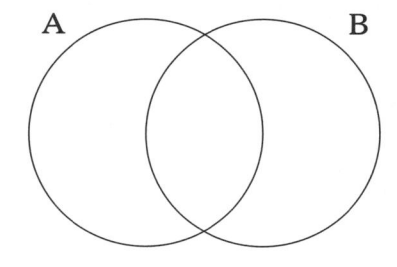

108 A respeito dos 190 clientes que entraram em um restaurante, em um determinado dia verificou-se que 55 usavam óculos, 20 usavam óculos e tênis e 85 não usavam óculos nem tênis. Determinar quantos clientes usavam

a) apenas óculos b) apenas tênis c) tênis d) óculos ou tênis.

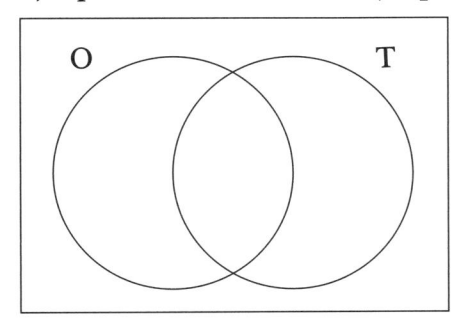

109 Em uma pesquisa com 380 pessoas que assistem as novelas A ou B, vericou-se que 300 assistem a novela A, 330 a novela B. Determinar quantas pessoas assistem

a) ambas b) apenas A c) apenas B

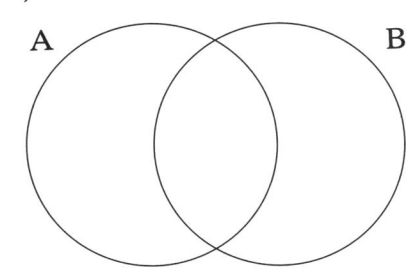

110 Em uma sala com 34 alunos havia 22 alunos que falavam inglês, 10 que falavam espanhol e 8 que não falavam inglês nem espanhol. Quantos alunos falam

a) inglês ou espanhol? b) inglês e espanhol? c) apenas inglês? d) apenas espanhol?

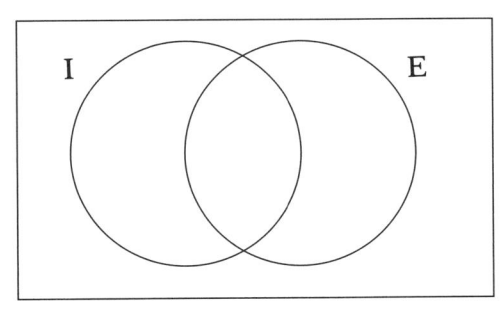

Resp: **100** a) (40)(20)(25) (10) 1) 60 2) 45 3) 95 4) 85

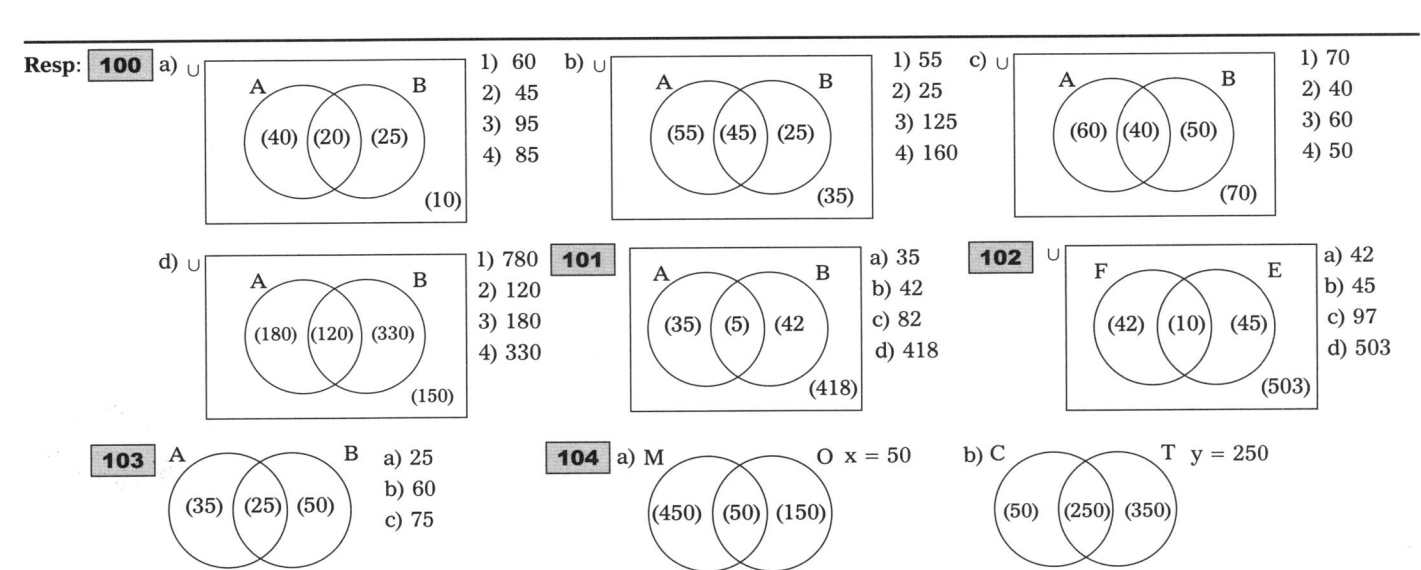

b) (55)(45)(25) (35) 1) 55 2) 25 3) 125 4) 160

c) (60)(40)(50) (70) 1) 70 2) 40 3) 60 4) 50

d) (180)(120)(330) (150) 1) 780 2) 120 3) 180 4) 330

101 (35)(5)(42) (418) a) 35 b) 42 c) 82 d) 418

102 F (42)(10)(45) E (503) a) 42 b) 45 c) 97 d) 503

103 A (35)(25)(50) B a) 25 b) 60 c) 75

104 a) M (450)(50)(150) O x = 50 b) C (50)(250)(350) T y = 250

67

111 Duas sobremesas, um doce e uma salada de frutas, foram oferecidas para os clientes de um restaurante por quilo, em um determinado dia. 400 aceitaram sobremesa, sendo que 310 aceitaram salada de frutas, 200 aceitaram doce e 280 não aceitaram doce. Pergunta-se:

a) Quantas aceitaram o doce e a salada?
b) Quantos aceitaram apenas a salada?
c) Quantas aceitaram apenas o doce?
d) Quantos foram os clientes neste dia?

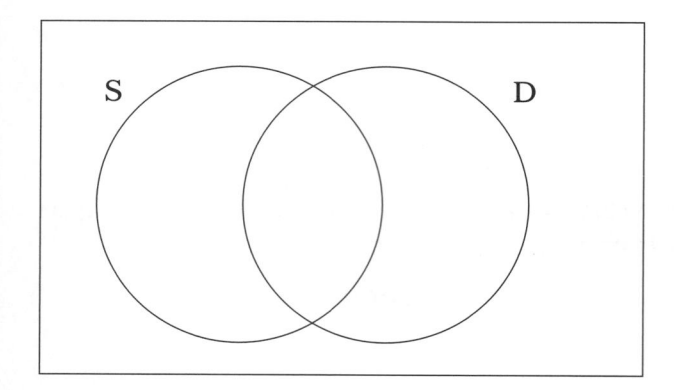

112 Foi feita uma pesquisa em uma comunidade com 1200 pessoas, sobre os programas A, B e C de um canal de televisão e a tabela seguinte mostra quantos telespectadores assistem a esses programas. Determinar quantas pessoas:

Programas	Número de Telespectadores
A	480
B	430
C	470
A e B	150
A e C	160
B e C	180
A, B e C	80

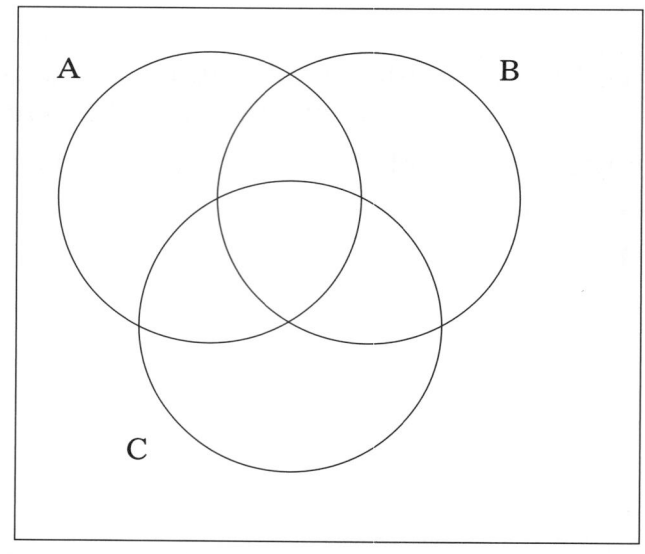

a) Assistem apenas A
b) Assistem apenas B
c) Assistem apenas C
d) Assistem A e B
e) Assistem A ou B
f) Assistem B ou C
g) Não assistem A
h) Não assistem B
i) Assistem B e C mas não assistem A
j) Assistem A mas não assistem B ou C
k) Não assistem B ou C
l) Não assistem a qualquer dos três programas

113 (PUC-CAMPINAS-SP) Numa comunidade constituída de 1.800 pessoas, há três programas de TV favoritos: Esporte (E), Novela (N) e Humorismo (H). A tabela seguinte indica quantas pessoas assistem a esses programas:

Programas	E	N	H	E e N	N e H	E e H	E, N e H
Números de Telespectadores	400	1.220	1.080	220	800	180	100

Através desses dados, determinar o número de pessoas da comunidade que não assistem a qualquer dos três programas.

114 (UFSC) Numa concentração de atletas, há 42 que jogam basquetebol, 28 voleibol e 18 voleibol e basquetebol, simultaneamente. Qual o número mínimo de atletas na concentração?

115 (F.G.V. SP) Uma empresa entrevistou 300 de seus funcionários a respeito de três embalagens: A, B e C para o lançamento de um novo produto. O resultado foi o seguintes: 160 indicam a embalagem A; 120 indicaram a embalagens B; 90 indicaram a embalagem C; 30 indicaram as embalagens A e B; 40 indicaram as embalagens A e C; 50 indicaram as embalagens B e C; e 10 indicaram as 3 embalagens. Dos funcionários entrevistados, quandos não tinham preferência por nenhuma das 3 embalagens?

116 (F.M.SANTA CASA-SP) Analisando-se as carteiras de vacinação das 84 crianças de uma creche, verificou-se que 68 receberam a vacina Sabin, 50 receberam a vacina contra sarampo e 12 foram vacinadas. Quantas dessas crianças receberam as duas vacinas?

117 (UNESP) Suponhamos que numa equipe de 10 estudantes, 6 usam óculos e 8 usam relógio. Determinar o número de estudantes que usa, ao mesmo tempo, óculos e relógio.

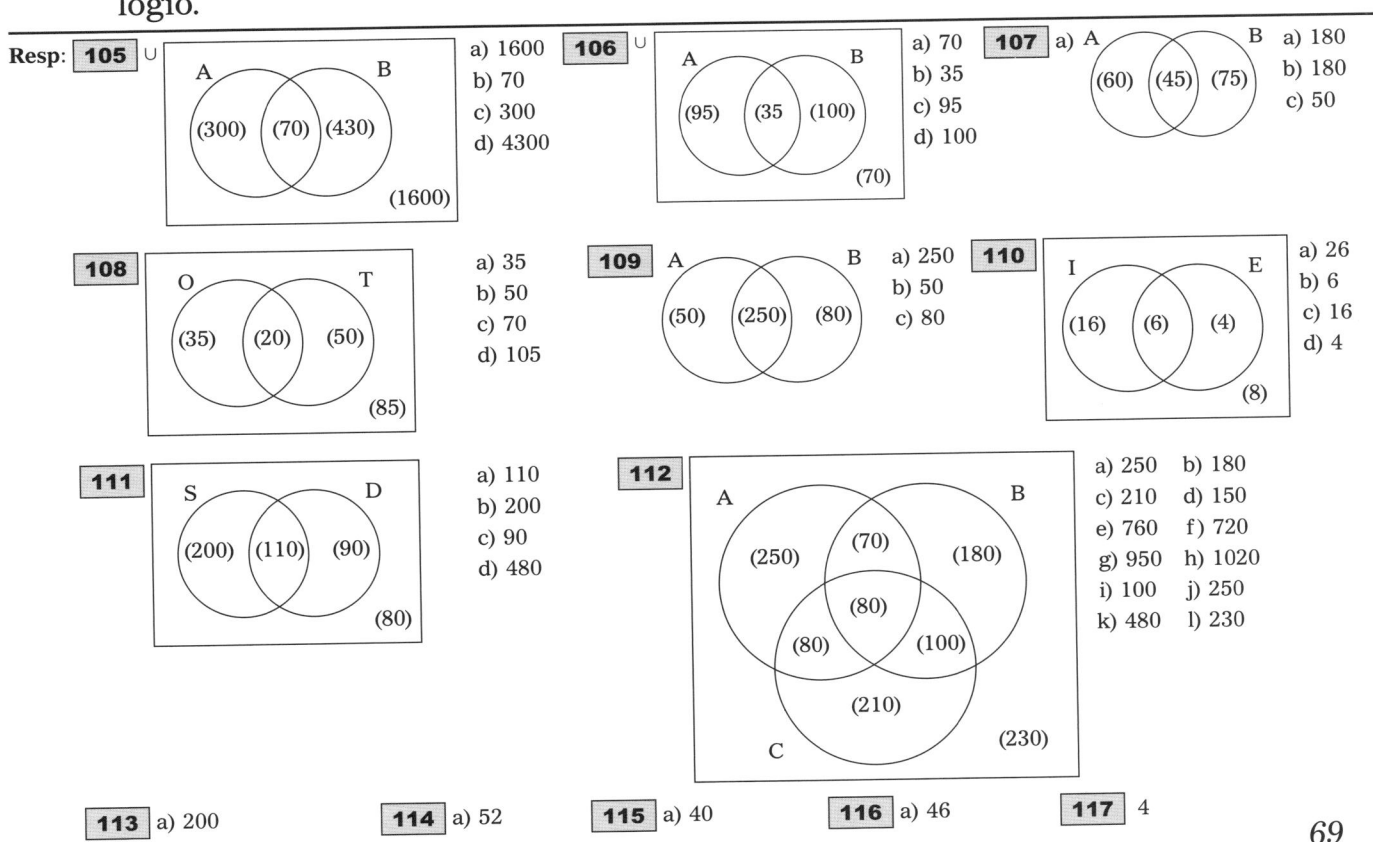

Resp: **105** a) 1600 b) 70 c) 300 d) 4300
106 a) 70 b) 35 c) 95 d) 100
107 a) 180 b) 180 c) 50
108 a) 35 b) 50 c) 70 d) 105
109 a) 250 b) 50 c) 80
110 a) 26 b) 6 c) 16 d) 4
111 a) 110 b) 200 c) 90 d) 480
112 a) 250 b) 180 c) 210 d) 150 e) 760 f) 720 g) 950 h) 1020 i) 100 j) 250 k) 480 l) 230

113 a) 200   **114** a) 52   **115** a) 40   **116** a) 46   **117** 4

V FUNÇÕES

1 – Conjuntos numéricos

1) **Números naturais**: $\mathbb{N} = \{0, 1, 2, ..., 10, 11...\}$. E $\mathbb{N}^* = \{1, 2, ..., 10, 11, ...\}$

2) **Números inteiros**: $\mathbb{Z} = \{..., -3, -2, -1, 0, 1, 2, ...\}$. E $\mathbb{Z}^* = \{..., -2, -1, 1, 2, ...\}$

3) **Números racionais**: $\mathbb{Q} = \left\{ x \mid x = \dfrac{a}{b}, a \in \mathbb{Z} \text{ e } b \in \mathbb{Z}^* \right\}$

Obs.: Podemos indicar também por $x = \pm \dfrac{a}{b}, a \in \mathbb{N}$ e $b \in \mathbb{N}^*$

Exemplos de números racionais:

1º) $\dfrac{2}{3}$, $\dfrac{-5}{4} = -\dfrac{5}{4} = \dfrac{5}{-4}$, $\dfrac{1}{8}$, $\dfrac{-9}{13}$, $-\dfrac{7}{8}$, $\dfrac{21}{35} = \dfrac{3}{5}$, $\dfrac{20}{25} = \dfrac{4}{5}$

2º) Os decimais exatos e periódicos também são racionais:

$0,5 = \dfrac{5}{10} = \dfrac{1}{2}$; $1,8 = \dfrac{18}{10} = \dfrac{9}{5}$; $0,25 = \dfrac{25}{100} = \dfrac{1}{4}$; $0,125 = \dfrac{125}{1000} = \dfrac{1}{8}$

$0,33... = \dfrac{3}{9} = \dfrac{1}{3}$; $0,777... = \dfrac{7}{9}$; $0,666... = \dfrac{6}{9} = \dfrac{2}{3}$

3º) Os números inteiros também são racionais

$3 = \dfrac{3}{1}$, $5 = \dfrac{5}{1}$, $7 = \dfrac{7}{1}$, $-6 = -\dfrac{6}{1}$, $-8 = \dfrac{-8}{1}$, $0 = \dfrac{0}{n} (n \neq 0)$

4) Números irracionais

Os números que, na forma decimal, não são decimais exatos nem periódicos são **chamados irracionais**. O mais famoso é o π.

$\pi = 3,141593 ...$

Outos exemplos: $\sqrt{2} = 1,41421 ...$; $\sqrt{3} = 1,73205 ...$

$\sqrt{5} = 2,23606 ...$; $\sqrt{6} = 2,44948 ...$

Não é possível escrever um número irracional na forma $\dfrac{a}{b}$ com **a** e **b** inteiros. Então o número irracional não é racional.

Prova-se que se o número **x** é irracional e **a** é racional então também são irracionais os números $x + a$; e para $a \neq 0$, os números $x \cdot a$, $\dfrac{x}{a}$ e $\dfrac{a}{x}$.

5) Números reais

Nomeando por **I** o conjunto dos números irracionais, a união de **Q** com **I** é o conjunto dos números reais. Notação: $\mathbb{R}$

6) Eixo ou reta dos números reais

Se fizemos corresponder a cada ponto de uma reta um único número real, seguindo certos critérios, obtemos o que chamamos de **eixo dos números reais** ou **reta dos reais**.

118 Classificar com V (verdadeira) ou F (falsa) as seguintes sentenças:

a) $3 \in \mathbb{N}$ ( )	b) $-3 \in \mathbb{N}$ ( )	c) $3 \in \mathbb{Z}$ ( )
d) $-3 \in \mathbb{Z}$ ( )	e) $-5 \notin \mathbb{Q}$ ( )	f) $-5 \notin \mathbb{Z}$ ( )
g) $\frac{2}{3} \in \mathbb{Z}$ ( )	h) $\frac{2}{3} \notin \mathbb{Q}$ ( )	i) $-\frac{2}{3} \in \mathbb{Q}$ ( )
j) $7 \in \mathbb{Q}$ ( )	k) $0,3 \in \mathbb{Q}$ ( )	l) $0,33 \notin \mathbb{Q}$ ( )
m) $-3 \in \mathbb{Q}$ ( )	n) $\sqrt{11} \in \mathbb{Q}$ ( )	o) $\sqrt{11} \in \mathbb{R}$ ( )
p) $-\sqrt{2} \in \mathbb{Q}$ ( )	q) $-\sqrt{7} \in \mathbb{R}$ ( )	r) $\pi \notin \mathbb{R}$ ( )

119 Classificar com V (verdadeira) ou F (falsa) as sentenças:

a) $\mathbb{N} \subset \mathbb{Z}$ ( )	b) $\mathbb{N} \subset \mathbb{Z}^*$ ( )	c) $\mathbb{N} \subset \mathbb{Q}$ ( )
d) $\mathbb{Z} \subset \mathbb{Q}$ ( )	e) $\mathbb{Z} \subset \mathbb{R}$ ( )	f) $\mathbb{Q} \subset \mathbb{R}$ ( )
g) $\mathbb{Q} \subset \mathbb{R}^*$ ( )	h) $\mathbb{Q}^* \subset \mathbb{R}$ ( )	i) $\mathbb{Z} \subset \mathbb{R}^*$ ( )
j) $\{\sqrt{2}\} \subset (\mathbb{R}-\mathbb{Q})$ ( )	k) $\{\pi\} \subset (\mathbb{R}-\mathbb{Q})$ ( )	l) $\{\sqrt{7}\} \subset \mathbb{R}$ ( )

2 - Intervalos (Notações e representações gráficas)

São alguns subconjuntos notáveis em $\mathbb{R}$.

Se **a** e **b** são números reais com **a** menor que **b** (a < b), define-se:

1) Intervalo fechado de extremos a e b (Notação: [a, b])

Conjuntos dos números reais que vão de a até b.

$[a, b] = \{x \in \mathbb{R} \mid a \leqslant x \leqslant b\}$

2) Intervalo aberto de extremos a e b (Notaçao:]a, b[)

Conjunto dos números reais que estão entre **a** e **b**.

$]a, b[= \{x \in \mathbb{R} \mid a < x < b\}$

3) Intervalo fechado à esquerda e aberto à direita (Notação: [a, b[ )

Conjunto dos números reais **a** e os que estão entre **a** e **b**.

$[a, b[= \{x \in \mathbb{R} \mid a \leqslant x < b\}$

4) Intervalo aberto à esquerda e fechado à direita (Notação:]a, b])

Conjunto dos números reais **b** e os que estão entre **a** e **b**.

$]a, b] = \{x \in \mathbb{R} \mid a < x \leqslant b\}$

5) Intervalos com um único extremo

$[a, +\infty[= \{x \in \mathbb{R} | x \geq a\}$

$]a, +\infty[= \{x \in \mathbb{R} | x > a\}$

$]-\infty, a] = \{x \in \mathbb{R} | x \leq a\}$

$]-\infty, a[= \{x \in \mathbb{R} | x < a\}$

Outras notações para intervalos:

$[a, b[= [a, b)$; $]a, b] = (a, b]$; $]a, b[= (a, b)$. Este, quando não hover possibilidade de confusão com o par ordenado (a, b),

$]-\infty, a] = (-\infty, a]$; $]-\infty, a[= (-\infty, a)$; $[a, +\infty[= [a, +\infty)$ e $]a, +\infty[= (a, +\infty)$.

120 Em cada caso é dado um subconjunto de $\mathbb{R}$, destacado na reta dos números reais. Representá-lo usando o símbolo de intervalo e também através de uma propriedade característica dos elementos. Olhar o item a:

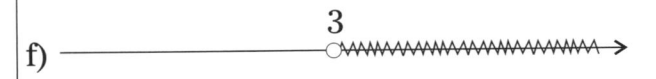

a) $[3, 8] = \{x \in \mathbb{R} | 3 \leq x \leq 8\}$

b)

c)

d)

e)

f)

g)

h)

i)

73

Observar como representar com símbolo de intervalo e através de uma propriedade os seguintes subconjuntos de $\mathbb{R}$.

Exemplo 1:

$[-5, 0[\, \cup\,]2, 5] = \{x \in \mathbb{R} \mid -5 \leq x < 0 \lor 2 < x \leq 5\}$

Exemplo 2:

$]-\infty, -8] \cup]1, 12[= \{x \in \mathbb{R} \mid x \leq -8 \lor 1 < x < 12\}$

Exemplo 3:

$[-5, 2[\, \cup\,]2, 9[= \{x \in \mathbb{R} \mid -5 \leq x < 2 \lor 2 < x < 9\}$ ou
$= \{x \in \mathbb{R} \mid -5 \leq x < 9 \land x \neq 2\}$

Exemplo 4:

$[-10, -2[\, \cup \{4\} \cup\,]9, +\infty[= \{x \in \mathbb{R} \mid -10 \leq x < -2 \lor x = 4 \lor x \geq 9\}$

121 Representar usando símbolos de intervalo e através de uma propriedade, os seguintes conjuntos:

a) A

b) B

c) C

d) D

74

122 Representar usando símbolos de intervalos e através de uma propriedade, os seguintes conjuntos:

a) A — 5 ○ ———— −1 ● ———— 6 ● ⟶

b) B — 3 ● ———— 5 ● ———— 9 ● ———— 13 ○ ⟶

c) C — −10 ● ———— −4 ● ———— 0 ● ———— 5 ○ ⟶

123 Representar na reta dos números reais os seguintes conjuntos:

a) $A = \{x \in \mathbb{R} \mid -5 \leq x \leq 9\} \Rightarrow A$ ⟶

b) $B = \{x \in \mathbb{R} \mid -8 < x \leq 10\} \Rightarrow B$ ⟶

c) $C = \{x \in \mathbb{R} \mid -3 \leq x < 8\} \Rightarrow C$ ⟶

d) $D = \{x \in \mathbb{R} \mid x \leq 3\} \Rightarrow D$ ⟶

e) $E = \{x \in \mathbb{R} \mid x > -2\} \Rightarrow E$ ⟶

f) $F = \{x \in \mathbb{R} \mid x < -5 \lor 1 \leq x \leq 7\} \Rightarrow F$ ⟶

g) $G = \{x \in \mathbb{R} \mid -5 < x \leq 4 \lor x \geq 8\} \Rightarrow G$ ⟶

Resp: **118** a) V b) F c) V d) V e) V f) F g) V h) V i) V
j) V k) V l) F m) V n) F o) V p) F q) V r) F

119 a) V b) F c) V d) V e) V f) V g) F h) V i) F j) V k) V l) V

120 b) $]-3, 2[= \{x \in \mathbb{R} \mid -3 < x < 2\}$ c) $\left[-\frac{2}{3}, 5\right[= \left\{x \in \mathbb{R} \mid -\frac{2}{3} \leq x < 5\right\}$ d) $\left]-\sqrt{3}, \frac{7}{2}\right] = \left\{x \in \mathbb{R} \mid -\sqrt{3} < x \leq \frac{7}{2}\right\}$

e) $[5, +\infty] = \{x \in \mathbb{R} \mid x \geq 5\}$ f) $]3, +\infty[= \{x \in \mathbb{R} \mid x > 3\}$ g) $]-\infty, 2] = \{x \in \mathbb{R} \mid x \leq 2\}$

h) $]-\infty, -5[= \{x \in \mathbb{R} \mid x < -5\}$ i) $[-\sqrt{5}, -\sqrt{2}[= \{x \in \mathbb{R} \mid -\sqrt{5} \leq x < -\sqrt{2}\}$

124 Representar na reta dos números reais os seguintes conjuntos:

a) $A = \,]-\infty, 5\,] \cup \,]8, +\infty[$

b) $B = \,]-7, -5\,] \cup [5, 9[$

c) $C = \,]-\infty, -3\,] \cup \{5\} \cup [7, 13\,]$

d) $D = \{-5\} \cup [-2, 0[\,\cup\,]0, 6\,]$

e) $E = \,]-\infty, -3[\,\cup\, [-1, 2[\,\cup\,]5, 8\,]$

125 Dados os conjuntos $A = \{x \in \mathbb{R} \mid -5 \leqslant x \leqslant 3\}$ e $B = \{x \in \mathbb{R} \mid -1 \leqslant x < 9\}$, determinar o conjunto pedido em cada item. Dar a resposta na forma em que foram dados os conjuntos **A** e **B**. Considerar $\cup = \mathbb{R}$.

Obs.: $\overline{x}$ = complementar de x em $\cup = \mathbb{R}$, isto é: $\overline{x} = \mathbb{R} - x$.

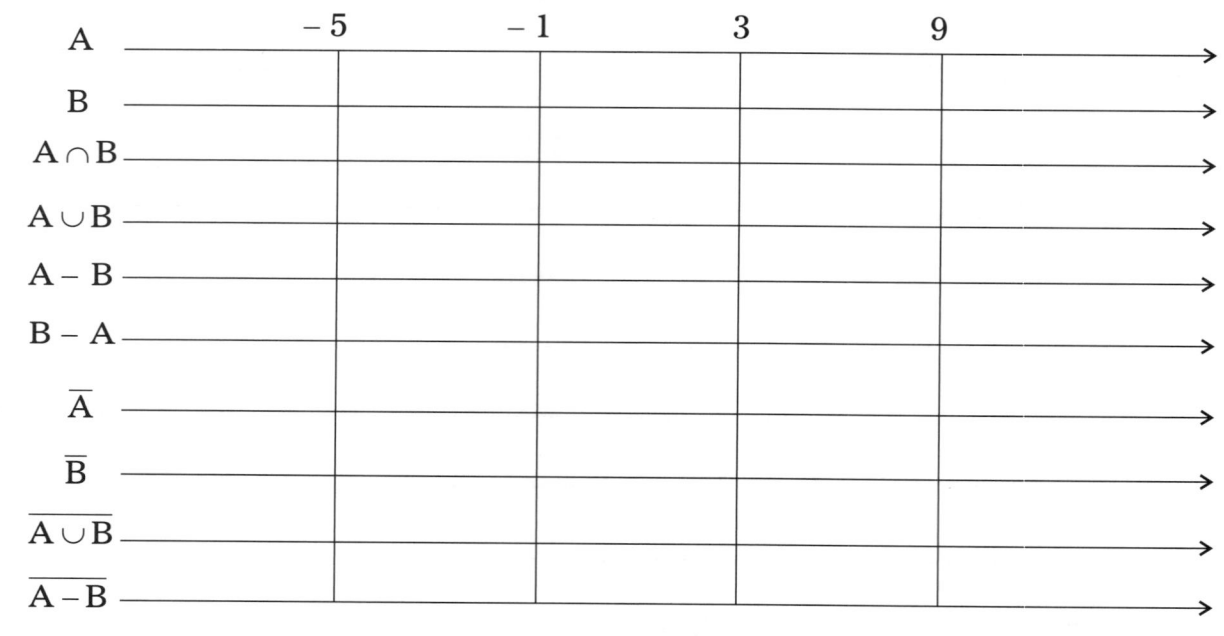

a) $A \cap B =$

b) $A \cup B =$

c) $A - B =$

d) $B - A =$

e) $\overline{A} =$

f) $\overline{B} =$

g) $\overline{A \cup B} =$

h) $\overline{A - B} =$

126 Dados os conjuntos $A =]-7,1] \cup [5,9[$ e $B =]-\infty,-3[\cup [1,9]$ e $\cup = \mathbb{R}$, determinar o conjunto pedido em cada item. Dar a resposta na forma em que os conjuntos **A** e **B** foram dados.

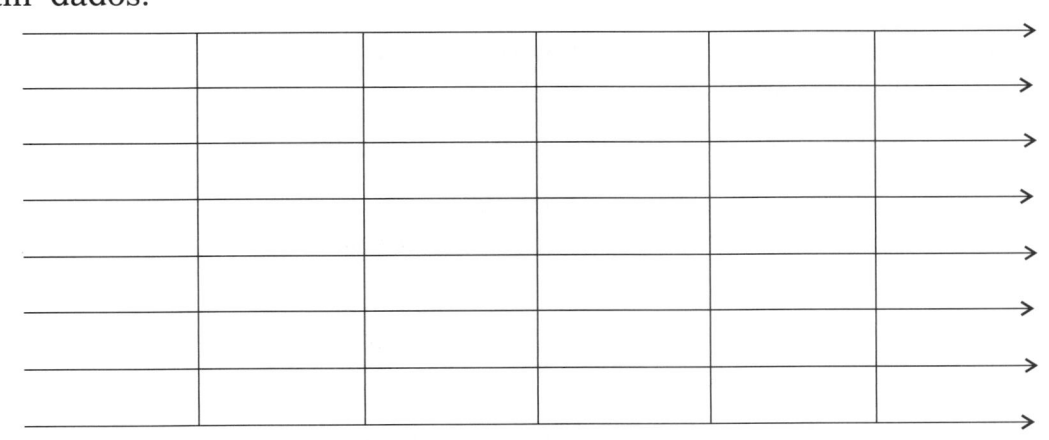

a) $A \cap B =$

b) $A \cup B =$

c) $A - B =$

d) $B - A =$

e) $\overline{A} =$

f) $\overline{B} =$

3 – Plano cartesiano

Consideremos em um plano dois eixos perpendiculares de origem O.

Ox, horizontal, com sentido positivo da esquerda para direita.

Oy, vertical, com sentido positivo de baixo para cima.

Vamos identificar cada ponto **P** deste plano por um par ordenado de números reais (x, y), onde x é o número que corresponde à projeção ortogonal do ponto **P** sobre o eixo Ox e y é o número que corresponde a projeção ortogonal do ponto **P** sobre o eixo Oy.

Estes números **x** e **y** são **chamados coordenadas cartesianas** do ponto P e indicamos por $P(x_p, y_p)$.

Há uma correspondência biunívoca entre os pontos desse plano e os pares ordenados de números reais.

Este plano com um sistema de coordenadas associado a ele é chamado plano cartesiano.

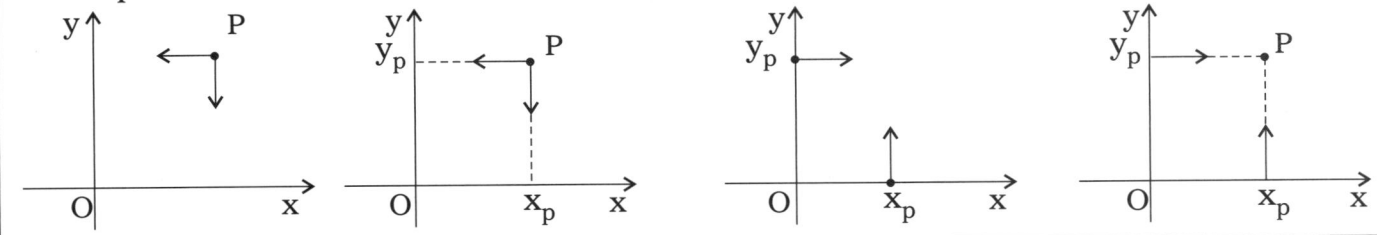

Resp: **121** a) $A =]-2,5] \cup [15,19[= \{x \in \mathbb{R} | -2 < x \leqslant 5 \lor 15 \leqslant x < 19\}$ b) $B =]-\infty,-7] \cup]3,+\infty[= \{x \in \mathbb{R} | x \leqslant -7 \lor x > 3\}$

c) $C = \left]-\frac{3}{7}, \sqrt{3}\right[\cup [9,+\infty[= \left\{x \in \mathbb{R} | -\frac{3}{7} < x < \sqrt{3} \lor x \geqslant 9\right\}$

d) $D =]-9,-7[\cup]-7,-4] = \{x \in \mathbb{R} | -9 < x < -7 \lor -7 < x \leqslant -4\}$ ou $= \{x \in \mathbb{R} | -9 < x \leqslant -4 \land x \neq -7\}$

122 a) $A =]-\infty,-5[\cup \{-1\} \cup [6,+\infty[= \{x \in \mathbb{R} | x < -5 \lor x = -1 \lor x \geqslant 6\}$

b) $B = [3,5] \cup \{9\} \cup]-13,+\infty[= \{x \in \mathbb{R} | 3 \leqslant x \leqslant 5 \lor x = 9 \lor x > 13\}$

c) $C = [-10,-4[\cup [0,5[\cup]5,+\infty[= \{x \in \mathbb{R} | -10 \leqslant x < -4 \lor 0 \leqslant x < 5 \lor x > 5\} =$
$= \{x \in \mathbb{R} | -10 \leqslant x < -4 \lor (x \geqslant 0 \land x \neq 5)\}$

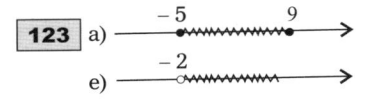

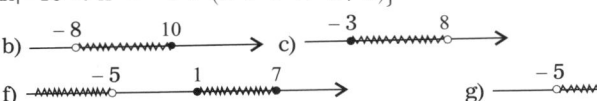

123 a) $\xrightarrow{\quad -5 \quad\quad 9 \quad}$ b) $\xrightarrow{\quad -8 \quad\quad 10 \quad}$ c) $\xrightarrow{\quad -3 \quad\quad 8 \quad}$ d) $\xrightarrow{\quad\quad 3 \quad}$

e) $\xrightarrow{\quad -2 \quad}$ f) $\xrightarrow{\quad -5 \quad 1 \quad 7 \quad}$ g) $\xrightarrow{\quad -5 \quad 4 \quad 8 \quad}$

Obs.: 1) Os números x_p e y_p são chamados, respectivamente, **abscissa** e **ordenada** do ponto P. O eixo dos x é chamado **eixo das abscissas** e o eixo dos y é chamado **eixo das ordenadas**.

2) Se a abscissa de um ponto **P** for **a** e a ordenada for **b**, convenciona-se que a notação para este fato será qualquer uma destas:

$x_p = a$ e $y_p = b$ ou $P \longleftrightarrow (a, b)$ ou $P = (a, b)$ ou $P(a, b)$

3) Como há uma correspondência biunívoca entre os pontos do plano e os pares ordenados de números reais, dizemos que esta correspondência é um sistema de coordenadas para este plano.

4) Como os eixos são perpendiculares, chamamos este sistema de sistema de coordenadas cartesiano ortogonais.

5) Quem inventou este sistema de identificar os pontos de um plano por um par ordenado de números reais foi o matemático e filósofo **René Descartes (1596 – 1650)** no século XVII. Como a forma latina do nome Descartes era Cartesius, o plano com um sistema de coordenadas ossociado é chamado, como homenagem a Cartesius, de **plano cartesiano**.

6) **Exemplos de pontos plotados no plano cartesiano**

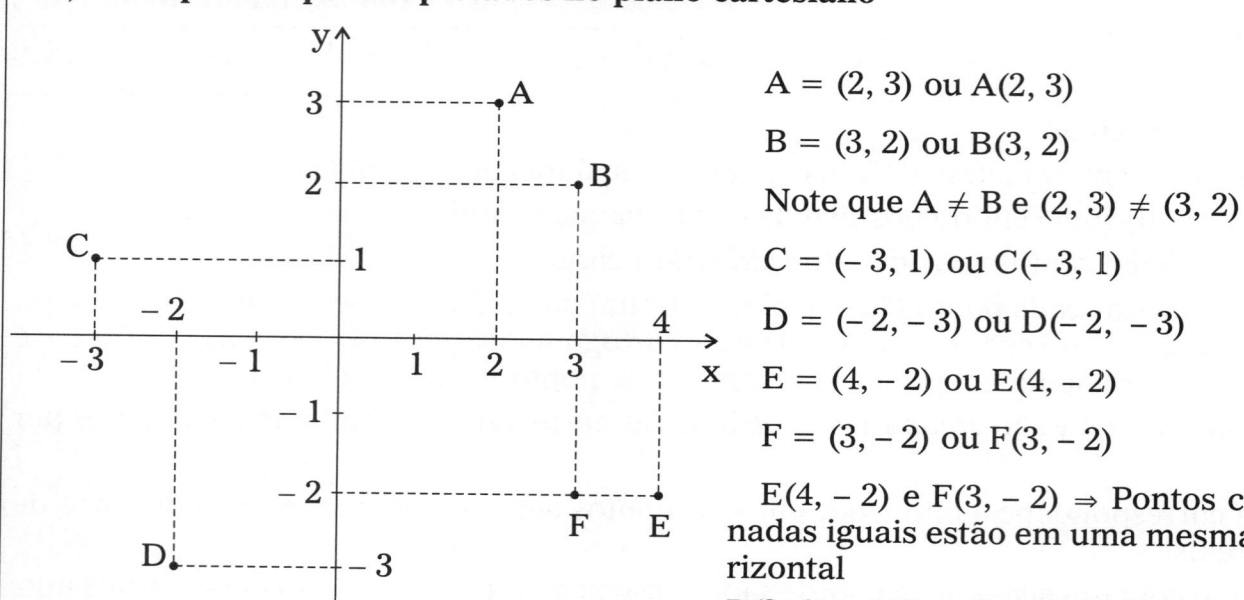

$A = (2, 3)$ ou $A(2, 3)$

$B = (3, 2)$ ou $B(3, 2)$

Note que $A \neq B$ e $(2, 3) \neq (3, 2)$

$C = (-3, 1)$ ou $C(-3, 1)$

$D = (-2, -3)$ ou $D(-2, -3)$

$E = (4, -2)$ ou $E(4, -2)$

$F = (3, -2)$ ou $F(3, -2)$

$E(4, -2)$ e $F(3, -2)$ ⇒ Pontos com ordenadas iguais estão em uma mesma reta horizontal

$B(3, 2)$ e $F(3, -2)$ ⇒ Pontos com abscissas iguais estão em uma mesma reta vertical.

7) Ponto **sobre o eixo das ordenadas** têm **abcissas** iguais a zero e pontos **sobre o eixo das abscissas** têm **ordenadas** iguais a zero.

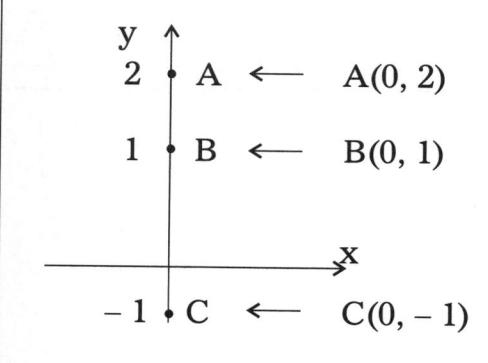

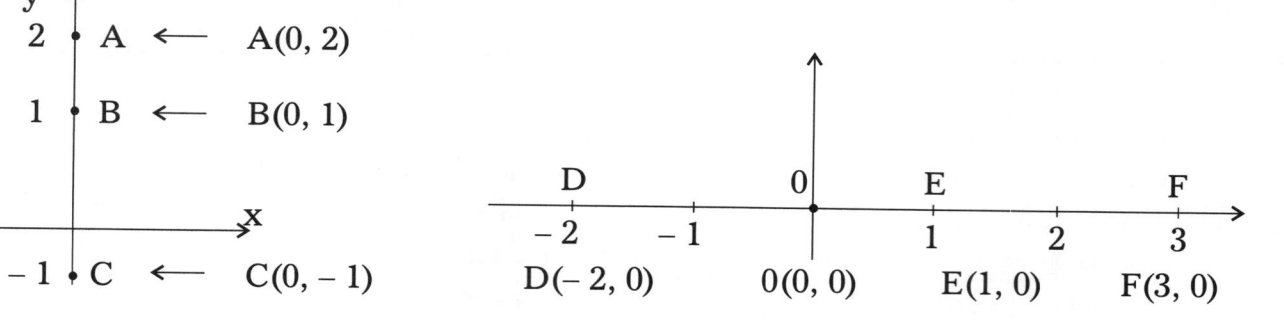

$A(0, 2)$
$B(0, 1)$
$C(0, -1)$

$D(-2, 0)$ $0(0, 0)$ $E(1, 0)$ $F(3, 0)$

127 Identificar com o par ordenado correspondente os seguintes pontos do plano cartesiano, nos casos:

a)

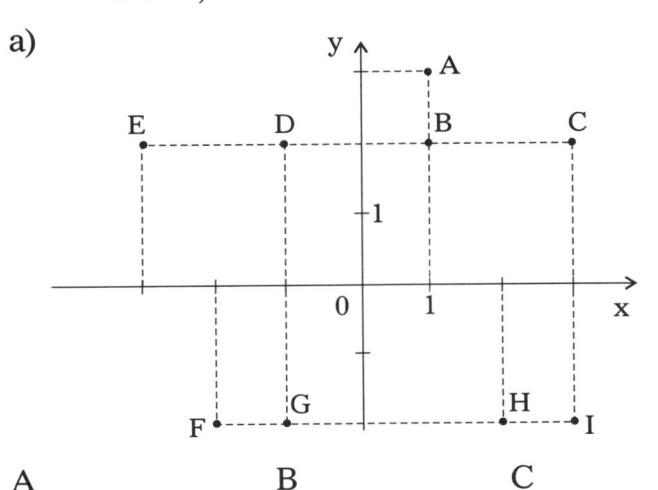

A	B	C
D	E	F
G	H	I

b)

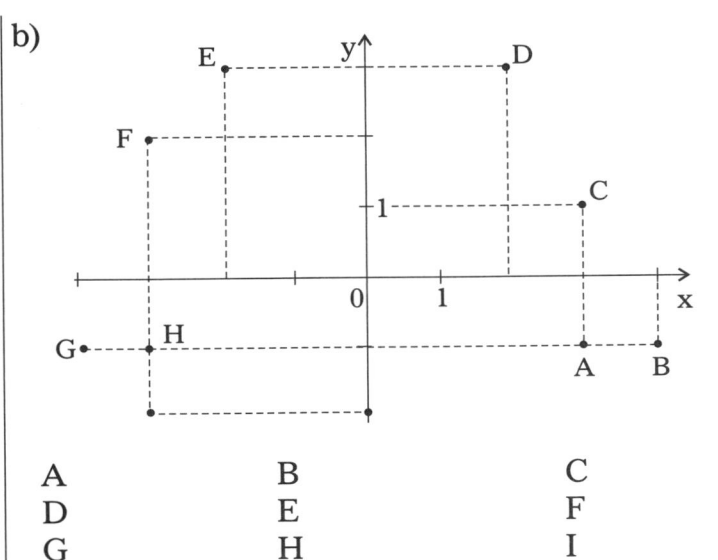

A	B	C
D	E	F
G	H	I

c)

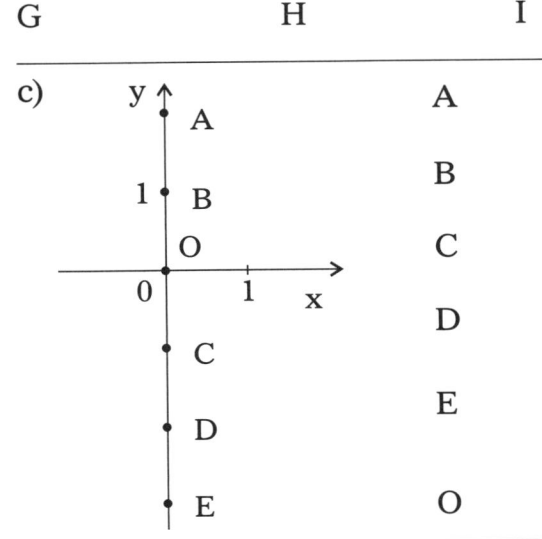

A	B	C
D	E	O

d)

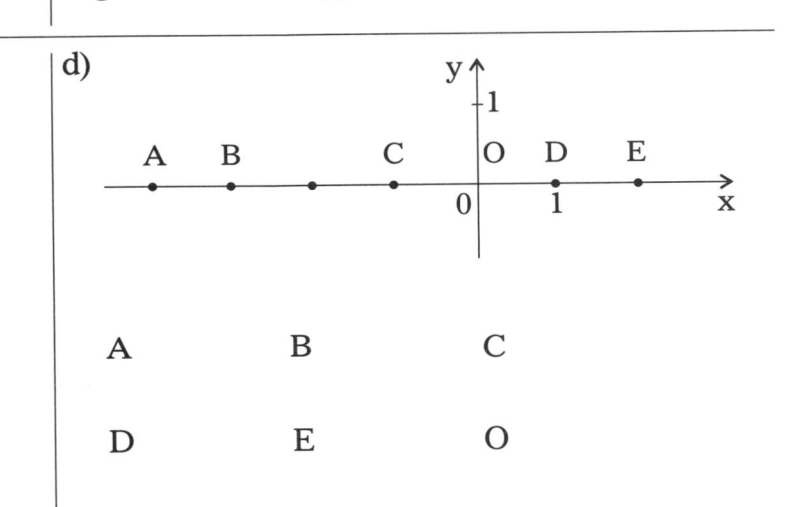

A	B	C
D	E	O

128 Plotar os seguintes pontos no plano cartesiano dado.

a) A (–2, 1), B (5, 1), C (– 1, – 2) e D (6, – 1)

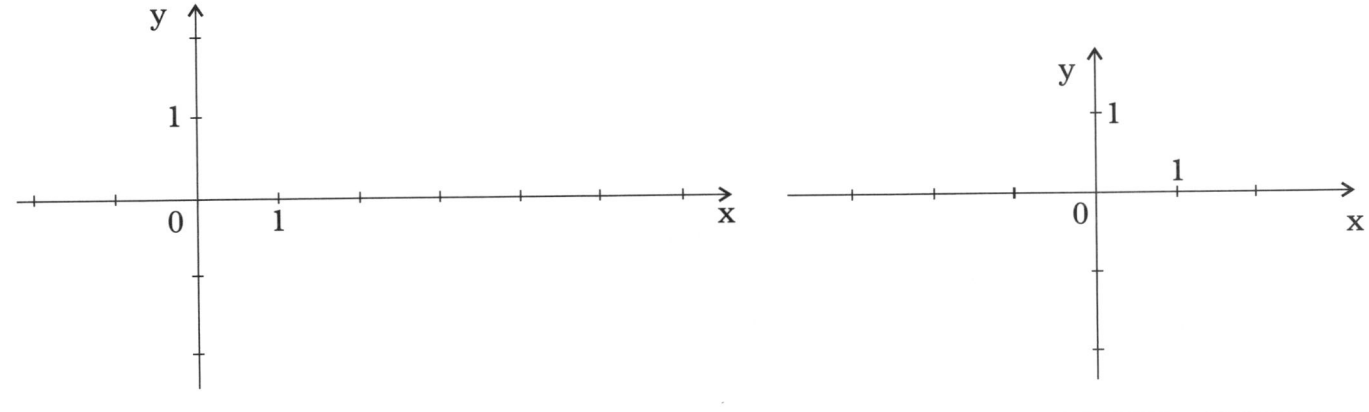

b) A(0,–2), B(–3,0), C(2, 0) e D(0,1)

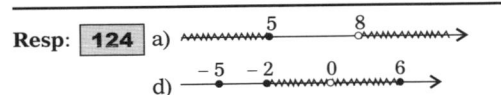

Resp: **124** a), b), 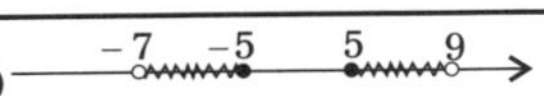 c), 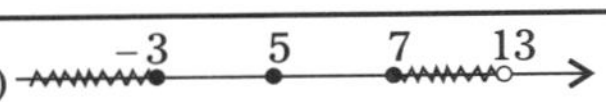 d), e) [number line diagrams]

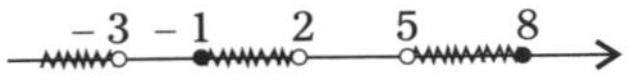

125 a) $\{x \in \mathbb{R} | -1 \leqslant x \leqslant 3\}$ b) $\{x \in \mathbb{R} | -5 \leqslant x < 9\}$ c) $\{x \in \mathbb{R} | -5 \leqslant x < -1\}$ d) $\{x \in \mathbb{R} | 3 < x < 9\}$ e) $\{x \in \mathbb{R} | x < -5 \vee x > 3\}$

f) $\{x \in \mathbb{R} | x < -1 \vee x \geqslant 9\}$ g) $\{x \in \mathbb{R} | x < -5 \vee x \geqslant 9\}$ h) $\{x \in \mathbb{R} | x < -5 \vee x \geqslant -1\}$

126 a) $]-7,-3[\cup\{1\}\cup[5,9[$ b) $]-\infty,9]$ c) $[-3,1[$ d) $]-\infty,7]\cup]1,5[\cup\{9\}$

e) $]-\infty,-7]\cup]1,5[\cup[9,+\infty[$ f) $[-3,1[\cup]9,+\infty[$

1) Gráfico de uma condição

Quando as coordenadas de todos os pontos de um conjunto de pontos plotados em um plano cartesiano, satisfazem uma **determinada condição**, dizemos que este **conjunto de pontos** é o **gráfico desta condição**.

Exemplo 1: Os setores angulares retos determinados pelos eixos são chamados **quadrantes** olhe as condições satisfeitas pelas coodernadas de cada quadrante.

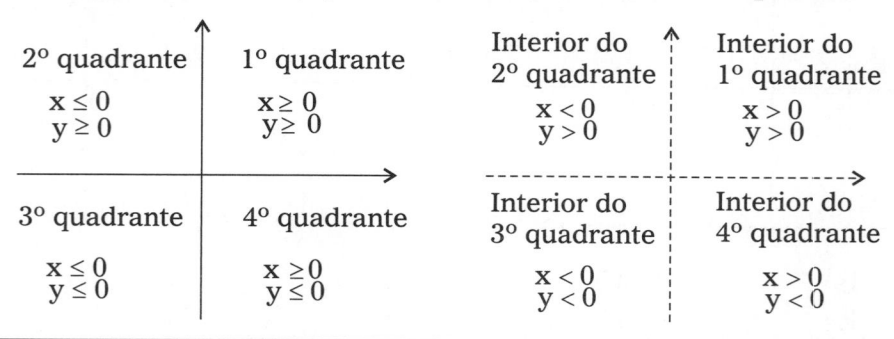

2º quadrante	1º quadrante	Interior do 2º quadrante	Interior do 1º quadrante
$x \leq 0$ $y \geq 0$	$x \geq 0$ $y \geq 0$	$x < 0$ $y > 0$	$x > 0$ $y > 0$
3º quadrante	4º quadrante	Interior do 3º quadrante	Interior do 4º quadrante
$x \leq 0$ $y \leq 0$	$x \geq 0$ $y \leq 0$	$x < 0$ $y < 0$	$x > 0$ $y < 0$

Exemplo 2: Bissetriz dos quadrantes ímpares (condição: $y = x$ ou $x = y$)

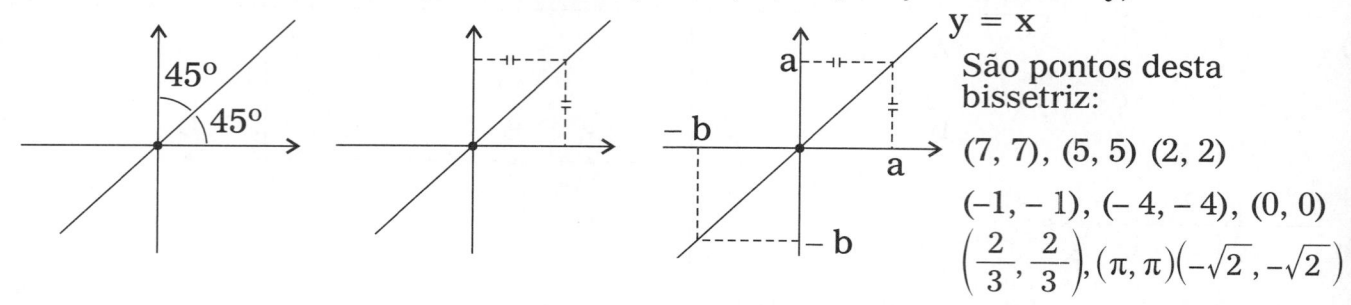

São pontos desta bissetriz:

$(7, 7)$, $(5, 5)$ $(2, 2)$

$(-1, -1)$, $(-4, -4)$, $(0, 0)$

$\left(\dfrac{2}{3}, \dfrac{2}{3}\right)$, (π, π) $\left(-\sqrt{2}, -\sqrt{2}\right)$

Exemplo 3: Bissetriz dos quadrantes pares (condição: $y = -x$ ou $x = -y$)

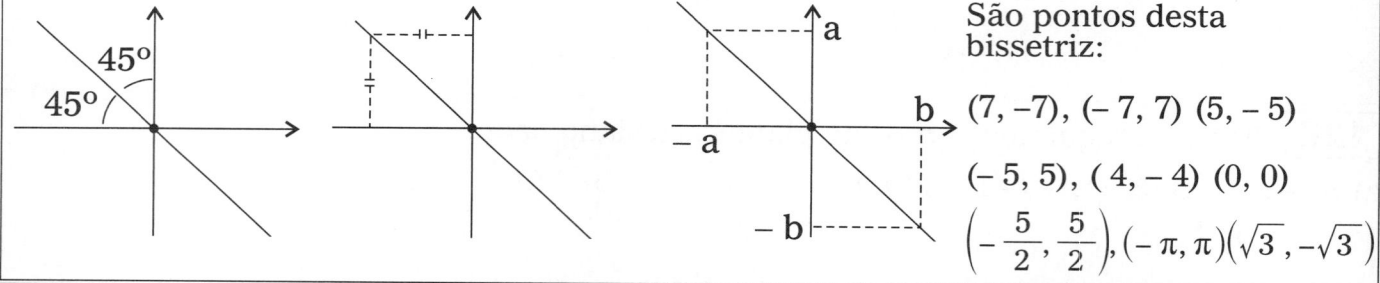

São pontos desta bissetriz:

$(7, -7)$, $(-7, 7)$ $(5, -5)$

$(-5, 5)$, $(4, -4)$ $(0, 0)$

$\left(-\dfrac{5}{2}, \dfrac{5}{2}\right)$, $(-\pi, \pi)$ $\left(\sqrt{3}, -\sqrt{3}\right)$

Exemplo 4: Representar no plano cartesiano os pontos (x, y) que satisfazem a condição dada, nos casos:

a) $x = 3$
É uma reta vertical que passa por qualquer ponto de abscissa 3

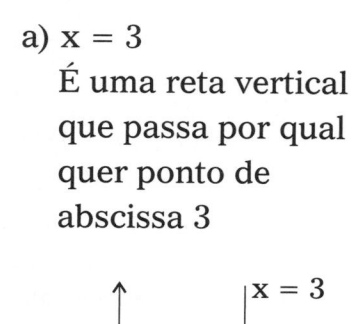

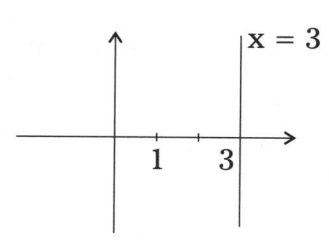

b) $y = 2$
É uma reta horizontal que passa por qualquer ponto de ordenada 2

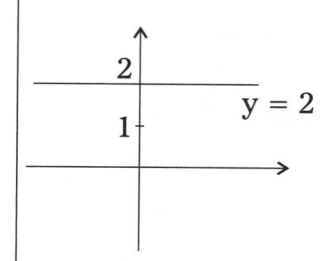

c) $x = 3 \lor y = 2$
Os pontos das duas retas

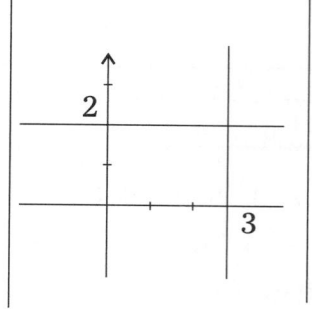

d) $x = 3 \land y = 2$
Apenas o ponto (3, 2)

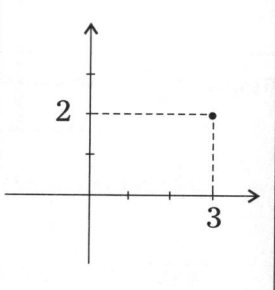

Exemplo 5: Representar no plano cartesiano os pontos (x,y) que satisfazem a condição dada, nos casos:

a) $x \geq 3$
Semiplano sombreado.

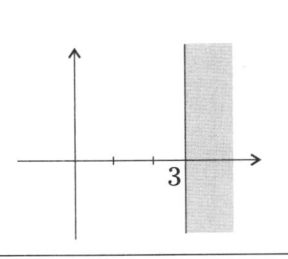

b) $x > 3$
Semiplano aberto (sem a origem) sombreado.

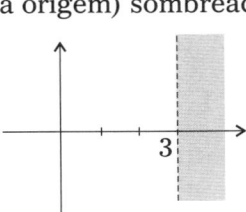

c) $y \geq 2$
Semiplano sombreado.

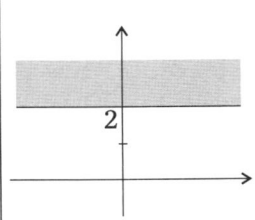

d) $y > 2$
Semiplano aberto (sem a origem) sombreado.

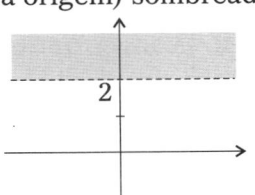

e) $x \geq 3 \land y \geq 2$

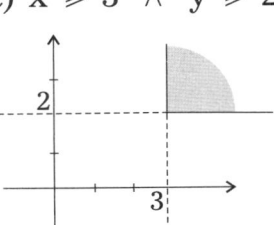

f) $x \geq 3 \lor y \geq 2$

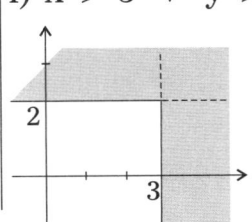

g) $y \geq x$

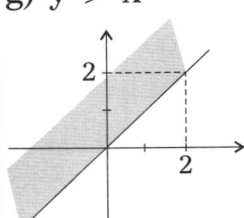

h) $y < x$

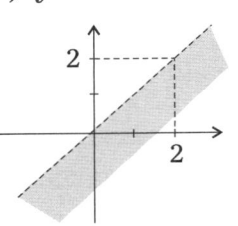

129 Representar no plano cartesiano os pontos (x, y) que satisfazem a condição dada, nos casos:

a) $x = -3$

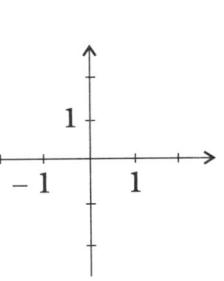

b) $y = -2$

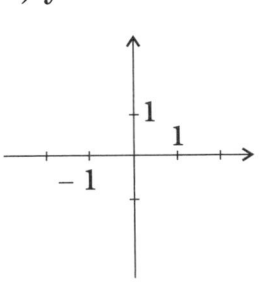

c) $x = -1 \lor x = 2$

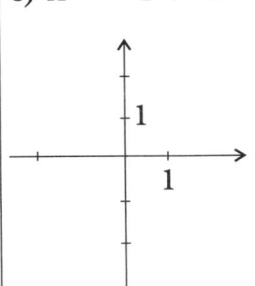

d) $y = -3 \lor y = 2$

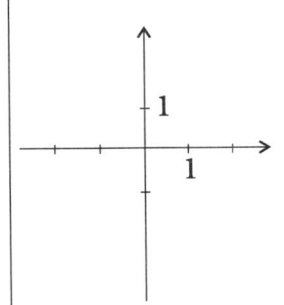

e) $x = 2 \lor y = -3$

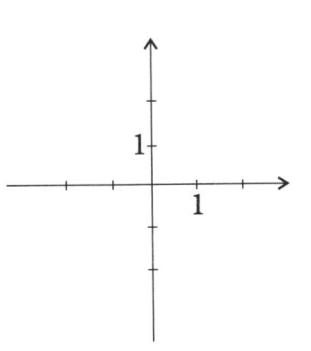

f) $x = -3 \lor y = 1$

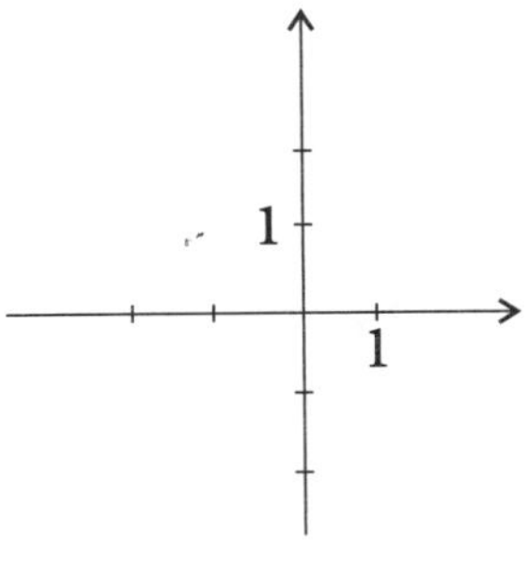

g) $(x + 2)(x - 4) = 0$

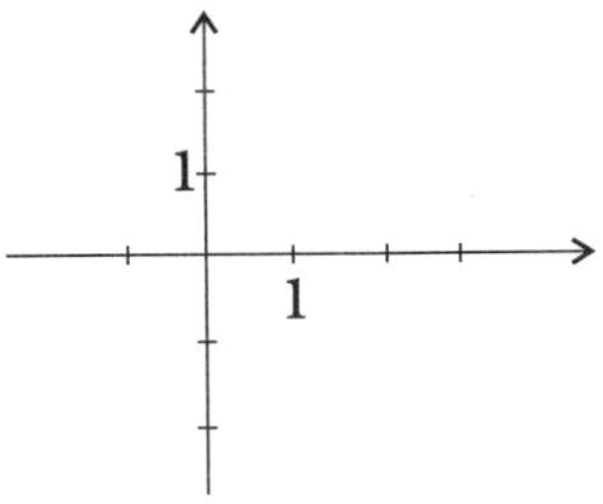

h) $(x - 3)(y + 2) = 0$

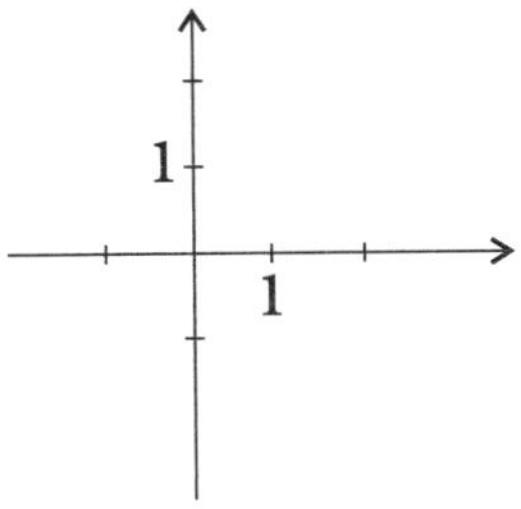

Resp: **127** a) A(1, 3); B(1, 2); C(3, 2); D(-1, 2); E(-3, 2); F(-2, -2); G(-1, -2); H(2, -2); I(3, -2)

b) A(3, -1); B(4, -1); C(3, 1); D(2, 3); E(-2, 3); F(-3, 2); G(-4, -1); H(-3, -1); I(-3, -2)

c) A(0, 2); B(0, 1); C(0, -1); D(0, -2); E(0, -3); O(0, 0)

d) A(-4, 0); B(-3, 0); C(-1, 0); D(1, 0); E(2, 0); O(0, 0)

128 a), b) (gráficos)

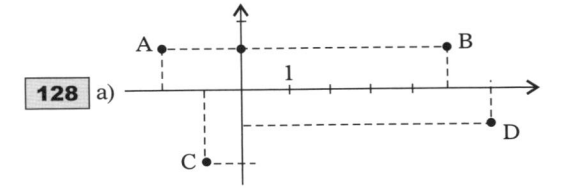

81

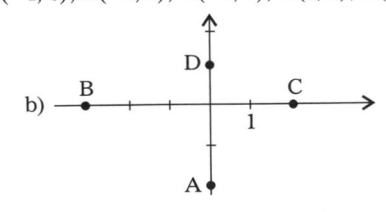

130 Representar no plano cartesiano os pontos (x, y) que satisfazem a condição dada, nos casos:

a) x ⩾ 1

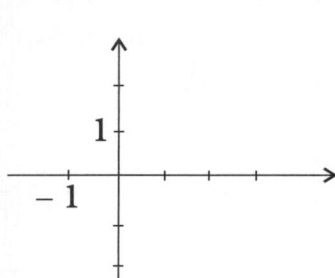

b) x > −2

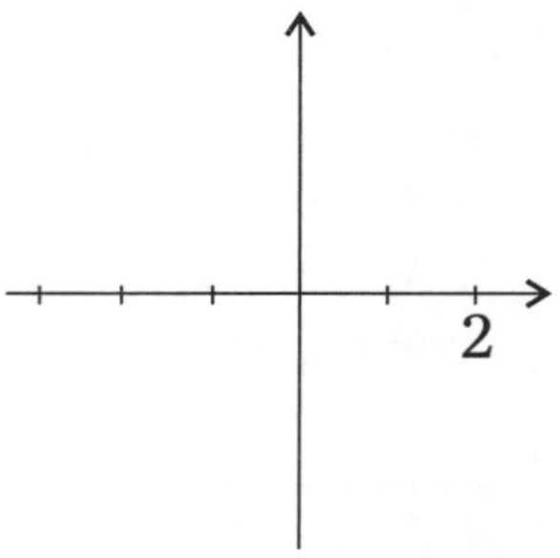

c) y ⩾ 1

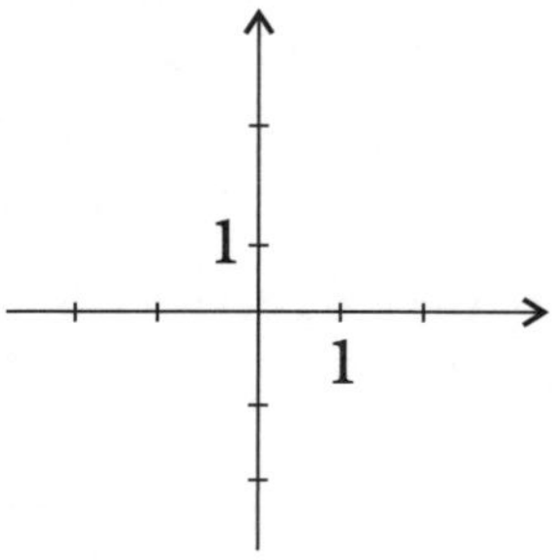

d) y < 2

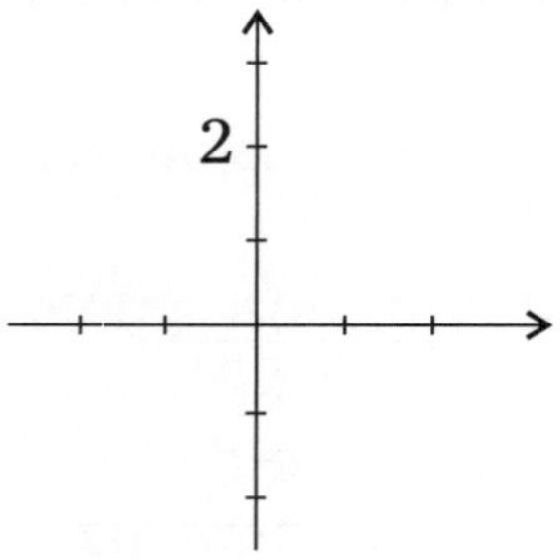

e) x ⩾ 2 ∧ y ⩾ 1

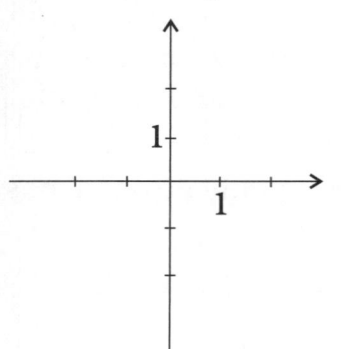

f) x ⩽ 2 ∨ y ⩾ 1

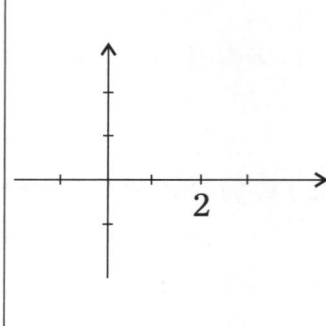

g) x ⩾ 2 ∧ y > 1

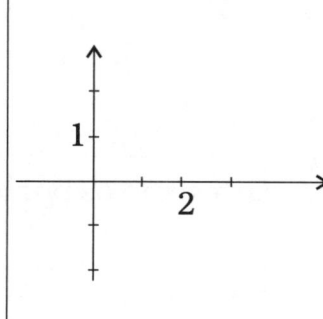

h) x ⩾ 2 ∨ y > 1

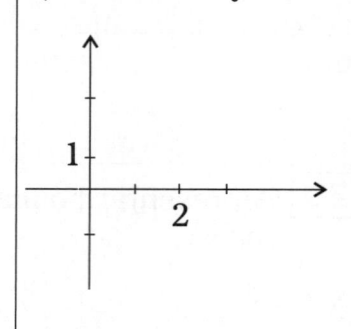

i) 1 ⩽ x ⩽ 4 ∧ 1 ⩽ y ⩽ 3

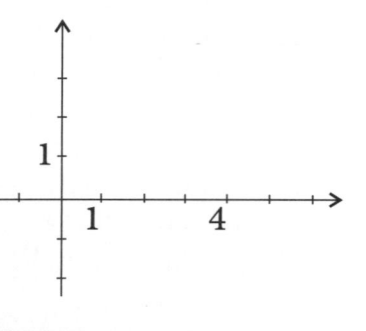

j) 1 ⩽ x ⩽ 4 ∨ 1 ⩽ y ⩽ 3

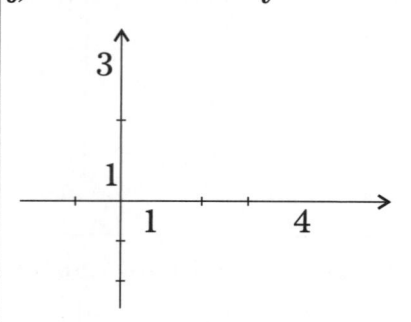

k) −2 < x ⩽ 4 ∧ 1 ⩽ y < 3

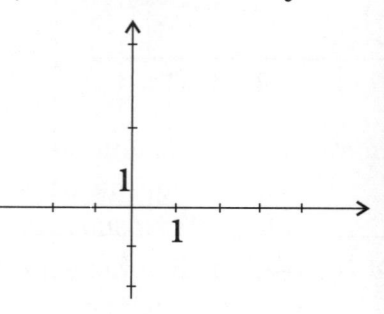

131 Determinar o ponto P, nos casos:

a) P (2a − 1, a − 3) pertence ao eixo das abscissas.

b) P (2a + 6, 5 − a) pertecence ao eixo das ordenadas.

c) P (2a − 9, 12 − a) pertence à bissetriz dos quadrantes ímpares.

d) P (2n + 7, 3n + 3) pertence à bissetriz dos quadrantes pares.

82

132 Dado o ponto P, considere que P' e P'' são as projeções ortogonais de P, respectivamente, sobre o eixo dos x (eixo das abscissas) e o eixo dos y (eixo das ordenadas), que A, B e C são os simétricos de **P**, respectivamente, em relação ao eixo dos x, ao eixo dos y e à origem do sistema. Determinar P', P', A, B e C nos casos:

a) P(7, 2)

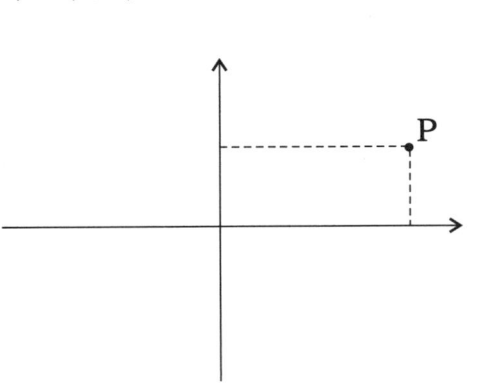

b) P(−2, 5)

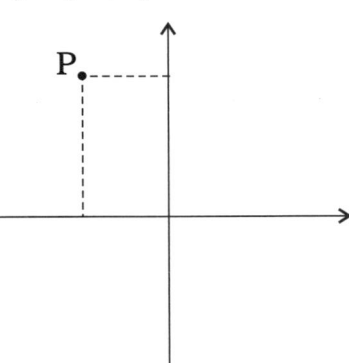

c) P(−3, −8)

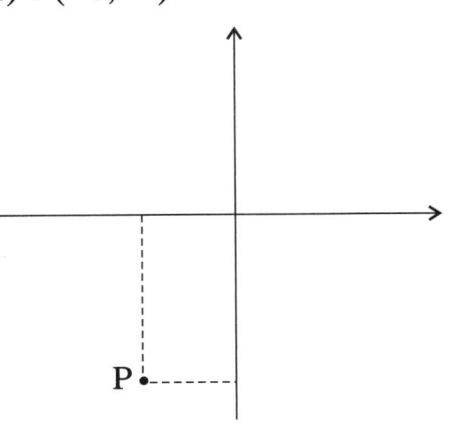

d) P$(13, -\sqrt{11})$

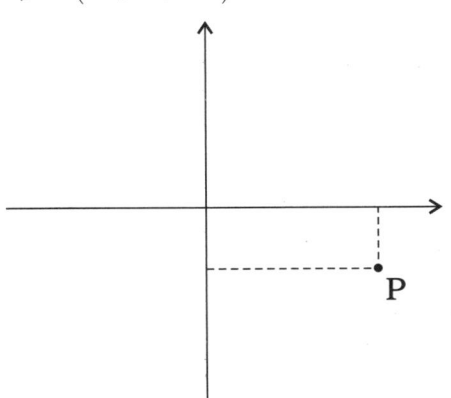

d) P(a, b) do 3º quadrante

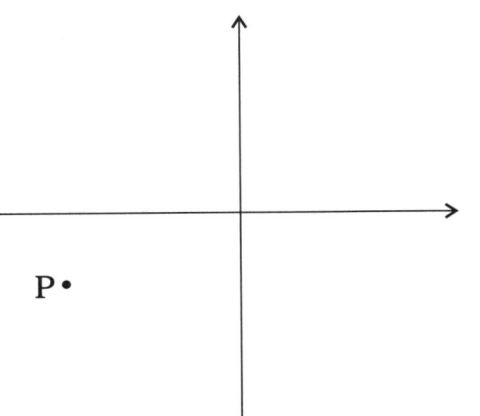

e) P(−a, b) do quarto quadrante

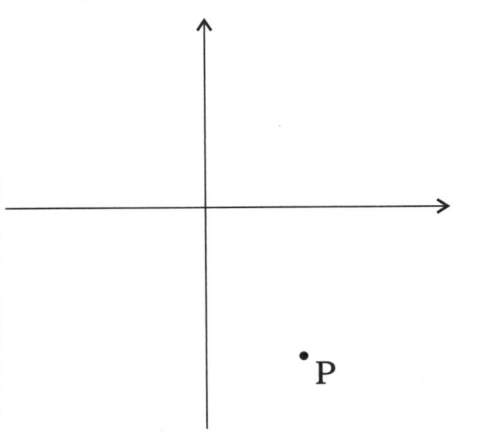

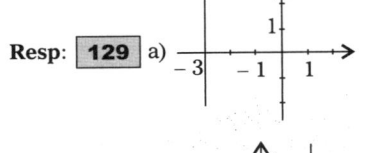

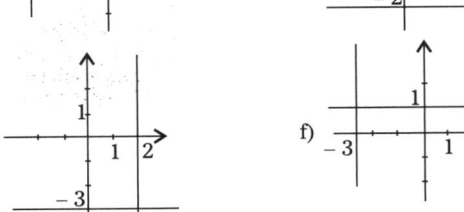

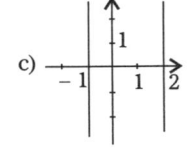

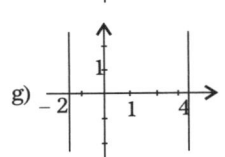

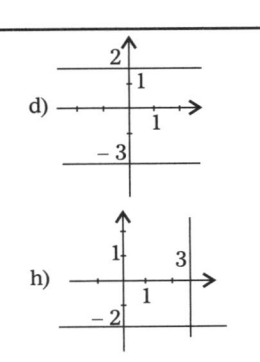

133 Sejam P_1 e P_2 os simétricos do ponto P em relação às bissetrzes dos quadrantes ímpares e pares, respectivamente. Determinar P_1 e P_2, nos casos.

a) P(2,5)

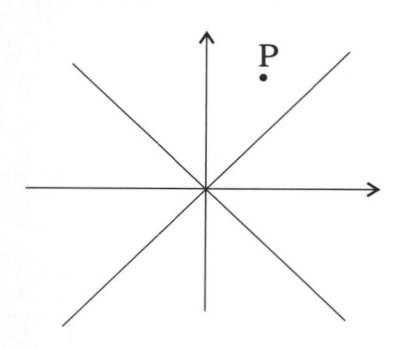

b) P(8, 2)

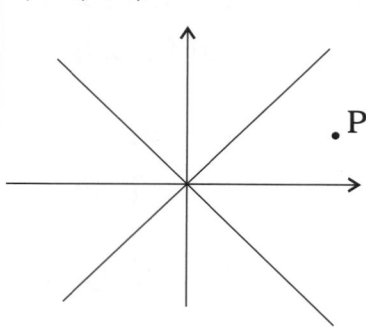

c) P(-1, 4)

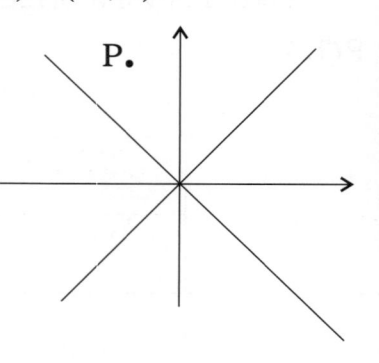

d) P(5, -1)

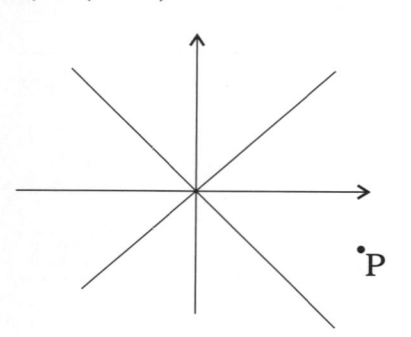

e) P(a, b) do 4º octante

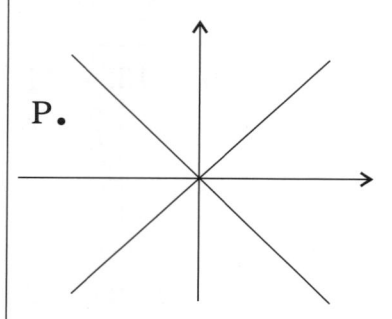

f) P(a, b) do 6º octante

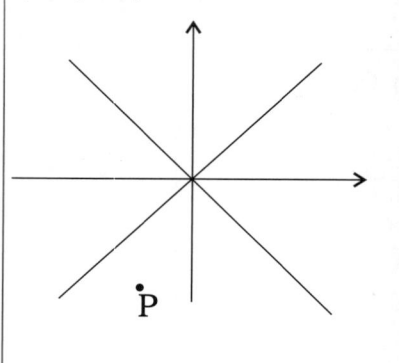

134 Representar no plano cartesiano os pontos (x, y) que satisfazem a condição dada, nos casos:

a) $4x^2 - 9 = 0 \land -\sqrt{2} < y \leq \sqrt{3}$

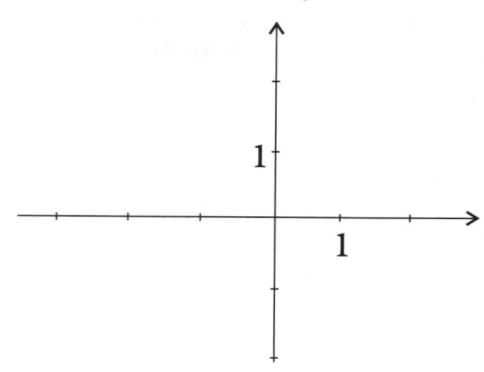

b) $(x < -1 \lor x \geq 3) \land (y \leq 1 \lor y > 2)$

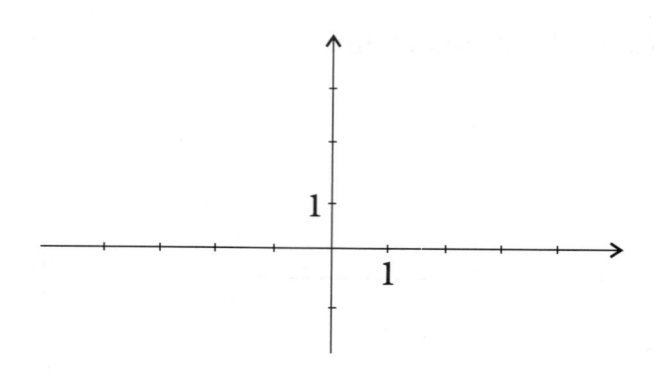

c) $x^2y - 2x^2 - 9y + 18 = 0$

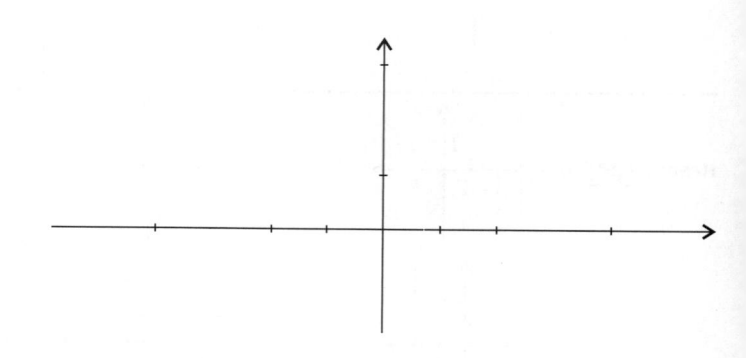

84

135 Representar no plano cartesiano os pontos (x, y) que satisfazem a condição dada, nos casos:

a) $y = x$

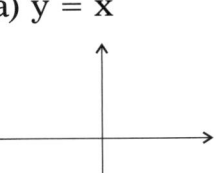

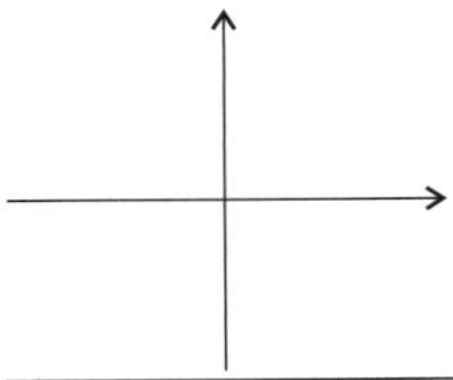

b) $y \geqslant x$

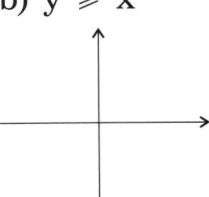

c) $y \leqslant x$

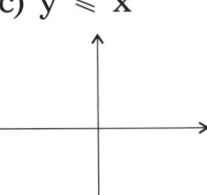

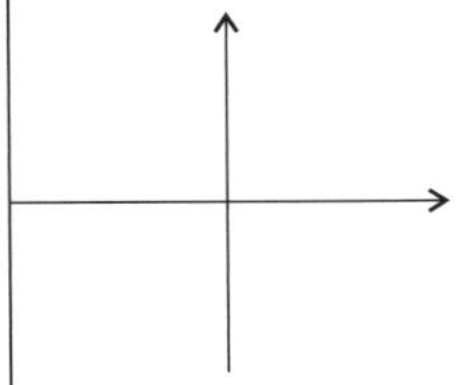

d) $y = -x$

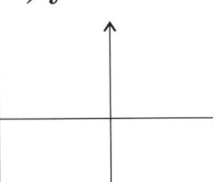

e) $y \geqslant -x$

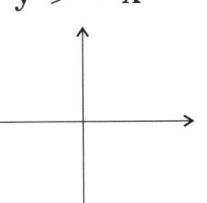

f) $y \leqslant -x$

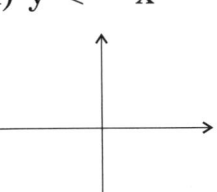

g) $xy \geqslant 0$

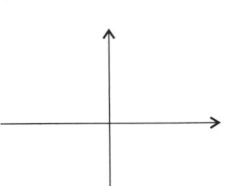

h) $xy \leqslant 0$

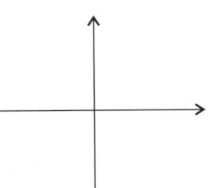

i) $y \geqslant x \wedge xy \geqslant 0$

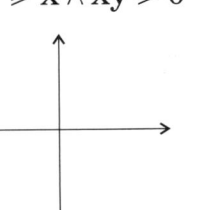

j) $y \leqslant x \wedge xy \geqslant 0$

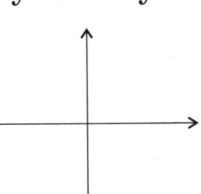

k) $y \geqslant -x \wedge xy \leqslant 0$

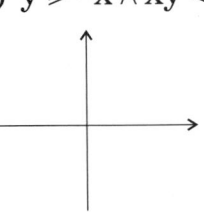

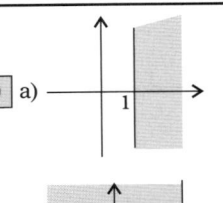

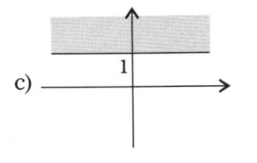

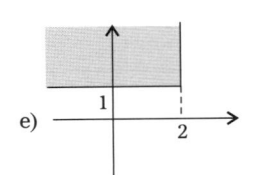

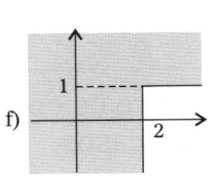

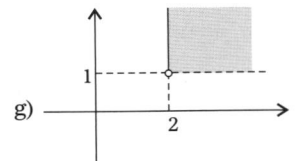

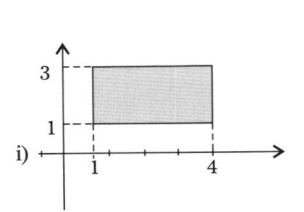

l) $y \leqslant -x \wedge xy \leqslant 0$

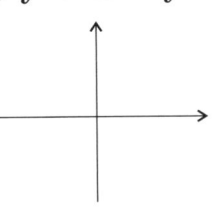

m) $(y < -2 \vee y > 2) \wedge y \geqslant x$

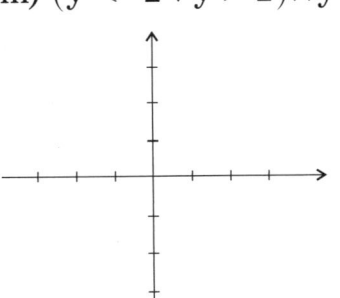

n) $(x < -2 \vee x > 2) \wedge x \geqslant y$

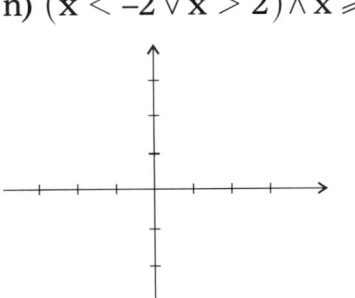

o) $-2 < x \leqslant 2 \wedge x \geqslant -y$

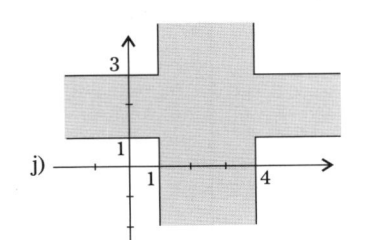

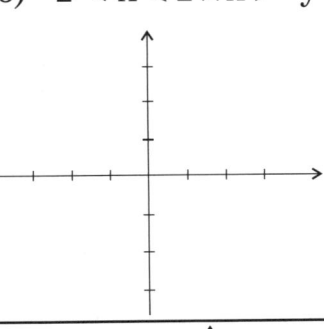

Resp: **130**

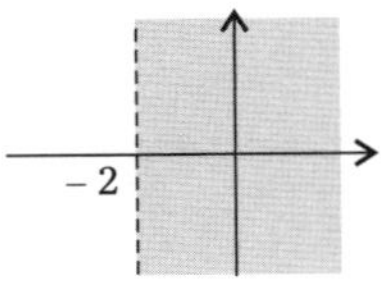

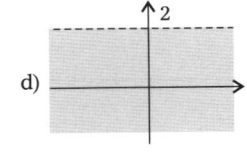

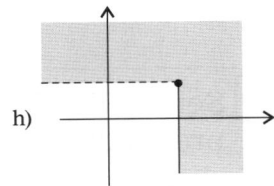

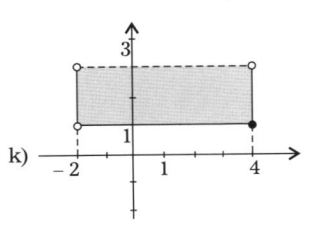

131 a) P(5,0)   b) P(0,8)   c) P(5, 5)   d) P(3, −3)
b) P' (−2, 0); P" (0, 5); A (−2, −5); B (2, 5); C (2, −5)
d) P' (13, 0); P" $(0, -\sqrt{11})$; A $(13, \sqrt{11})$; B $(-13, -\sqrt{11})$; C $(-13, \sqrt{11})$
f) P' (−a, o); P" (o, b); A(−a, −b); B (a, b); C (a, −b)

132 a) P'(7, 0); P"(0,2); A(7, −2); B(−7, 2); C(−7, −2)
c) P' (−3, 0); P" (0, −8); A (−3, 8); B (3, −8); C (3, 8)
e) P' (a, o); P" (o, b); A (a, −b); B (−a, b); C (−a, −b)

136 Representar no plano cartesiano os pontos (x, y) que satisfazem a condição dada, nos casos:

a) $x^2y^2 - 9y^2 - 4x^2 + 36 = 0$

b) $x^2y^2 - x^2 + 2xy^2 - 2x - 8y^2 + 8 = 0$

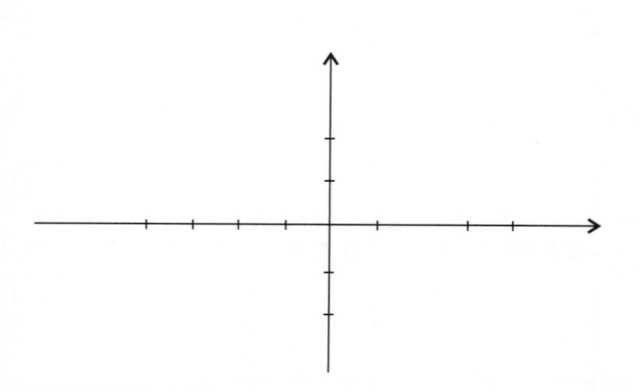

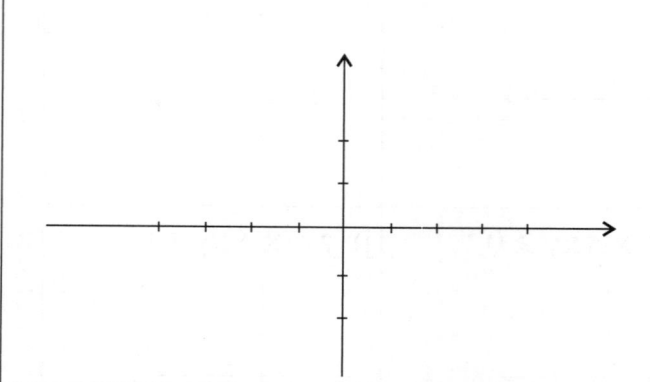

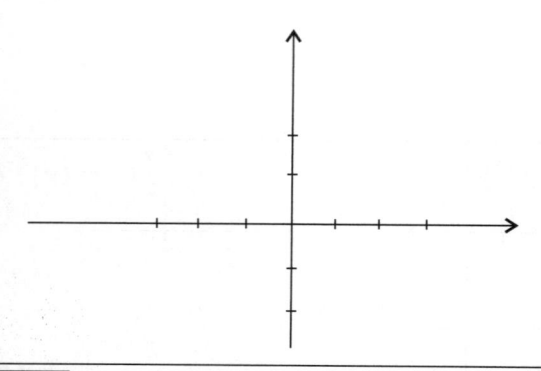

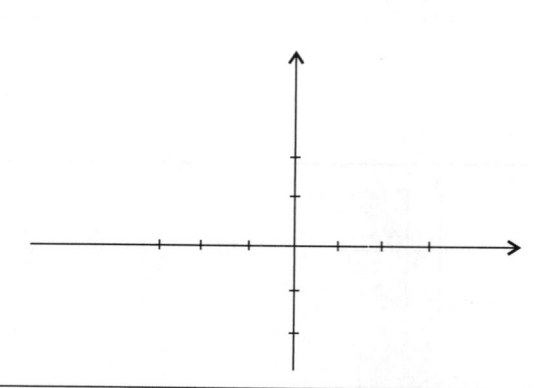

c) $-3 \leqslant 2x - 1 \leqslant 5 \;\wedge\; 1 \leqslant 3y + 7 \leqslant 10$

d) $2 \leqslant 8 - 3x < 17 \;\wedge\; -4 \leqslant -5y + 6 < 16$

137 Sendo P' e P'' as projeções ortogonais de P sobre os eixos das abscissas e o eixo das ordenadas, respectivamente, determinar P, nos casos:

a) P (3a − 5, 2a + 2) e P'(4, 0)

b) P(b − 1, 2b + 10) e P''(0,6)

138 Definimos a igualdade de pares ordenados por: $(a,b)=(c,d) \Leftrightarrow a=c \land b=d$.

Dados dois pares ordenados iguais, determine-os, nos casos:

a) $(3a + 1, 4b + 1) = (11 - 2a, 5 + 8b)$

b) $(2a - 10, a + b + 1) = (a + b - 4, 1 - b)$

139 Dado $P(a + b, b + 1)$, sabendo que $P_1(a - b, 7b - a)$ é o simétrico de P em relação à bissetriz dos quadrantes ímpares, determinar P, P_1 e o simétrico P_2, de P em relação à bissetriz dos quadrantes pares.

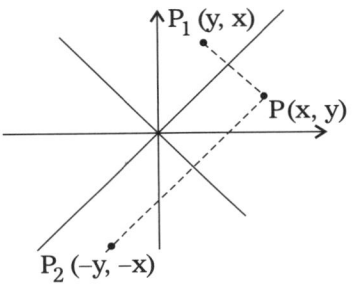

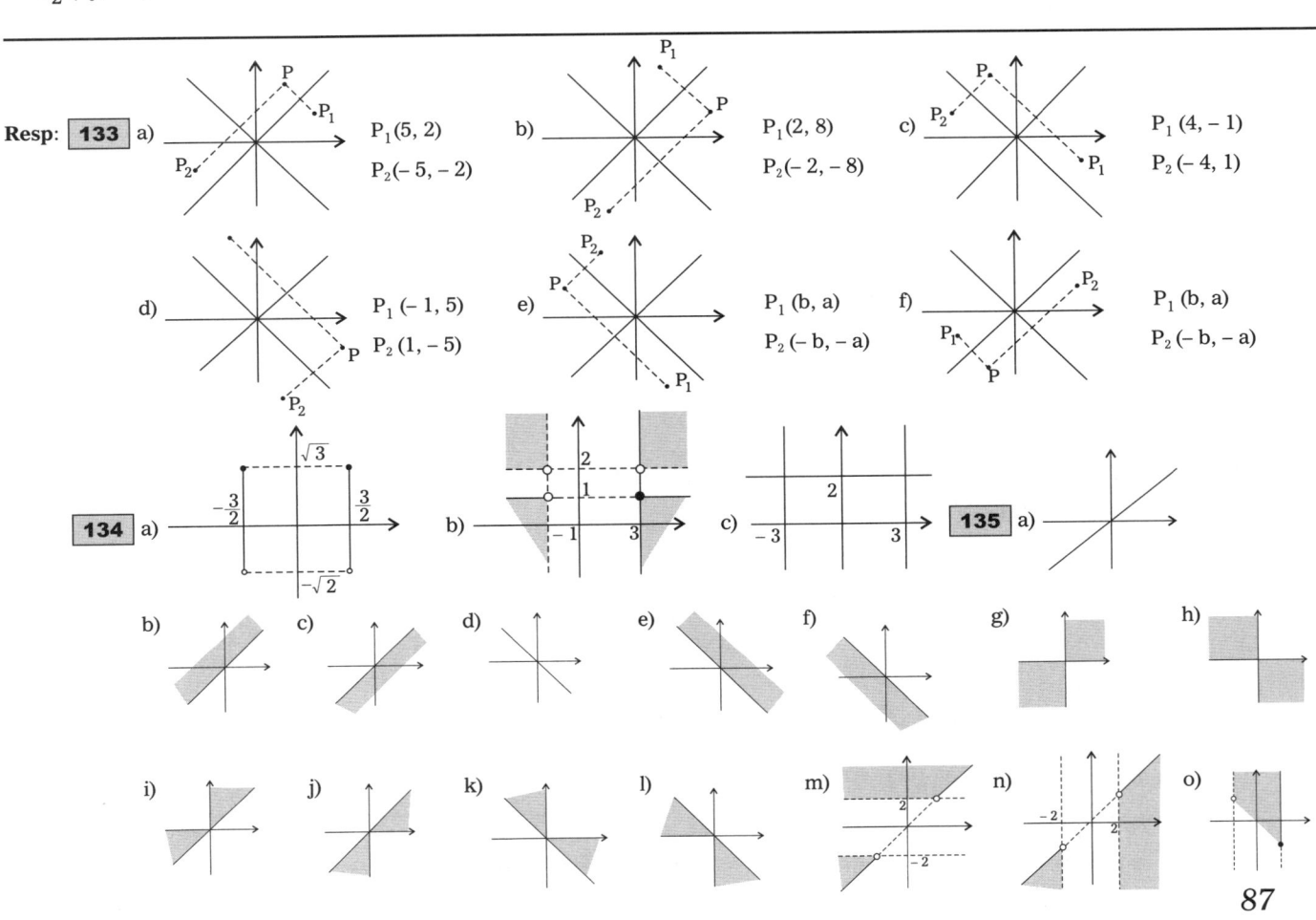

Resp: 133

a) $P_1(5, 2)$ $P_2(-5, -2)$

b) $P_1(2, 8)$ $P_2(-2, -8)$

c) $P_1(4, -1)$ $P_2(-4, 1)$

d) $P_1(-1, 5)$ $P_2(1, -5)$

e) $P_1(b, a)$ $P_2(-b, -a)$

f) $P_1(b, a)$ $P_2(-b, -a)$

4 – Produto Cartesiano

Dados os conjuntos não vazios A e B, definimos como **produto cartesiano** de **A por B** ou apenas **A cartesiano B** e indicamos por A × B, o conjunto dos pares ordenados (x, y) com x pertencente a A e y pertencente a B.

$$A \times B = \{(x, y) \mid x \in A \wedge y \in B\}$$

Se $A = \emptyset$ ou $B = \emptyset$, definimos: $A \times B = \emptyset$

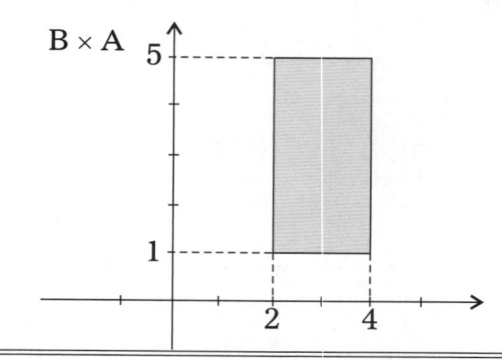

Exemplo 1: Dados os conjuntos A = {1, 3, 5} e B = {2, 4}, determinar, por enumeração e representar no plano cartesiano, os seguintes produtos:

a) A × B   b) B × A   c) A × A = A²   d) B × B = B²

a) $A \times B = \{(1,2),(1,4),(3,2),(3,4),(5,2),(5,4)\}$

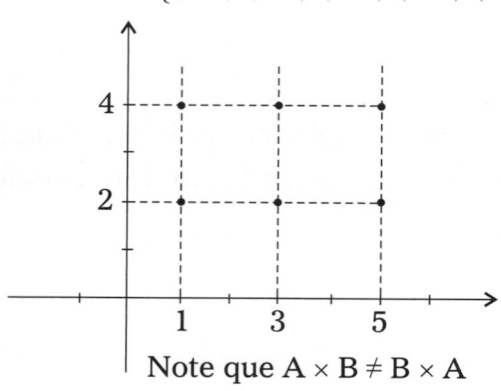

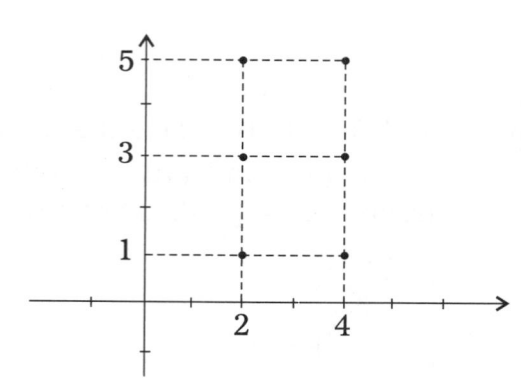

b) $B \times A = \{(2,1),(2,3),(2,5),(4,1),(4,3),(4,5)\}$

Note que A × B ≠ B × A

c) $A \times A = A^2 = \{(1,1),(1,3),(1,5),(3,1),(3,3),(3,5),(5,1),(5,3),(5,5)\}$

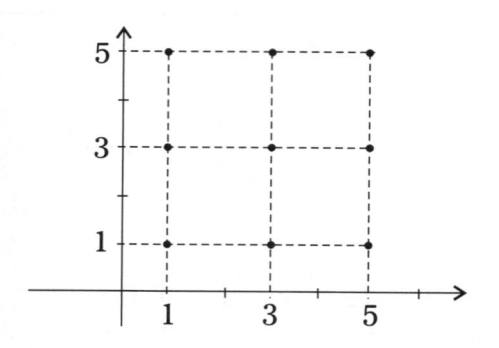

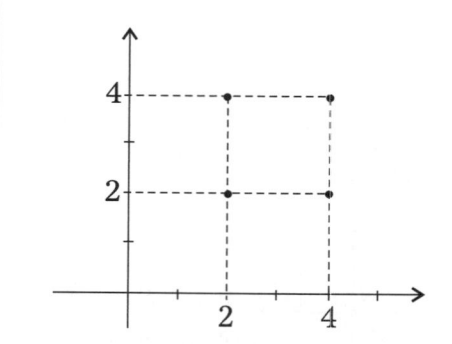

d) $B \times B = B^2 = \{(2,2),(2,4),(4,2),(4,4)\}$

Obs.: Note que A × B tem 3 × 2 = 6 elementos, B × A tem 6, A × A tem 9 e B × B tem 4.
Se A tem m elementos e B tem n elementos, A × B (A cartesiano B) tem m · n elementos.

Exemplos 2: Dados $A = \{x \in \mathbb{R} \mid 1 \leq x \leq 5\}$ e $B = \{x \in \mathbb{R} \mid 2 \leq x \leq 4\}$, represente A × B e B × A no plano cartesiano.

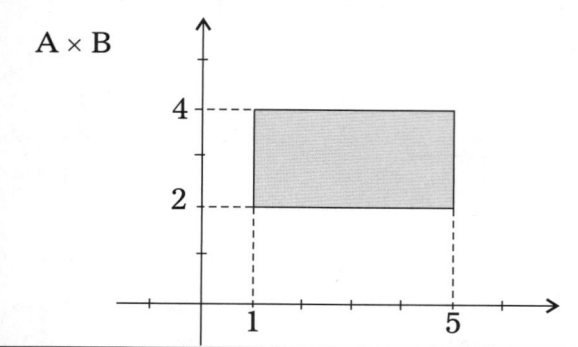

A × B

B × A

140 Dados os conjuntos A = {– 1, 3, 7}, B = {2, 3, 8} e C = {0, 4}, determinar, enumerando os seus elementos entre chaves, os seguintes produtos:

a) A × B =

b) A × C =

c) B × C =

d) C × B =

e) B^2 =

f) C^2 =

141 Dados os conjuntos A e B determinar o número de elementos de A × B, nos casos:

a) A = {– 1, – 2, 0, 1, 2, 3, 4} e B = $\{\sqrt{2}, \sqrt{3}, 4, \pi\}$

b) A = {– 2, – 1, 0, 1, 2, ..., 8, 9} e B = {1, 2, 3, ..., 9}

c) A = {0}, B = {1, 2, 3, 4, 11, 12, 13, 14}

142 Dado o produto cartesiano A × B, determinar A e B, nos casos:

a) A × B = {(2, 1), (2, 5), (2, 9), (5, 1), (5, 5), (5, 9)}

b) A × B = {(0, 1), (0, 4), (0, 6), (0, 8), (6, 1), (6, 4), (6, 6), (6, 8)}

143 Representar graficamente o produto cartesiano de A por B nos casos:

a) A = {– 2, 1, 2, 3}, B = {– 1, 2}   b) A = {2, 4, 6}, B = {0, 2}   c) A = {– 4, – 2, 0}, B = {– 1, – 3}

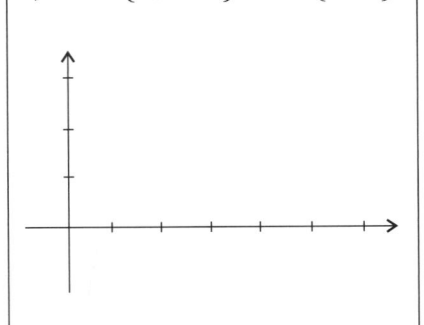

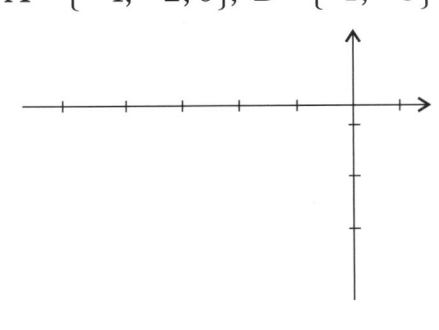

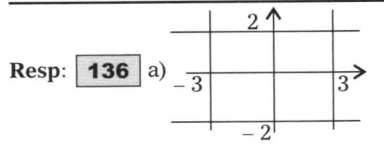

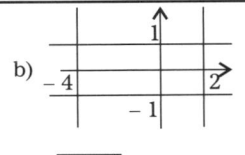

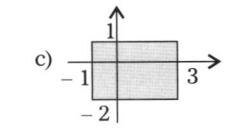

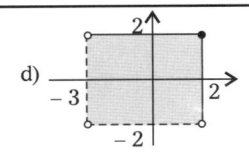

Resp: **136** a), b), c), d)

137 a) P(4, 8)   b) P(– 3, 6)   **138** a) (7, – 3)   b) (– 2, 3)   **139** P(4, 2), P_1(2, 4) e P_2(– 2, – 4)

89

144 Representar graficamente A cartesiano B, nos casos:

a) $A = \{1, 2, 3, 5\}$ e $B\{x \in \mathbb{R} | 1 \leq x < 3\}$

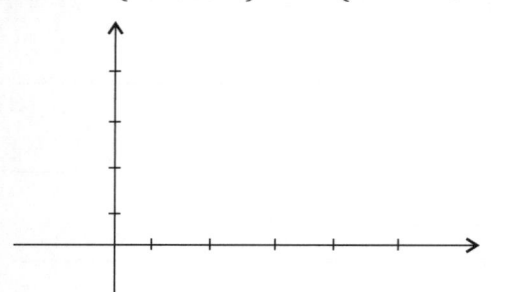

b) $A = \{x \in \mathbb{R} | 1 \leq x < 6\}$ e $B = \{1, 2, 3\}$

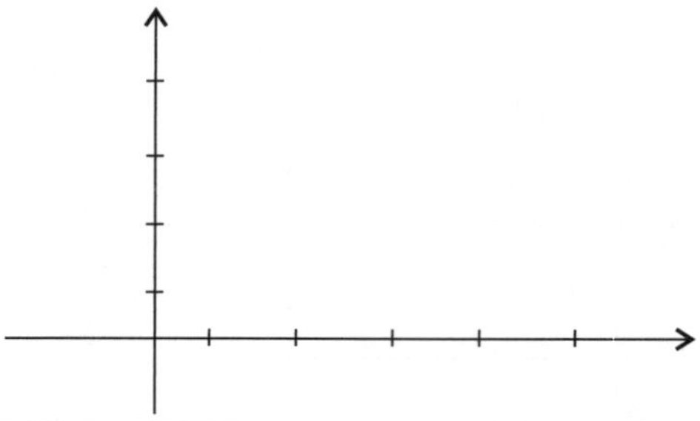

c) $A = [-2, 4]$ e $B = [2, 4]$

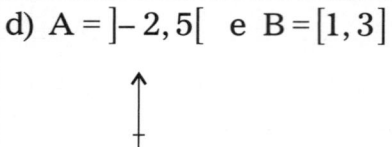

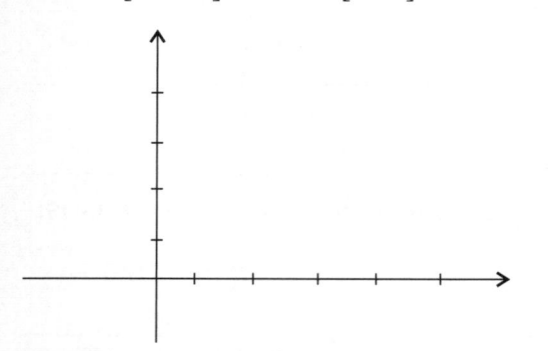

d) $A = \,]-2, 5[$ e $B = [1, 3]$

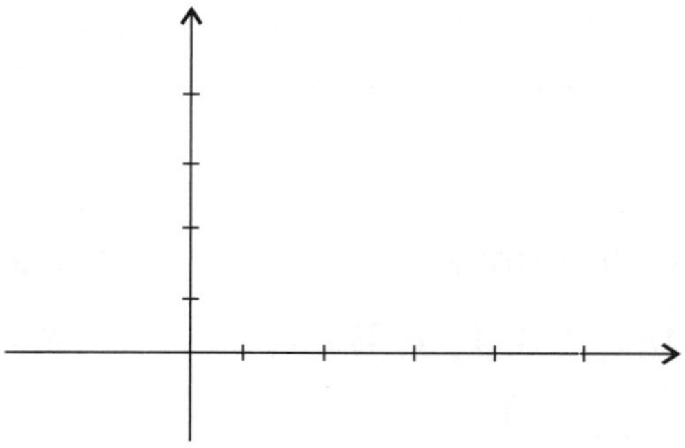

145 Represente graficamente A^2 (A cartesiana A), nos casos:

a) $A = [\,2, 4\,]$

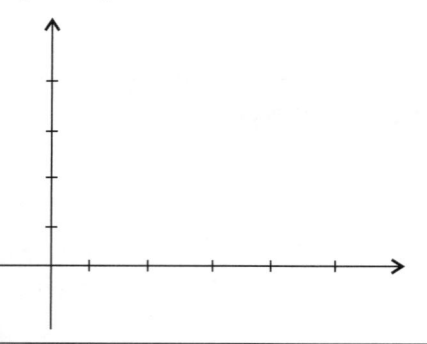

b) $A = \,]-1, 3\,]$

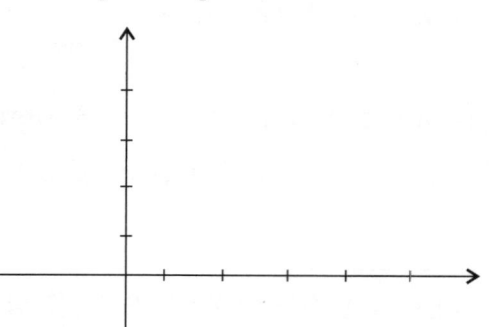

146 Dados os conjuntos A e B, representar no plano cartesiano os ponto (x, y) que satisfazem a condição dada, nos casos:

a) $A = [\,2, 6\,]$ e $B = [\,1, 5\,]$
$(x, y) \in A \times B \wedge y = x$

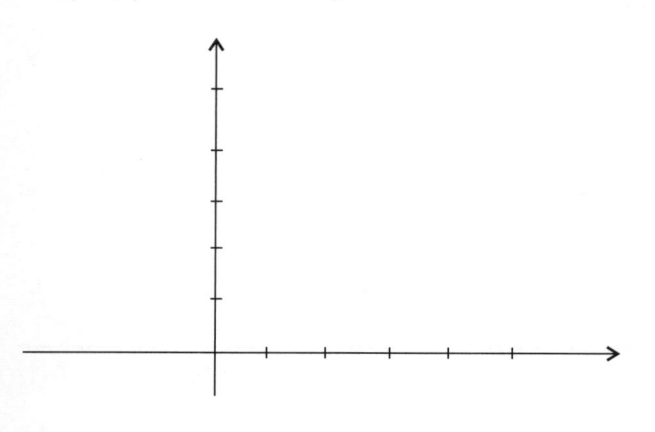

b) $A = [\,-4, 6\,]$ e $B = [\,2, 5\,]$
$(x, y) \in A \times B \wedge y^2 = x^2$

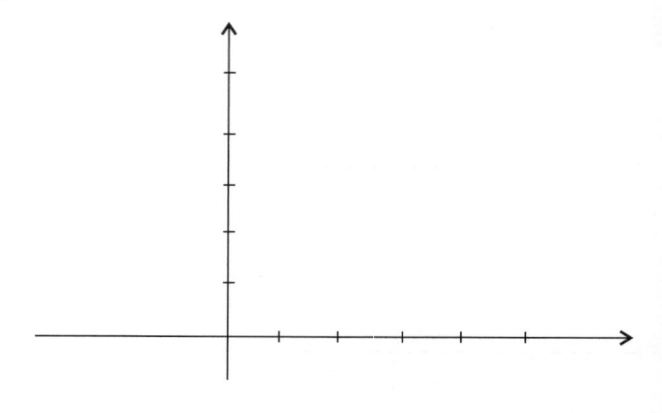

5 – Relação binária

Dados dois conjuntos A e B, não vazios, sabemos que A × B é o produto cartesiano de A por B. Este produto A × B é um conjunto de pares ordenados. Qualquer subconjunto deste conjunto de pares é chamado **relação binária de A em B**.

Então, uma relação binária de A em B é qualquer subconjunto R de A × B.

Indicamos que R é uma relação binária de A em B por: R : A ⟶ B

$$\boxed{R \text{ é uma relação binária de A em B} \Leftrightarrow R \subset A \times B}$$

$$\boxed{R: A \to B \Leftrightarrow R \subset A \times B} \qquad \boxed{R: A \to B \Leftrightarrow [(x, y) \in R \Rightarrow (x, y) \in A \times B]}$$

Quando A = B, sabemos que A × B = A × A = B × B e uma relação binária de A em B é também chamada relação binária em A, eu relação binária sobre A, ou relação binária em B, ou relação binária sobre B.

Exemplo: Se $A = \{1, 2, 3\}$ e $B = \{5, 7\}$, temos:

$A \times B = \{(1,5),(1,7),(2,5),(2,7),(3,5),(3,7)\} \Rightarrow \{(1,5),(2,5)\}, \{(1,7)\},$

{(2,7), (3,5), (3, 7)} são exemplos de relações binárias de A em B.

$B^2 = B \times B = \{(5,5),(5,7),(7,5),(7,7)\} \Rightarrow \{(5,5),(7,7)\}, \{(5,7)\}, \{(5,5),(7,5)\}$ são exemplos de relações binárias de B em B ou relações binárias em B ou sobre B.

Nomenclatura:

I) R : A → B = relação binária R de A em B.

II) A = conjunto de partida da relação R.

III) B = conjunto de chegada.

B = contradomínio da relação R.

IV) (a, b) ∈ R ⇒ a = antecedente e b = imagem de a pela relação R.

V) D = domínio de R = conjunto formado pelos antecedentes da relação R.

VI) Im = imagem da relação R = conjunto das imagens dos antecedentes de R.

VII) Lei de correspondência = propriedade que relaciona a imagem com o antecedente, permitindo obter os pares (a,b) da relação R.

Resp: **140** a) {(– 1, 2),(– 1, 3),(–1, 8), (3, 2), (3, 3), (3, 8), (7, 2), (7, 3), (7, 8)}   b) {(– 1, 0), (– 1, 4), (3, 0), (3, 4), (7, 0), (7, 4)}
c) {(2, 0), (2, 4), (3, 0), (3, 4), (8, 0), (8, 4)}   d) {(0, 2), (0, 3), (0, 8), (4, 2), (4, 3),(4, 8)}

e) B × B = {(2, 2), (2, 3), (2, 8), (3, 2), (3, 3), (3, 8), (8, 2), (8, 3), (8, 8)}   f) C × C = {(0, 0), (0, 4), (4, 0), (4, 4)}
141 a) 7 · 4 = 28   b) 12 · 9 = 96   c) 1 · 8 = 8   **142** a) A = {2, 5} e B = {1, 5, 9}   b) A = {0, 6}, B = {1, 4, 6, 8}

143 a) [gráfico]   b) [gráfico]   c) [gráfico]

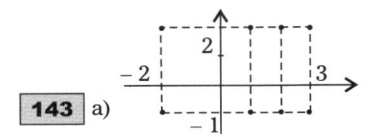

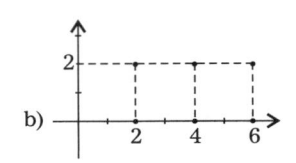

91

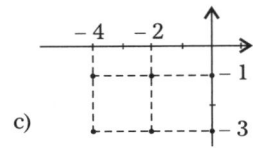

Por exemplo, dados os conjuntos A = {1, 2, 3, 4} e B = {1, 2, 3, 4, 7, 9, 10}, a relação R de A em B definida por (x, y) ∈ R ⟺ y = x², a equação y = x² é uma lei de correspondência. Esta propriedade, y = x², nos possibita determinar os pares ordenados de R. Note que neste caso, temos:

R = {(1, 1), (2, 4), (3, 9)}. Note que R ⊂ A × B.

IX) Se (x, y) é um par da relação, R, escrevemos xRy.

Exemplo 1: Dados os conjuntos A = {1, 2, 3, 4, 5, 6} e B = {2, 3, 5, 7}, determinar a relação R de A em B definida por R = {(x, y) ∈ A × B | x é múltiplo de y}, enumerando os elementos entre chaves, representar R graficamente no plano cartesiano e também por meio de setas.

Note que a lei de correspondência x é múltiplo de y é igual a y é divisor de x.

Os elementos de R são os pares (a, b) de A × B tal que a seja múltiplo de b. Então:

R = {(2, 3), (3, 3), (4, 2), (5, 5), (6, 2), (6, 3)}

Gráficos cartesianos de A × B e de R.   Representação por meio de flechas.

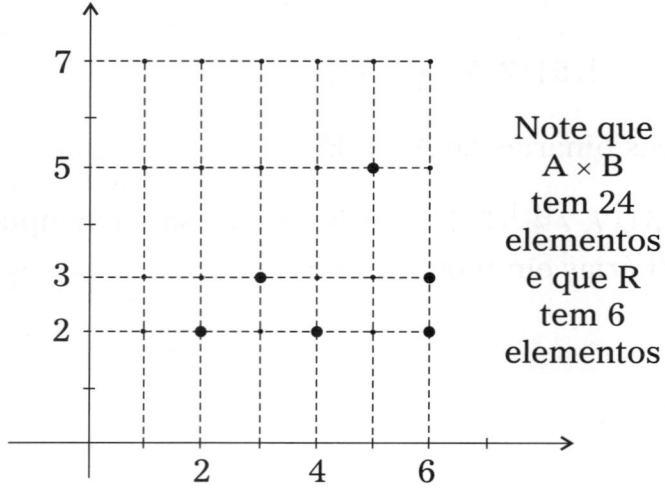

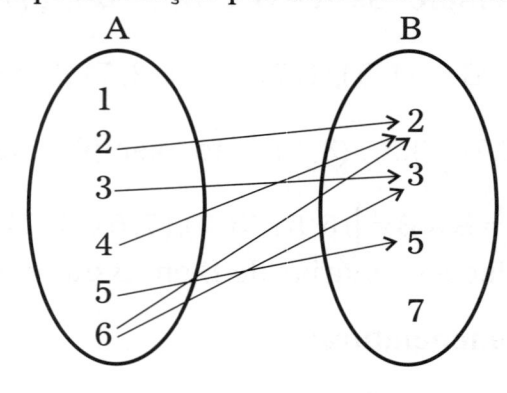

Note que A × B tem 24 elementos e que R tem 6 elementos

Note que: A = {1, 2, 3, 4, 5, 6} é conjunto de partida da relação R.

D = {2, 3, 4, 5, 6} é o domínio da relação R. Observe que D ⊂ A.

B = {2, 3, 5, 7} é o conjunto de chegada ou contra-domínio de R.

Im = {2, 3, 5} é a imagem de R. É o conjunto dos segundos elementos dos pares de R. Observe que Im ⊂ B.

Exemplo 2: Dados os conjuntos A = [3, 7] e B = [1, 5], representar graficamente A × B e a relação binária R, onde R = {(x, y) ∈ A × B | y = x}.

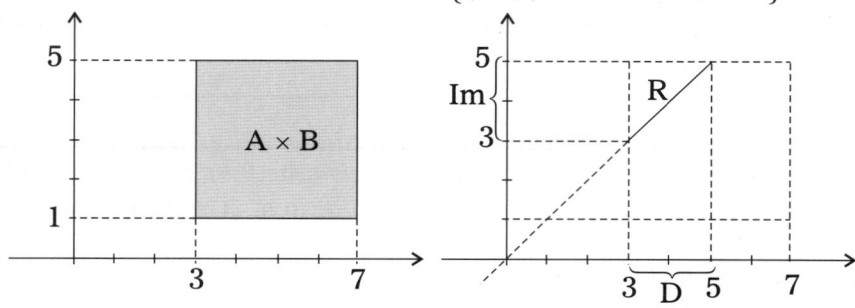

Poderíamos ter representado A × B e R no mesmo plano cartesiano

O segmento de extremidades (3, 3) e (5, 5) é a representação gráfica da relação R. Note que o domínio D = [3, 5] ⊂ A = [3, 7] e a imagem de R é Im = [3, 5] ⊂ B = [1, 5].

Obs.: Sendo o produto cartesiano A × B representado pela região retangular no plano cartesiano e R uma relação binária de A em B (R: A → B) representada pela região triangular interna ao retângulo, note que:

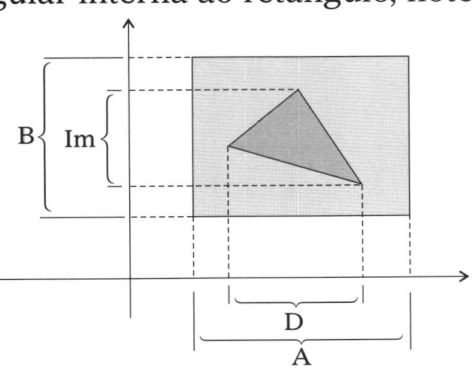

A é o conjunto de partida da relação R.

D é o domínio da relação R.

B é o contradomínio (ou conjunto de chegada da relação R).

Em alguns exemplos ocorrerá D = A ou Im = B ou ambos.

147 Dados os conjuntos A = {-2, 0, 2} e B = {1, 3, 5, 7}, dizer se o conjunto dado é uma relação binária de A em B, ou não. S para sim e N para não, nos casos.

a) R = {(-2, 1), (0, 1), (2, 1)}

b) S = {(-2, 0), (-2, 2), (-2, 5)}

c) T = {(0, 1), (2,1), (0, 3), (2, 3)}

d) F = {(2, 7)}

e) G = {(1, -2), (1, 0), (1, 2)}

f) H = {(-2, 1), (-2, 3), (2, 1), (2, 3)}

148 Dados A = {-1, 0, 1, 2} e B = {0, 1, 4} e uma relação binária ℝ de A em B, determinar o dominio D e a imagem Im de R nos casos:

a) R = {(-1, 0), (-1, 1)(-1, 4),(0, 0)}

b) R = {(-1, 1), (0, 4), (1, 1), (2, 4)}

c) R = {(-1, 4), (0, 1), (1, 1), (2, 0)}

d) R = {(-1, 0), (-1, 1), (-1, 4)}

e) R = {(-1, 0), (-1, 1), (-1, 4), (0, 0), (0, 1), (0, 4)}

f) R = {(0, 0), (1, 1)}

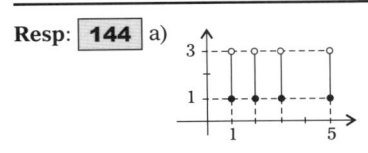

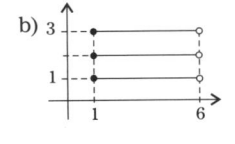

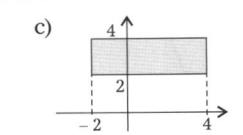

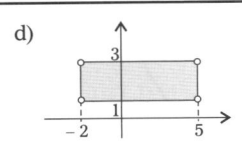

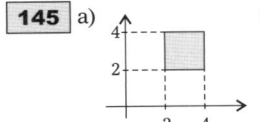

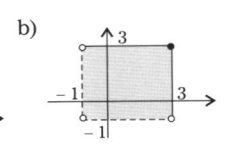

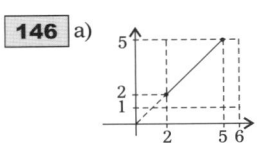

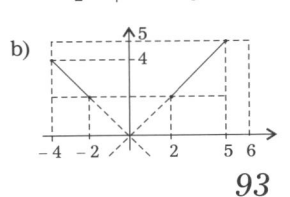

149 Dados os conjuntos A = {1, 3, 5} e B = {0, 2, 4, 6}, classificar com V ou F a sentença, nos casos:

a) {(1, 3), (3, 2), (5, 0)} é uma relação de A em B ( )

b) {(1, 3), (3, 1), (3, 3), (5, 5)} é uma relação de A em B ( )

c) {(1, 3), (3, 1), (3, 3), (5, 5)} é uma relação em A ( )

d) {(0, 1), (2, 3), (4, 5)} é uma relação de B em A ( )

e) {(0, 0), (2, 2), (4, 4), (6, 6)} é uma relação em B ( )

f) {(1, 0), (3, 0), (3, 2), (5, 0), (5, 2), (5, 4)} é uma relação de A em B ( )

150 Dados os conjuntos A = {−1, 0, 1, 2} e B = {0, 1, 2, 3, 4} e uma relação R definida por uma lei de correspondência, determinar R por enumeração e determinar o domínio e a imagem de R, nos casos:

a) $R: A \to B, (x, y) \in R \Leftrightarrow y = x$

b) $R: A \to B, x R y \Leftrightarrow y = x^2$

b) $R: A \to B, x R y \Leftrightarrow y = x + 2$

c) $R: B \to B, (x, y) \in R \Leftrightarrow y = x^2$

e) $R: A \to B, (x, y) \in R \Leftrightarrow y = 2x$

f) $R: A \to A, x R y \Leftrightarrow y = x^2$

151 Dada uma relação R de A em B através de um diagrama de flechas, determinar R por numeração e determinar o domínio e a imagem de R.

a)

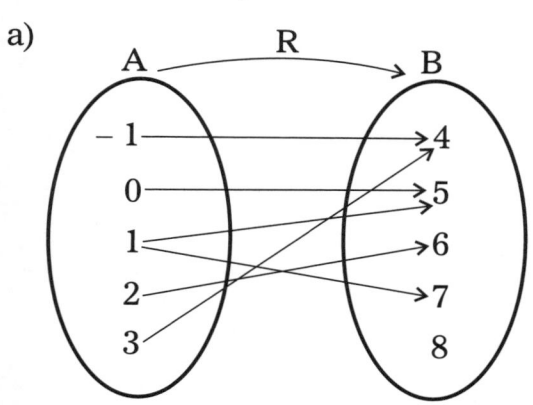

b)

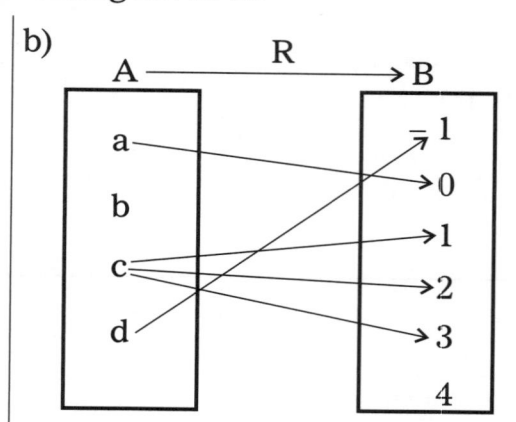

152 Dados os conjuntos A = {−1, 0, 1, 2, 3} e B = {−1, 0, 1, 2, 3, 4, 5, 6} e a relação R de A em B definida pela lei de correspondência y = 2x + 1, isto é, $(x, y) \in R \Leftrightarrow y = 2x + 1$, representar R através do diagrama de flechas, determinar R por e numeração, determinar o conjunto de partida P e o domínio de R e determinar o conjunto de chegada (contradomínio = CD) e a imagem de R.

153 Dados os conjuntos A = {1, 2, 3, 4, 5, 7} e B = {1, 2, 3, 5, 7} e a relação R de A em B definida por $x R y \Leftrightarrow y = 2x - 3$, representar A × B e R no plano cartesiano, determinar o domínio e a imagem de R.

154 Dada uma relação R de $\mathbb{R}$ em $\mathbb{R}$ (relação R no conjunto do reais $\mathbb{R}$), através da sua representação cartesiana, determinar o domínio e a imagem de R, nos casos:

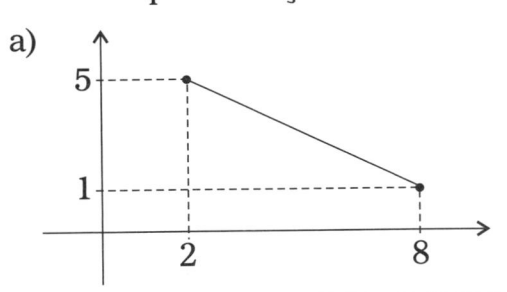

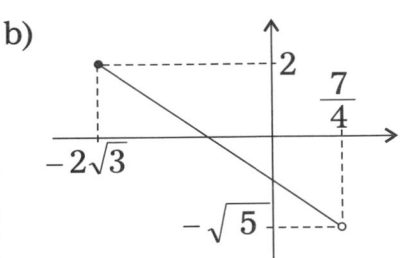

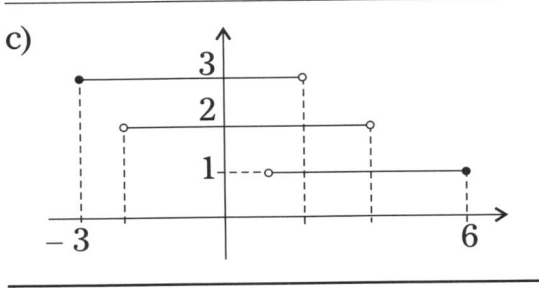

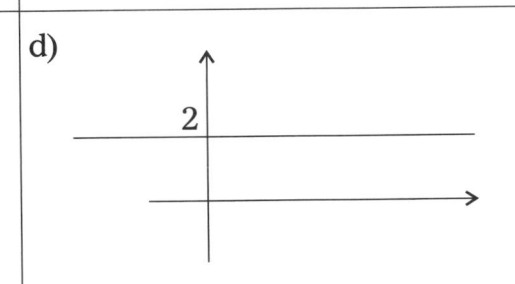

a)

b)

c)

d)

Resp: 147 a) (S) b) (N) c) (S) d) (S) e) (N) f) (S)
148 a) D = {−1, 0}, Im = {0, 1, 4} = B b) D = {−1, 0, 1, 2} = A, Im = {1, 4} c) D = {−1, 0, 1, 2} = A, Im = {0, 1, 4} = B
d) D = {−1}, Im = B e) D = {−1, 0}, Im = B f) D = {0, 1}, Im = {0, 1}

6 – Funções

Definição: Dados os conjuntos A e B, não vazios, a relação f de A em B de modo que para todo x de A, existe um único y de B tal que (x, y) pertence a f, é chamada um aplicação de A em B ou uma função definida em A e com as imagens em B.

| f é uma aplicação de A em B
f é um função definida em A e com imagens em **B** | ⇔ | Todo **x** de **A** forma par de **f** e para cada x de A há um único y de B tal que (x, y) pertence a **f** |

Veja como reconhecer se uma relação de A em B dada através de um diagrama de flechas, é ou não uma aplicação de A em B.

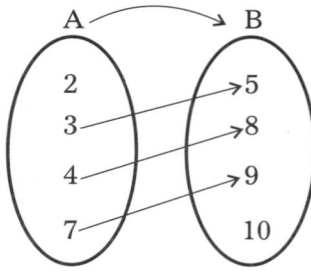

Como o elemento 2 de A não forma par, ele está "sobrando", esta relação **não é uma aplicação de A em B**.

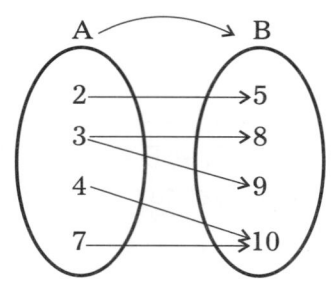

Como o elemento 3 de A tem duas imagens diferentes em B, esta relação **não é uma aplicação de A em B**.

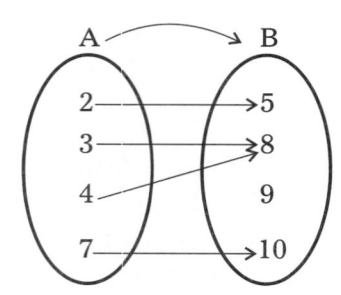

Como todo elemento de A forma par e forma um único par, esta relação **é uma aplicação de A em B**. Note que dois elementos de A podem ter a mesma imagem.

Veja como reconhecer se uma relação de A em B dada através do seu gráfico cartesiano, é ou não uma aplicação de A em B.

A = {1, 2, 3, 4, 5} e B = {1, 2, 3, 4}

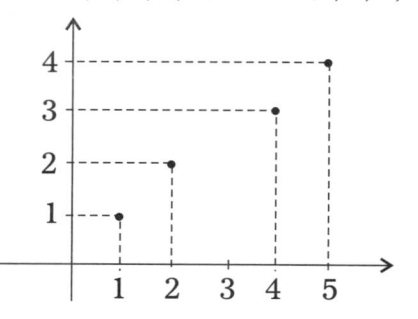

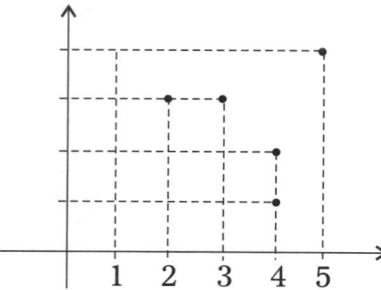

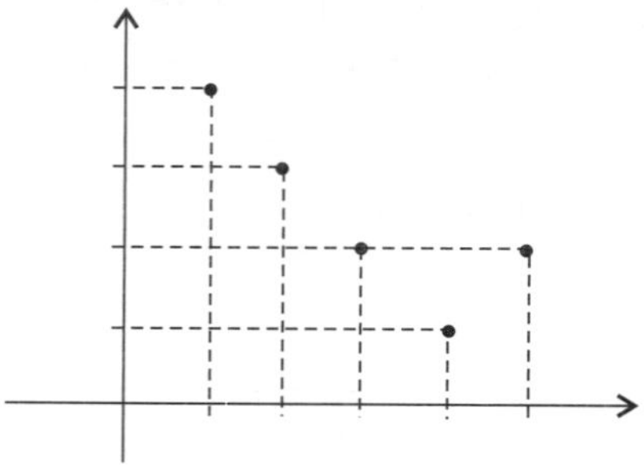

A = {1, 2, 3, 4, 5} e B = {1, 2, 3, 4}

A = {1, 2, 3, 4, 5} e B = {1, 2, 3, 4}

Como o elemento 3 de A não forma par, ele está "sobrando" esta relação **não é uma aplicação de A em B**.

Como o elemento 4 de A tem duas imagens diferentes em B, esta relação **não é uma aplicação de A em B**.

Como todo elemento de A forma par e forma um único par, esta relação **é uma aplicação de A em B**.

Obs.: 1) O domínio D de uma aplicação f de A em B é igual a A, isto é, D = A.

2) O contradomínio CD é o próprio conjunto B de chegada.

3) A imagem Im de uma aplicação (ou função) de A em B é o conjunto Im = $\{y \in B | (x, y) \in f\}$.

4) Se f é uma aplicação de A em B ou f é uma função definida em A e com imagens em B e há uma lei de correspondência que permite obter y do par (x, y) de f, a partir do valor x, indicamos esta lei por y = f(x) e escrevemos:

f : A → B   tal que   y = f(x)   f(x) lê-se "efe de xix"

5) Neste estudo vamos considerar na função f : A → B que A e B são subconjuntos de $\mathbb{R}$. Isto é: A ⊂ $\mathbb{R}$ e B ⊂ $\mathbb{R}$.

6) Uma função f : A → A será **chamada função** sobre **A**.

7) Uma função f está definida quando soubermos o seu domínio D = A, o seu contradomínio CD = B e sua lei de correspondência.

8) Quando uma função f for dada apenas pela sua lei de correspondência, devemos considerar que o seu domínio **D** seja o conjunto de todos os valores de x ∈ $\mathbb{R}$ para os quais seja possível calcular y = f(x) e o seu contradomínio CD será $\mathbb{R}$.

Exemplo 1: Observar a função f de domínio D e contradomínio CD, nos casos.

a) f é dada pelo diagrama de flechas.
   D = {1, 2, 3} e CD = {1, 3, 4, 8, 9}

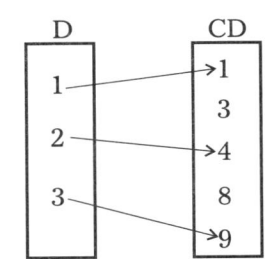

   f = {(1, 1), (2, 4), (3, 9)}; Im = {1, 4, 9}

   Definindo y = f(x), cada elemento
   (x, y) de f é dado por (x, f(x))
   y = f(x) ⇒ (x, y) = (x, f(x))
   f(1) = 1, f(2) = 4 e f(3) = 9

b) f é dada pela representação cartesiana.
   D = CD = {1, 2, 3, 4, 5}

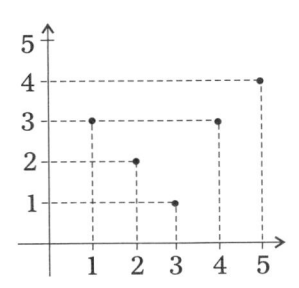

   f = {(1, 3), (2, 2), (3, 1), (4, 3), (5, 4)}; Im = {1, 2, 3, 4}

   Como y = f(x), note que cada
   elemento de f é do tipo (x, f(x))
   y = f(x) ⇒ (x, y) = (x, f(x))
   f(1) = 3, f(2) = 2, f(3) = 1, f(4) = 3 e f(5) = 4

Resp: **149** a) F   b) F   c) V   d) V   e) V   f) V   **150** a) R = {(0, 0), (1, 1), (2, 2)}; D = {0, 1, 2}, Im = {0, 1, 2}

b) R = {(−1, 1), (0, 0), (1, 1), (2, 4)}; D = {−1, 0, 1, 2} = A, Im = {0, 1, 4}

c) R = {(−1, 1), (0, 2), (1, 3), (2, 4)}; D = {−1, 0, 1, 2} = A, Im = {1, 2, 3, 4}

d) R = {(0, 0), (1, 1), (2, 4)}; D = {0, 1, 2}, Im = {0, 1, 4}   e) R = {(0, 0), (1, 2), (2, 4)}; D = {0, 1, 2}, Im = {0, 2, 4}

f) R = {(−1, 1), (0, 0) (1, 1)}; D = {−1, 0, 1}, Im = {0, 1}

151 a) R = {(−1, 4), (0, 5), (1, 5), (1, 7), (2, 6), (3, 4)}; D = {−1, 0, 1, 2, 3} = A, Im = {4, 5, 6, 7}

b) R = {(a, 0), (c, 1), (c, 2), (c, 3), (d, −1)}; D = {a, c, d}, Im = {−1, 0, 1, 2, 3}

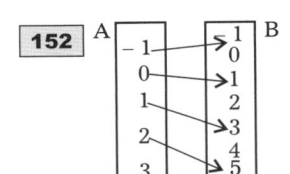

152   R = {(−1, −1), (0, 1), (1, 3), (2, 5)}   **153**   R = {(2, 1), (3, 3), (4, 5), (5, 7)}
P = A, D = {−1, 0, 1, 2}   D = {2, 3, 4, 5}
CD = B, Im = {−1, 1, 3, 5}   Im = {1, 3, 5, 7}

154 a) D = [2, 8]; Im = [1, 5]   b) D = $\left[-2\sqrt{3}, \frac{7}{4}\right[$; Im = $\left]-\sqrt{5}, 2\right]$ c) D = [−3, 6]; Im = {1, 2, 3}   d) D = $\mathbb{R}$; Im = {2}

97

Exemplo 2: Dados os conjuntos A = {1, 3, 5, 7} e B ={0, 2, 4, 6, 8, 10} e as relações R, S, T, ... de A em B, dadas por enumeração, observar o motivo pelo qual ela é ou não uma função definida em A e com imagens em B.

1) R = {(1, 0), (3, 2), (5, 4), (7, 10)}. É uma função pois todo elemento do conjunto A forma um e apenas um par da relação R.

2) S = {(1, 2), (3, 2), (5, 2), (7, 2)}. É uma função, pelo mesmo motivo do exemplo acima. Todos os antecedentes podem ter a mesma imagem.

3) T = {(1, 2), (3, 4), (3, 6), (5, 8), (7, 10)}. Não é função porque o elemento 3 de A forma dois pares diferentes. Para ser função, todo elemento de A tem que participar e participar de apenas um par.

4) V = {(1, 2), (3, 0), (5, 8)}. Não é função porque o 7 pertence a A e não forma par da relação V. Não pode, para ser função, algum elemento de A não formar par da relação.

Exemplo 3: Para afirmarmos que uma relação, dada por um gráfico cartesiano, é uma função, basta verificarmos se qualquer reta vertical que passa pelos pontos do eixo dos x cujas abscissas pertencem ao conjunto de partida da relação, encontra o gráfico em um e um só ponto.

1) R: A → B com A = $[0, 6]$ e B = $[0, 10]$

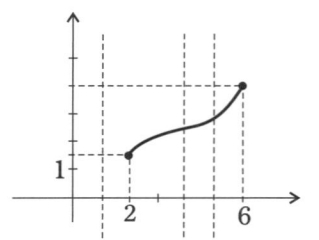

2) R: A → B com A = $[1, 6]$ e B = $[0, 100]$

3) R: A → B com A = $[-2, 6]$ e B = $[0, 70]$

A reta vertical que passa por (1, 0) não corta o gráfico. Isto significa que há elemento de A($1 \in A$) que não forma par da relação. Então R **não é função**.

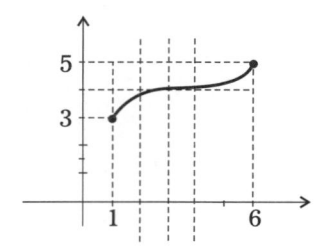

Toda reta vertical que passa pelos pontos de (1, 0) até (6, 0) encontram o gráfico em apenas um ponto. Isto significa que todo elemento de A forma um e apenas um par. R **é função**.

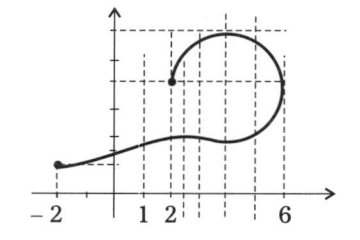

Há retas verticais que encontram o gráfico em 2 pontos. Isto significa que há elementos de A que formam dois pares distintos da relação. R **não é função**.

Exemplo 4: Quando uma função for dada pelo seu domínio D, seu contradomínio CD e uma lei de formação que permite obter a imagem de cada x de D, escrevemos f: D ⟶ CD| y = f(x).

Considere a função f: $\mathbb{R} \to \mathbb{R}$ que faz corresponder a cada x real, o número y = 2x + 1.

Escrevemos: y = f(x), f(x) = 2x + 1, y = 2x + 1 ou

$$y = f(x), \ f(x) = 2x + 1, \ (x, y) \in f \Rightarrow (x, f(x)) \in f \Rightarrow (x, 2x + 1) \in f.$$

Olhe como determinar as imagens de alguns elementos do domínio:

y = f(x) = 2x + 1. x = 2 ⇒ y = f(2) = 2(2) + 1 = 5 ⇒ f(2) = 5 ⇒ (2, 5) ∈ f

x = −5 ⇒ y = f(−5) = 2(−5) + 1 = −9 ⇒ f(−5) = 9 ⇒ (−5, −9) ∈ f

x = 100 ⇒ y = f(100) = 2(100) + 1 = 201 ⇒ f(100) = 201 ⇒ (100, 201) ∈ f

Exemplo 5: Quando for dada apenas a lei de correspondência de uma função, y = f(x), devemos considerar que o seu domínio D deve ser o conjunto de todos os $x \in \mathbb{R}$ para os quais as operações definidas por f(x) tenham resultados em $\mathbb{R}$, e o seu contradomínio CD deve ser $\mathbb{R}$.

Note que para $y = f(x) = \dfrac{x+3}{x-2}$, x tem que ser diferente de 2 pois para x = 2 obtemos $f(2) = \dfrac{2+3}{2-2} = \dfrac{5}{0}$.

Não se divide por 0. Então não existe f(2).

Para $y = f(x) = \sqrt{x}$, como raiz quadrada de número negativo não é número real, o domínio de $f(x) = \sqrt{x}$ deve ser

$D = \{x \in \mathbb{R} | x \geq 0\} = [0, +\infty[= \mathbb{R}_+$

Para $y = f(x) = \dfrac{1}{\sqrt{x}}$, o domínio é $D = \{x \in \mathbb{R} | x > 0\} =]0, +\infty[= \mathbb{R}_+^*$

Para $f(x) = \sqrt{2x+8}$, devemos ter $2x + 8 \geq 0 \Rightarrow 2x \geq -8 \Rightarrow x \geq -4$. Então

$D = \{x \in \mathbb{R} | x \geq -4\} = [-4, +\infty[$

Exemplo 6: Dada a lei de correspondência y = f(x) e a imagem de um x do domínio de f, determine o antecedente x e o par em questão, nos casos:

a) y = f(x) = 3x - 7 e y = 29

$y = 3x - 7 \Rightarrow 3x - 7 = 29 \Rightarrow 3x = 36 \Rightarrow \boxed{x = 12} \Rightarrow f(12) = 29 \Rightarrow (12, 29) \in f$

b) $y = \sqrt{2x - 6}$ e $y = 4 \Rightarrow \sqrt{2x - 6} = 4 \Rightarrow 2x - 6 = 16 \Rightarrow 2x = 22 \Rightarrow \boxed{x = 11} \Rightarrow$

$f(11) = 4 \Rightarrow (11, 4) \in f$

c) $y = 2x^2 + 5x - 10$ e $y = 2 \Rightarrow 2x^2 + 5x - 10 = 2 \Rightarrow 2x^2 + 5x - 12 = 0 \Rightarrow$

$\Delta = 25 + 8 \cdot 12 = 25 + 96 = 121 \Rightarrow x = \dfrac{-5 \pm 11}{4} \Rightarrow x = -4 \ \vee \ x = \dfrac{3}{2} \Rightarrow$

$f(-4) = 2$ e $f\left(\dfrac{3}{2}\right) = 2 \Rightarrow (-4, 2) \in f$ e $\left(\dfrac{3}{2}, 2\right) \in f$

Exemplo 7: Determinar a lei de correspondência h(x) que fornece a altura de um triângulo equilátero em função do seu lado x. E em seguida determinar a lei s(x) que dá a área deste triângulo em função de x.

1) Pitágoras $\Rightarrow h^2 + \dfrac{x^2}{4} = x^2 \Rightarrow 4h^2 + x = 4x^2 \Rightarrow 4h^2 = 3x^2 \Rightarrow h^2 = \dfrac{3x^2}{4} \Rightarrow$

$h = \dfrac{x\sqrt{3}}{2} \Rightarrow \boxed{h(x) = \dfrac{x\sqrt{3}}{2}}$

2) Cálculo de s(x) $\Rightarrow s(x) = \dfrac{xh}{2} = \dfrac{1}{2} x \cdot \dfrac{x\sqrt{3}}{2} \Rightarrow \boxed{s(x) = \dfrac{x^2\sqrt{3}}{4}}$

Note que ambas têm domínio $\mathbb{R}_+^*$

Exemplo 8: A altura de um trapézio mede x, a sua base menor mede 2x e a sua base maior mede 24. Determinar a lei de correspondência s(x) que dá a área do trapézio em função de x.

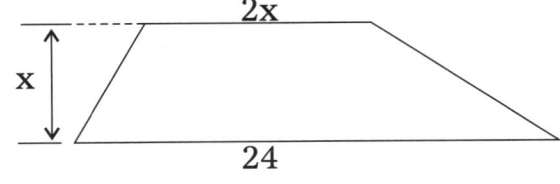

$s(x) = \dfrac{(24 + 2x)x}{2} \Rightarrow \boxed{s(x) = x^2 + 12x}$

Note que o domínio desta função é $D = \{x \in \mathbb{R} | 0 < x < 12\}$

Exemplo 9: Um lado de um triângulo mede 12 e a altura relativa a ele mede 8 e um retângulo com um lado sobre o lado dado está inscrito neste triângulo.

Sendo x medida do lado do retângulo sobre o lado dado do triângulo, determinar a lei h(x) que dá o lado adjacente ao de x em função x e também a lei s(x) que dá a área do retângulo em função de x.

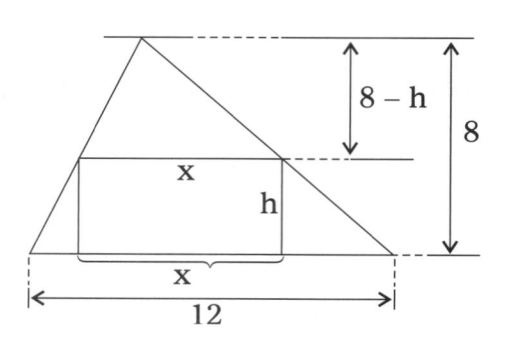

1) Por semelhança, obtemos:

$$\frac{8-h}{8} = \frac{x}{12} \Rightarrow \frac{8-h}{2} = \frac{x}{3} \Rightarrow$$

$$2x = 24 - 3h \Rightarrow 3h = -2x + 24 \Rightarrow$$

$$h = -\frac{2}{3}x + 8 \Rightarrow \boxed{h(x) = -\frac{2}{3}x + 8}$$

2) Cálculo de s(x)

$$s(x) = x \cdot h \Rightarrow s(x) = x\left(-\frac{2}{3}x + 8\right) \Rightarrow \boxed{s(x) = -\frac{2}{3}x^2 + 8x}$$

Note que ambas tem domínio $D = \{x \in \mathbb{R} | 0 < x < 12\}$

155 Dada uma relação de A em B através do diagrama de flechas, dizer se ela é uma aplicação (função) de A em B, ou não, nos casos:

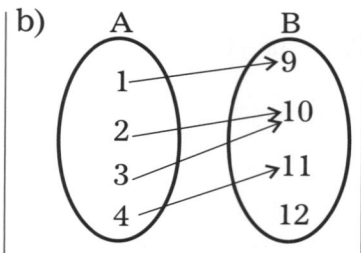

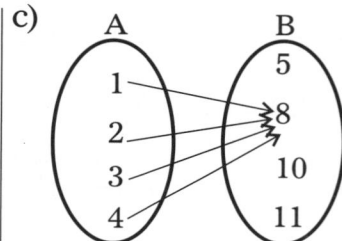

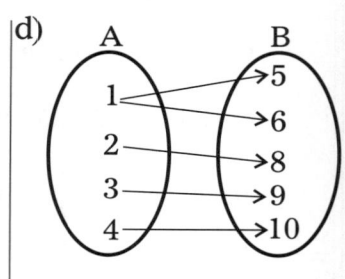

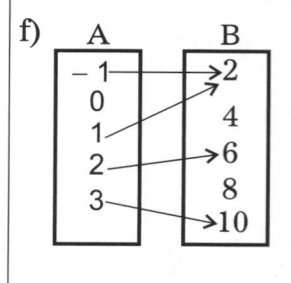

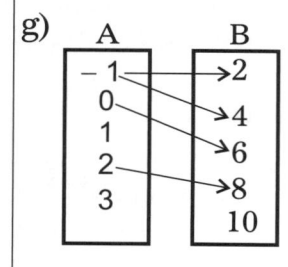

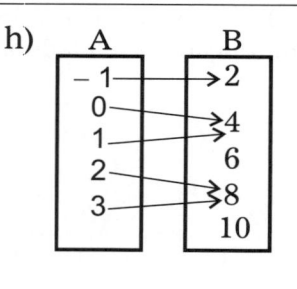

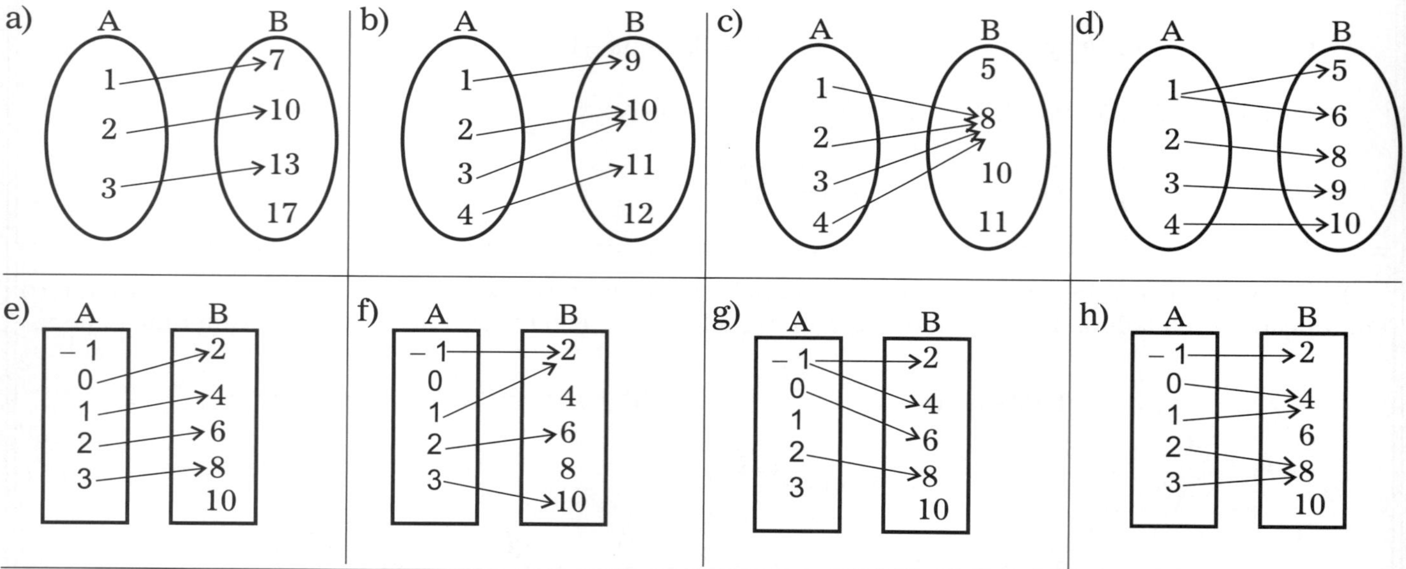

156 Dada uma relação de A = {1, 2, 3, 4, 5} em B = {−1, 0, 1, 2, 3, 4, 5, 6, 7, 8}, dada através de seu gráfico cartesiano, dizer se é ou não uma função definida em A e com imagens em B, nos casos:

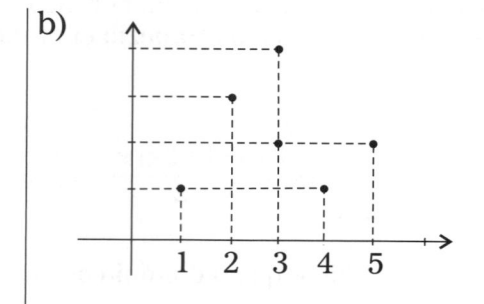

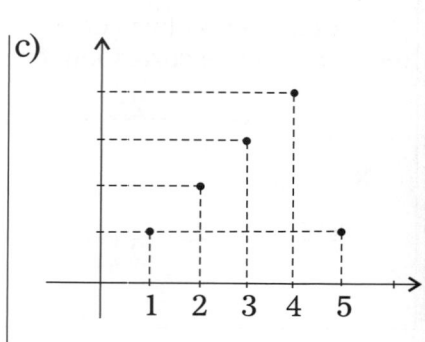

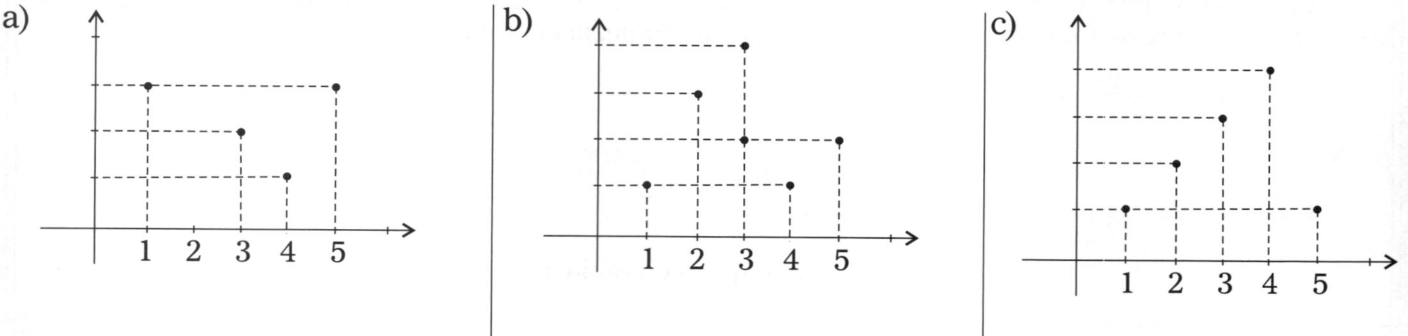

157 Dados os conjuntos A = {−2, −1, 0, 1, 2} e B = {3, 5, 7, 9, 11, 13, 15, 17} e uma relação de A em B, pela enumeração de seus elementos, dizer se a relação dada é ou não uma função definida em A e com imagens em B, nos casos:

a) $R = \{(-2,3),(-1,5),(1,7),(2,9)\}$

b) $R = \{(-2,17),(-1,15),(0,13),(1,11),(2,9)\}$

c) $R = \{(-2,3),(-1,5),(0,7),(1,9),(2,11),(1,13)\}$

d) $R = \{(-2,7),(-1,7),(0,9),(1,3),(2,5)\}$

e) $R = \{(-2,5),(-1,5),(0,5),(1,5),(2,5)\}$

f) $R = \{(1,3),(1,5),(1,7),(1,9),(1,11),(1,13),(1,15),(1,17)\}$

158 Dados os conjuntos A e B e uma relação de A e B representada graficamente no plano cartesiano, dizer se a relação é ou não uma aplicação de A em B (ou uma função definida em A e com imagens em B), nos casos:

a) R: A ⟶ B   A = [1, 5],   B = [−1, 20]

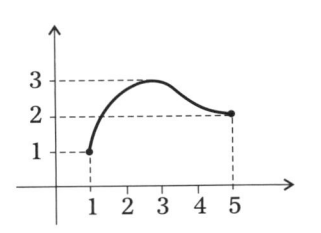

b) R: A ⟶ B   A = [1, 5],   B = [−5, 20]

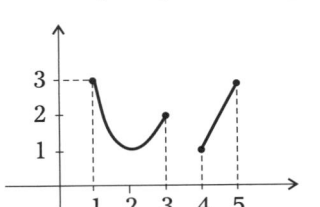

c) R: A ⟶ B   A = [1, 5],   B = ℝ

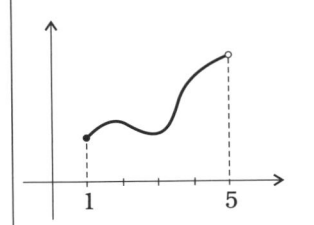

d) A = [1, 4], B = ℝ

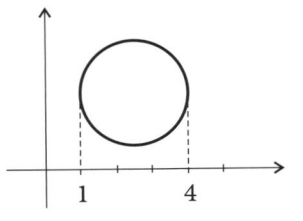

e) A = [1, 5], B = ℝ

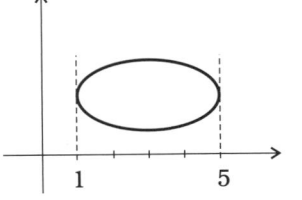

f) A = [1, 6], B = ℝ

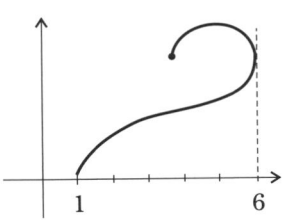

g) A = ℝ, B = ℝ

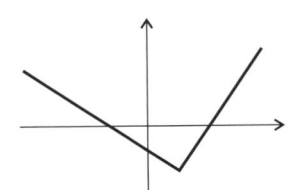

h) A = B = ℝ

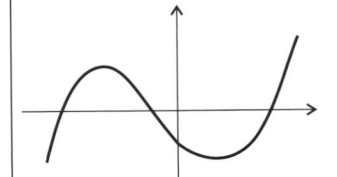

i) A = B = ℝ

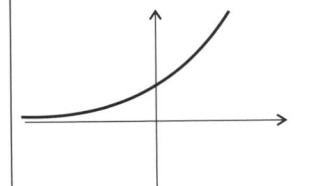

159 Considere a função f: $\mathbb{R} \to \mathbb{R}$, definida por y = f(x) = 6x − 5. Determinar a imagem do antecedente dado e o par correspondente de f, nos casos:

a) x = 3

b) x = − 7

c) x = 0

d) $x = \dfrac{5}{6}$

e) $x = -\dfrac{2}{3}$

f) $x = \dfrac{5}{3}$

e) x = − 2a

f) x = 2a + 3

160 Considere a função definida por f(x) = 6x + 7, dada a imagem y = f(x), determinar o antecedente x e o par correspondente, nos casos:

a) f(x) = 13

b) f(x) = 25

c) f(x) = − 29

d) f(x) = 0

e) f(x) = 7

f) f(x) = 3

g) f(x) = 12a + 1

h) f(x) = − 6a + 19

i) f(x) = 3a + 4

161 Dada a função $f(x) = 2x^2 + 7x - 4$, determinar o que se pede, nos casos:

a) $f(3)$

b) $f(1)$

c) $f(0)$

d) $f(-2)$

e) $f(-4)$

f) $f\left(\dfrac{1}{2}\right)$

g) $f(2a - 1)$

h) $f(1 - a)$

i) x tal que $f(x) = -7$

j) x tal que $f(x) = 56$

k) x tal que $f(x) = 2a^2 + 15a + 18$

Resp: **155** a) Sim b) sim c) Sim d) Não e) Não f) Não g) Não h) Sim

156 a) Não b) Não c) Sim **157** a) Não b) Sim c) Não d) Sim e) Sim f) Não

158 a) Sim b) Não c) Não d) Não e) Não f) Não g) Sim h) Sim i) Sim

162 Determinar o domínio das seguintes funções:

a) $f(x) = 2x^2 - 3x + 1$

b) $f(x) = \dfrac{x+1}{x-2}$

c) $f(x) = \sqrt{x}$

d) $f(x) = \dfrac{3x-1}{x^2 - 4x + 3}$

e) $y = \dfrac{3x^2 - 7x - 21}{x^2 - 2x - 15}$

f) $y = \sqrt{2x - 16}$

g) $y = \sqrt{21 - 3x}$

h) $y = \dfrac{2x^2 - 3}{2x - 10}$

i) $y = \dfrac{2x - 1}{\sqrt{x^2 + 4}}$

163 Dada a função $f(x) = \dfrac{2x - 7}{\sqrt{2x - 5}}$, determinar o que se pede:

a) $f(7)$

b) $f\left(\dfrac{9}{2}\right)$

c) $f(4)$

d) $f(15)$

e) x tal que $f(x) = -1$

164 Considere um hexágono regular de lado x. Determinar, em função de x, a diagonal menor d, a diagonal maior D e área S deste hexágono.

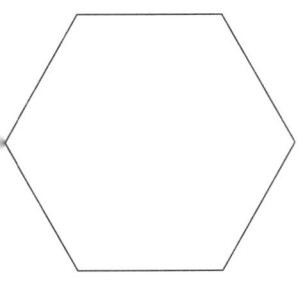

165 Como mostra a figura, um retângulo com um lado x está inscrito em um triângulo com um lado de 12 e altura relativa com 6. Determinar o outro lado **b** do retângulo e a sua área **s**, em função de x.

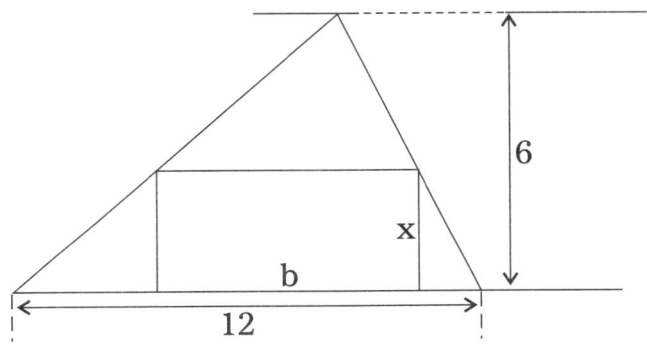

166 Na figura temos um retângulo com um lado x sobre a base maior de um trapézio, inscrito neste trapézio. Se as bases do trapézio medem 14 e 6 e a altura 16, determinar o lado adjacente ao x do retângulo e a sua área em função de x.

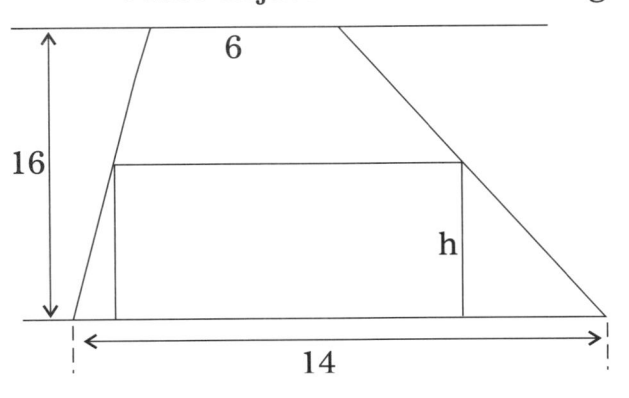

Resp: **159** a) y = 13, (3, 13)   b) y = −47, (−7, −47)   c) y = −5, (0, −5)   d) y = 0, $\left(\frac{5}{6}, 0\right)$ e) y = −9, $\left(-\frac{2}{3}, -9\right)$

f) y = 5, $\left(\frac{5}{3}, 5\right)$ g) y = −12a − 5 ⇒ (−2a, −12a − 5)   f) y = 12a + 13, (2a + 3, 12a + 13)

160 a) x = 1, (1, 13)   b) x = 3, (3, 25)   c) x = −6, (−6, −29)   d) x = $\frac{-7}{6}$, $\left(-\frac{7}{6}, 0\right)$ e) x = 0, (0, 7)

f) x = $-\frac{2}{3}$, $\left(-\frac{2}{3}, 3\right)$ g) x = 2a − 1, (2a − 1, 12a + 1)   h) x = −a + 2, (−a + 2, −6a + 19)   i) x = $\frac{a-1}{2}$, $\left(\frac{a-1}{2}, 3a + 4\right)$

161 a) 35   b) 5   c) −4   d) −8   e) 0   f) 0   g) $8a^2 + 6a − 9$ h) $2a^2 − 11a + 5$

i) x = −3 ∨ x = $-\frac{1}{2}$ j) x = 4 ∨ x = $-\frac{15}{2}$ k) x = $-a - \frac{11}{2}$

105

167 Dado o gráfico de uma função f: ℝ → ℝ, dizer se é positivo (> 0), negativo (< 0) ou igual a zero o valor f(x), imagem de x, nos casos:

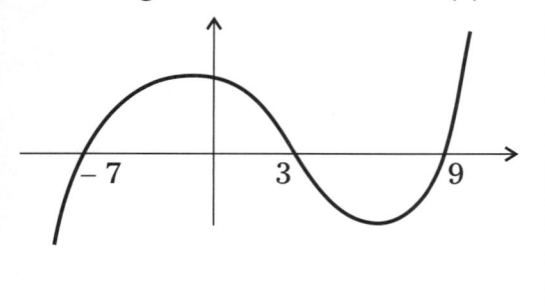

a) f(5) b) f(12) c) f(−10)

d) f(9) e) f(−1) f) f(1)

g) f(3) h) f(−5) i) f(−7)

j) f(−100) k) f(0) l) f(500)

168 Dado o gráfico de uma f: ℝ → ℝ, dizer se é positivo (>0), negativo (< 0) ou nulo (=0) o produto indicado, nos casos:

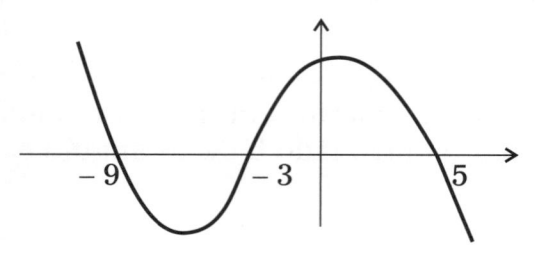

a) f(1) · f(2) b) f(−4) · f(−2)

c) f(−11) · f(0) d) f(−20) · f(20)

e) f(−3) · f(4) f) f(−8) · f(6)

g) f(−9) · f(1) h) f(5) · f(1000)

i) f(−2) · f(6) j) f(−6) · f(3)

k) f(−4) · f(1) · f(6)   l) f(−12) · f(0) · f(6)   m) f(−15) · f(1) · f(7)

169 Foi dada uma função f: ℝ → ℝ e ao substituir x por 2a − 1 obtém-se f(x) = f(2a − 1) = 6a − 1. Determinar o que se pede, nos casos:

a) f(7)

b) f(−11)

c) f(0)

d) f(b)

106

170 Sabe-se que $f: \mathbb{R} \to \mathbb{R}$ e $y = f(x)$. Determinar:

a) $f(a)$, sabendo que $f(2b + 3) = 4b - 5$

b) $f(b)$, sabendo que $f(-3a + 1) = -6a - 5$

c) $f(x)$, sabendo que $f(-5a + 3) = -15a + 5$

Variação de sinal de uma função dado o seu gráfico

Dado o gráfico de uma função f, $y = f(x)$, estudar a variação do sinal de f é dizer para quais valores de x, y é negativo, para quais valores de x, y é zero e para quais valores de x, y é positivo.

Obs.: Os números indicados sobre o eixo dos x (as abscissas dos pontos onde o gráfico corta o eixo das abscissas) são chamados raízes ou zeros da função. São os valores de x que tem imagem $y = 0$.

Exemplos

1) $y = f(x)$

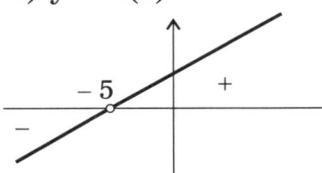

$\begin{cases} x = -5 \iff f(x) = 0 \\ x > -5 \iff f(x) > 0 \\ x < -5 \iff f(x) < 0 \end{cases}$

2) $y = f(x)$

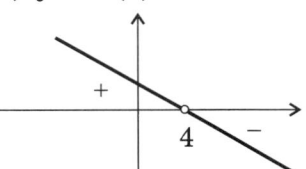

$\begin{cases} x = 4 \iff y = 0 \\ x < 4 \iff y > 0 \\ x > 4 \iff y < 0 \end{cases}$

3) $y = f(x)$

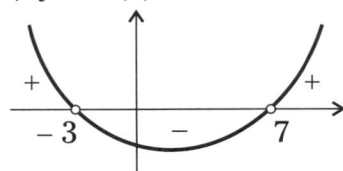

$\begin{cases} x = -3 \lor x = 7 \iff y = 0 \\ -3 < x < 7 \iff y < 0 \\ x < -3 \lor x > 7 \iff y > 0 \end{cases}$

4) $y = g(x)$

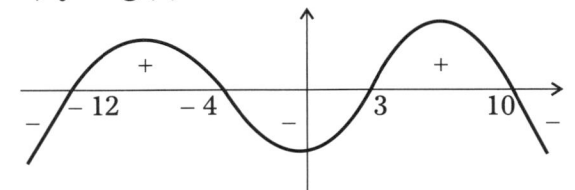

$\begin{cases} g(x) = 0 \iff x = -12 \lor x = -4 \lor x = 3 \lor x = 10 \\ g(x) > 0 \iff x < -12 \lor -4 < x < 3 \lor x > 10 \\ g(x) < 0 \iff -12 < x < -4 \lor 3 < x < 10 \end{cases}$

Resp: **162** a) $D = \mathbb{R}$ b) $D = \mathbb{R} - \{2\}$ c) $D = \mathbb{R}_+$ d) $D = \mathbb{R} - \{1, 3\}$ e) $D = \mathbb{R} - \{5, -3\}$ f) $D = \{x \in \mathbb{R} | x > 8\}$ ou $D = [8, +\infty[$

g) $D = \{x \in \mathbb{R} | x \leq 7\}$ ou $D =]-\infty, 7]$ h) $[5, +\infty[$ i) $D = \mathbb{R}$ **163** a) $f(7) = \dfrac{7}{2}$ b) $f\left(\dfrac{9}{2}\right) = 1$

c) $f(4) = \dfrac{\sqrt{3}}{3}$ d) $f(15) = \dfrac{23}{5}$ e) $x = 3$ **164** $d(x) = x\sqrt{3}$, $D(x) = 2x$ e $S(x) = \dfrac{3}{2}\sqrt{3} \, x^2$

165 $b(x) = 12 - 2x$, $S(x) = 12x - 2x^2$ Note que $D = \{x \in \mathbb{R} | 0 < x < 6\}$

166 $h(x) = -2x + 28$ e $S(x) = -2x^2 + 28x$ Note que $D = \{x \in \mathbb{R} | 6 < x < 14\}$

171 Dado o gráfico de uma função f: $\mathbb{R} \to \mathbb{R}$, y = f(x), discutir o sinal de f, nos casos:

a), b), 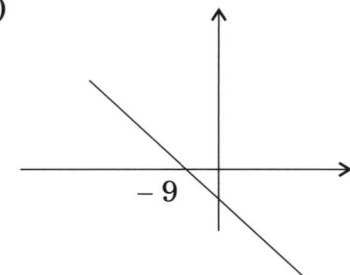 c), 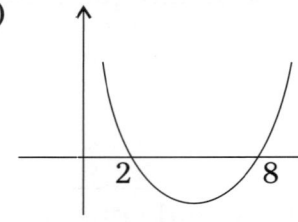 d), 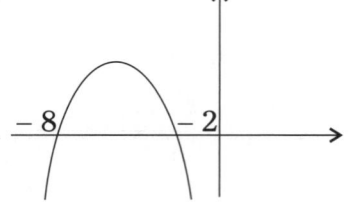 e), 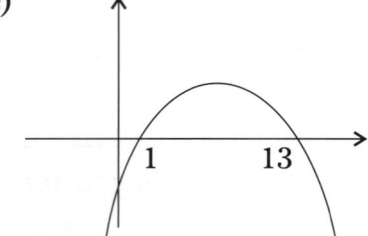 f), 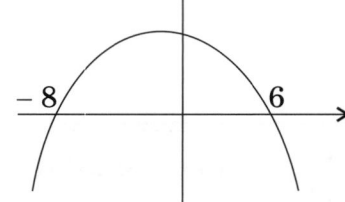 g), 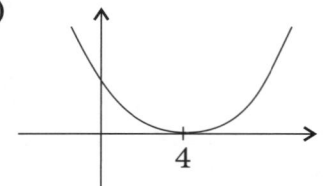 h), 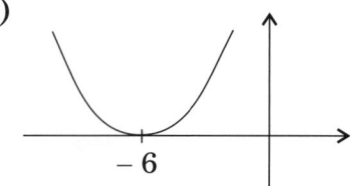 i), 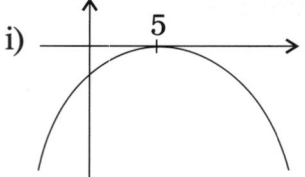 j), 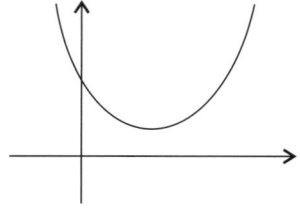 k), 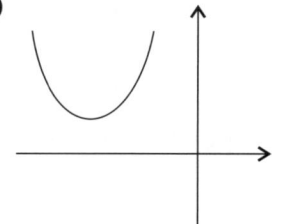 l)

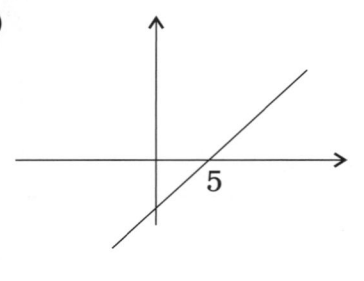

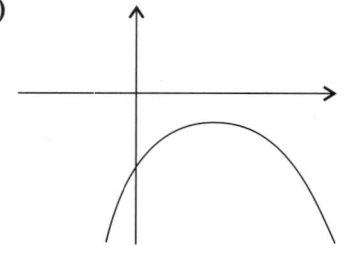

172 Dada a função f: $\mathbb{R} \longrightarrow \mathbb{R}$, graficamente, estudar o sinal de y = f(x), nos casos:

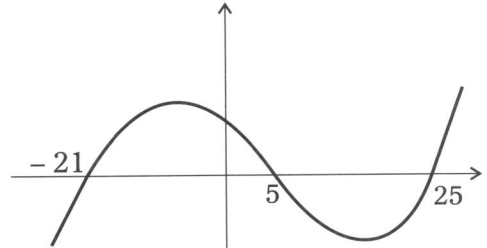

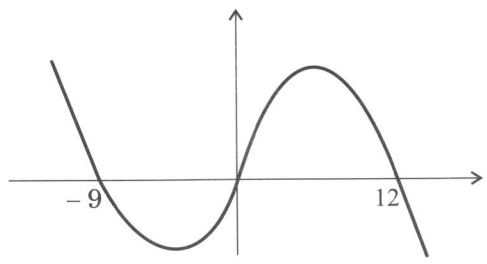

a) [gráfico com raízes em -21, 5, 25]

b) [gráfico com raízes em -9, 12]

Sinal do produto ou quociente de funções, dados os gráficos.

Dados duas (ou mais) funções de $\mathbb{R}$ em $\mathbb{R}$, y = f(x) e y = g(x), através de seus gráficos, há um dispositivo prático muito útil para o estudo dos sinais de f(x) · g(x) ou $\dfrac{f(x)}{g(x)}$, que é apresentado no exemplo seguinte.

Obs.: O estudo pode ser feito sem o uso do dispositivo, mas ele ajuda muito.

Exemplo: Dados os gráficos das funções y = f(x) e y = g(x), no mesmo plano cartesiano, estudar o sinal de y = f(x) · g(x).

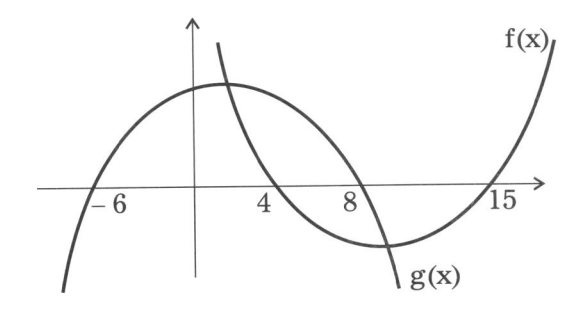

		-6		4		8		15	x
f(x)	+		+	0	−		−	0	+
g(x)	−	0	+		+	0	−		−
f(x)·g(x)	−	0	+	0	−	0	+	0	−

$f(x) \cdot g(x) = 0 \Leftrightarrow x = -6 \lor x = 4 \lor x = 8 \lor x = 15$

$f(x) \cdot g(x) < 0 \Leftrightarrow x < -6 \lor 4 < x < 8 \lor x > 15$

$f(x) \cdot g(x) > 0 \Leftrightarrow -6 < x < 4 \lor 8 < x < 15$

Em cada faixa horizontal do dispositivo indicamos as imagens iguais a zero correspondente a cada raiz (ou zero) da função. E também os sinais + e −, correspondentes aos sinais das imagens em cada intervalo dos valores de x. Por exemplo, na primeira faixa colocamos f(x) = 0 para x = 4 e x = 15 e o sinal − para f(x) quando 4 < x < 15 e o sinal + para f(x) quando x < 4 ou x > 15.

Resp: **167** a) < 0 b) > 0 c) < 0 d) = 0 e) > 0 f) > 0 g) = 0 h) > 0 i) = 0 j) < 0 k) > 0 l) > 0

168 a) > 0 b) < 0 c) > 0 d) < 0 e) = 0 f) > 0 g) = 0 h) = 0 i) < 0 j) < 0 k) > 0 l) < 0 m) < 0

169 a) f(7) = 23 b) f(−11) = −31 c) f(0) = 2 d) f(b) = 3b + 2

170 a) f(a) = 2a − 11 b) f(b) = 2b − 7 c) f(x) = 3x − 4

109

173. Dados os gráficos das funções f e g definidas sobre $\mathbb{R}$, estudar o sinal de $P(x) = f(x) \cdot g(x)$, nos casos:

a)

f(x) ―――――――――→ x
g(x) ―――――――――
P(x) ―――――――――

b)

f(x) ―――――――――→ x
g(x) ―――――――――
P(x) ―――――――――

174. Dados os gráficos das funções f, g e h definidas sobre $\mathbb{R}$, estudar o sinal da expressão E definida por $E(x) = \dfrac{h(x) \cdot f(x)}{g(x)}$.

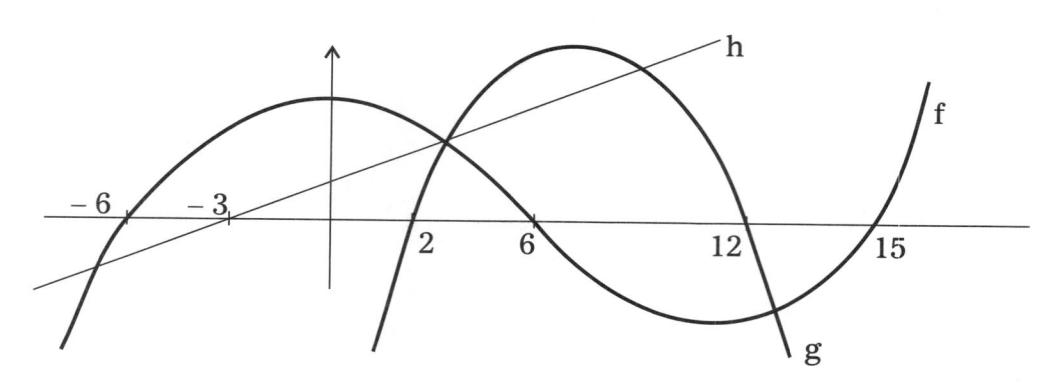

h(x) ―――――――――→ x
f(x) ―――――――――
g(x) ―――――――――
E(x) ―――――――――

110

Translação vertical

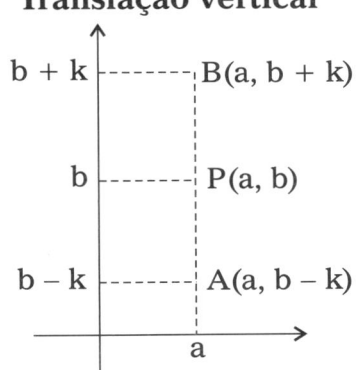

Dado um ponto P(a, b) e um número k real com k > 0, note que o ponto A(a, b − k) está k unidades abaixo de P e o ponto B (a, b + k) esta k unidades acima de P. Dizemos que o ponto A foi obtido por uma translação, aplicada ao ponte P, de k unidades no sentido negativo do eixo dos y e o ponto B por uma translação de P, de k unidades no sentido positivo do eixo dos y.

Considere as funções f e g sobre $\mathbb{R}$ tais que g(x) = f(x) + k, $k \in \mathbb{R}_+^*$.

$y = f(x) \Rightarrow (x, y) \in f$ e $g(x) = f(x) + k \Rightarrow g(x) = y + k \Rightarrow (x, y + k) \in g$

$(x, y) \in f$ e $(x, y + k) \in g \Rightarrow$ para cada x, a imagem na g está k unidades acima da imagem na f. Então, se g(x) = f(x) + k, para obter o gráfico de g, basta fazermos uma translação vertical, do gráfico de f, k unidades no sentido positivo do eixo dos y.

Da mesma forma, para fazermos o gráfico de g(x) = f(x) − k, fazemos uma translação vertical, do gráfico de f, k unidades no sentido negativo do eixo dos y.

Exemplo: Observe os gráficos de f(x) e g(x), nos casos:

a) g(x) = f(x) + 3

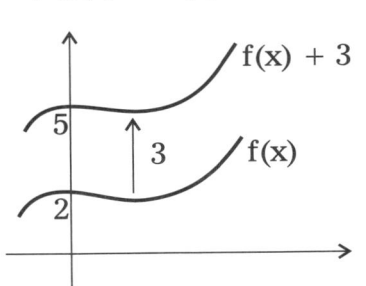

b) g(x) = f(x) − 2

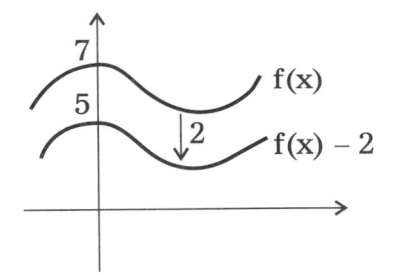

c) g(x) = f(x) + 4

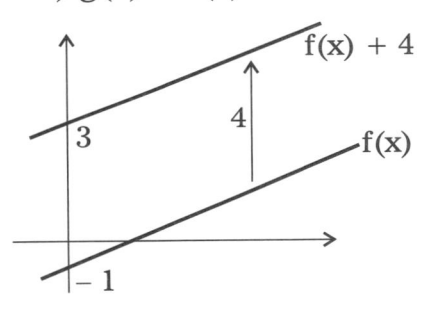

Simetria em relação ao eixo das abscissas (eixo dos x)

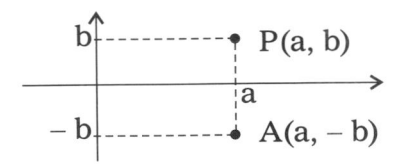

Note que os pontos P(a, b) e A(a, −b) são, um o simétrico do outro, em relação ao eixo das abscissas.

Resp: **171** a) $f(x) = 0 \Leftrightarrow x = 5$
  $f(x) < 0 \Leftrightarrow x < 5$
  $f(x) > 0 \Leftrightarrow x > 5$

b) $f(x) = 0 \Leftrightarrow x = -9$
  $f(x) < 0 \Leftrightarrow x > -9$
  $f(x) > 0 \Leftrightarrow x < -9$

c) $y = 0 \Leftrightarrow x = 2 \lor x = 8$
  $y < 0 \Leftrightarrow 2 < x < 8$
  $y > 0 \Leftrightarrow x < 2 \lor x > 8$

d) $y = 0 \Leftrightarrow x = -8 \lor x = -2$
  $y < 0 \Leftrightarrow x \ -8 \lor x > -2$
  $y > 0 \Leftrightarrow -8 < x < -2$

e) $y = 0 \Leftrightarrow x = 1 \lor x = 13$
  $y < 0 \Leftrightarrow x \ 1 \lor x > 13$
  $y > 0 \Leftrightarrow 1 < x < 13$

f) $y = 0 \Leftrightarrow x = -8 \lor x = 6$
  $y < 0 \Leftrightarrow x \ -8 \lor x > 6$
  $y > 0 \Leftrightarrow -8 < x < 6$

g) $y = 0 \Leftrightarrow x = 4$
  $y > 0 \Leftrightarrow x \neq 4$

h) $y = 0 \Leftrightarrow x = -6$
  $y > 0 \Leftrightarrow x \neq -6$

i) $y = 0 \Leftrightarrow x = 5$
  $y > 0 \Leftrightarrow x \neq 5$

j) $y > 0, \forall x \in \mathbb{R}$
  $\forall$ = qualquer que seja

k) $y > 0, \forall x \in \mathbb{R}$

l) $y > 0, \forall x \in \mathbb{R}$

172 a) $y = 0 \Leftrightarrow x = -21 \lor x = 5 \lor x = 25$
  $y < 0 \Leftrightarrow x < -21 \lor 5 < x < 25$
  $y > 0 \Leftrightarrow -21 < x < 5 \lor x > 25$

b) $y = 0 \Leftrightarrow x = -9 \lor x = 0 \lor x = 12$
  $y < 0 \Leftrightarrow -9 < x < 0 \lor x > 12$
  $y > 0 \Leftrightarrow x < 9 \lor 0 < x < 12$

Considere as funções **f** e **g** sobre $\mathbb{R}$ tais que $g(x) = -f(x)$.

$$y = g(x) = -f(x) \Rightarrow \begin{cases} y = g(x) \Rightarrow (x, y) \in g \\ y = -f(x) \Rightarrow f(x) = -y \Rightarrow (x, -y) \in f \end{cases}$$

Como (x, y) e $(x, -y)$ são simétricos, um do outro, em relação ao eixo das abscissas, dado o gráfico de f, para obter o gráfico de g, basta pegar os simétricos dos pontos do gráfico de f em relação ao eixo das abscissas.

Exemplo: Observe o gráfico de $f(x)$ e $g(x) = -f(x)$, nos casos:

a) $g(x) = -f(x)$

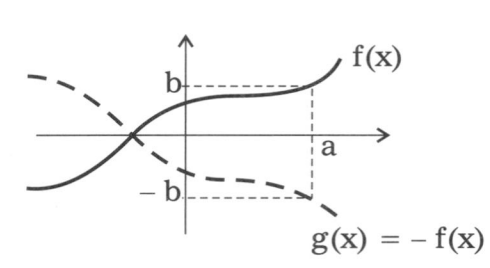

b) $g(x) = -f(x)$

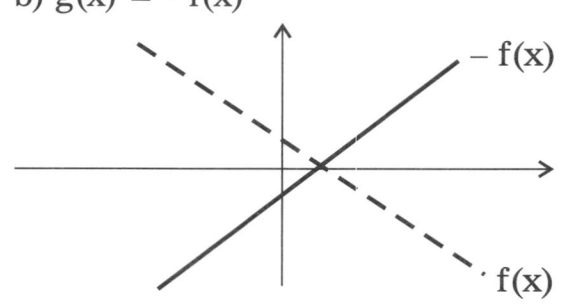

Simetria em relação ao eixo das ordenadas (eixo dos y)

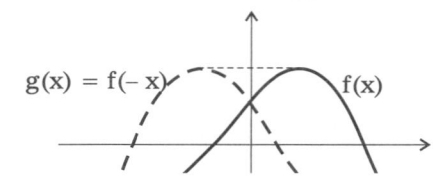

Note que os pontos $P(a, b)$ e $A(-a, b)$ são, um o simétrico do outro, em relação ao eixo das ordenadas.

Considere as funções f e g sobre $\mathbb{R}$ tais que $g(x) = f(-x)$.

$$y = g(x) = f(-x) \Rightarrow \begin{cases} y = g(x) \Rightarrow (x, y) \in g \\ y = f(-x) \Rightarrow (-x, y) \in f \end{cases}$$

Como (x, y) e $(-x, y)$ são simétricos, um do outro, em relação ao eixo das ordenadas, dado o gráfico de f, para obter o gráfico de g, basta pegar os simétricos dos pontos de f em relação ao eixo das ordenadas.

Exemplo: Observe os gráficos de $f(x)$ e $g(x) = f(-x)$, nos casos:

a) $g(x) = f(-x)$

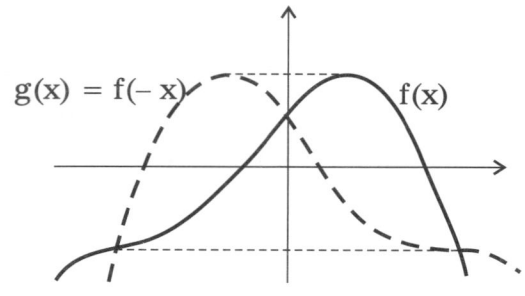

b) $g(x) = f(-x)$

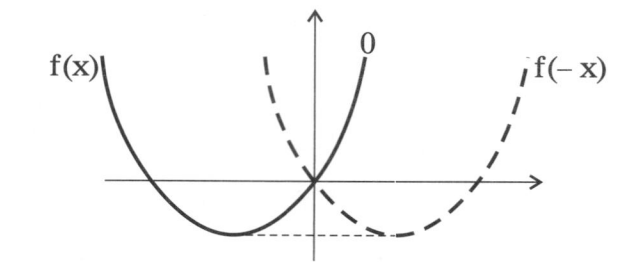

Simetria em relação a origem do sistema

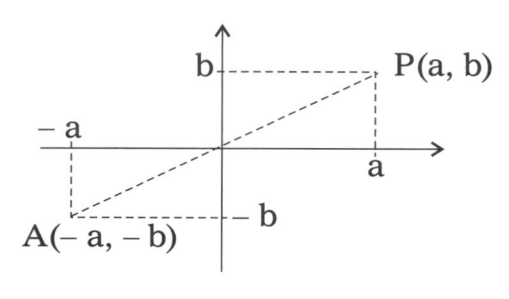

Note que os pontos $P(a, b)$ e $A(-a, -b)$ são simétricos, um do outro, em relação à origem do sistema de coordenadas.

Dizemos também que o ponto A foi obtido fazendo uma rotação de 180° do ponto P, com centro de rotação na origem do sistema (meio giro).

Fazendo a simetria de P em relação a um eixo e a simetria da imagem obtida em relação ao outro, também chegamos ao ponto A.

112

Considere as funções f e g sobre $\mathbb{R}$ tais que $g(x) = -f(-x)$.

$$y = g(x) = -f(-x) \Rightarrow \begin{cases} y = g(x) \Rightarrow (x,y) \in g \\ y = -f(-x) \Rightarrow f(-x) = -y \Rightarrow (-x,-y) \in f \end{cases}$$

Como (x, y) e $(-x, -y)$ são simétricos um do outro em relação à origem, dado gráfico de f, para obter o gráfico de g, basta pegar os simétricos dos pontos de f em relação à origem.

Exemplo: Observe os gráficos de $f(x)$ e $g(x) = -f(-x)$, nos casos:

a) $g(x) = -f(-x)$

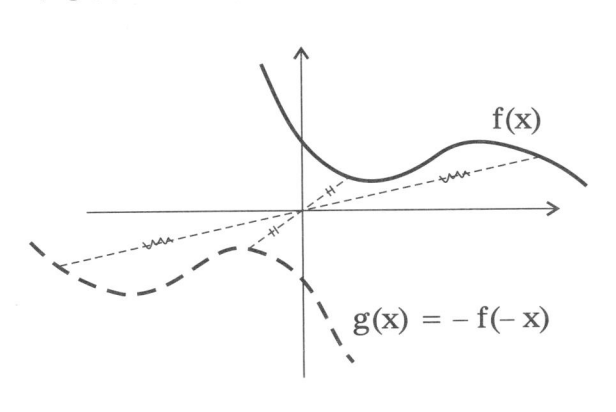

b) $g(x) = -f(-x)$

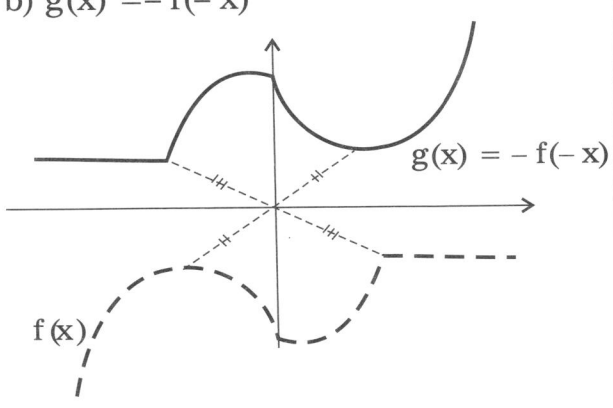

Translação horizontal

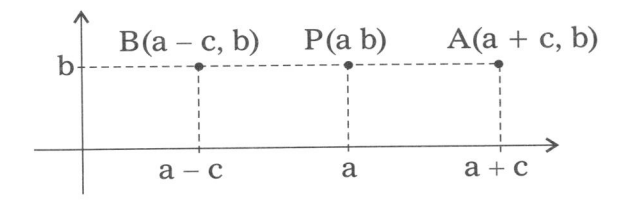

Dado o ponto $P(a, b)$ e o número real c positivo, note que $A(a + c, b)$ é o ponto que se obtém quando é feita uma translação horizontal de **c** unidades do ponto $P(a, b)$ no sentido positivo do eixo das abscissas, e que o ponto B uma translação no sentido negativo.

Considere as funções f e g sobre $\mathbb{R}$ tais que $g(x) = f(x + k)$, com $k \in \mathbb{R}_+^*$.

$$y = g(x) = f(x + k) \Rightarrow \begin{cases} y = g(x) \Rightarrow (x,y) \in g \\ y = f(x+k) \Rightarrow (x+k,y) \in f \end{cases}$$

Como (x, y) de g está k unidades à esquerda de $(x + k, y)$ de f, dado o gráfico de $f(x)$, para obter o gráfico de $g(x) = f(x + k)$, basta fazer uma translação do gráfico de $f(x)$ k unidades para a esquerda e para obter o de $g(x) = f(x - k)$, basta fazer uma translação do gráfico de $f(x)$ k unidades para a direita.

Exemplo: Observas os gráficos de $f(x)$ e de $g(x) = f(x + 5)$ e de $h(x) = f(x - 3)$

a) $g(x) = f(x + 5)$

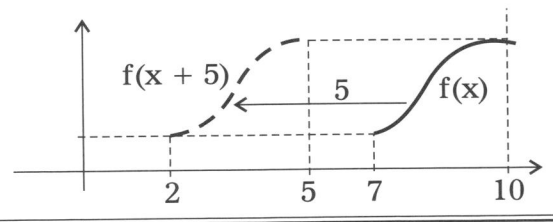

b) $h(x) = f(x - 3)$

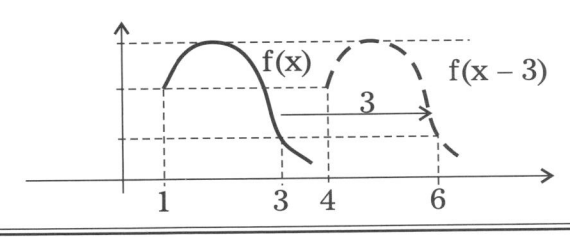

Resp: **173** a) $P(x) = 0 \Leftrightarrow x = 2 \vee x = 9$ b) $P(x) = 0 \Leftrightarrow x = -7 \vee x = -3 \vee x = 2$ **174** a) $E(x) = 0 \Leftrightarrow x = -6, -3, 6, 15$
$P(x) < 0 \Leftrightarrow x < 2 \vee x > 9$ $P(x) < 0 \Leftrightarrow x < -7 \vee -3 < x < 2$ $E(x) < 0 \Leftrightarrow x < -6 \vee -3 < x < 2 \vee 6 < x < 12 \vee x > 15$
$P(x) > 0 \Leftrightarrow 2 < x < 9$ $P(x) > 0 \Leftrightarrow -7 < x < -3 \vee x > 2$ $E(x) > 0 \Leftrightarrow -6 < x < -3 \vee 2 < x < 6 \vee 12 < x < 15$

175 Considere que f e g sejam função definidas sobre $\mathbb{R}$. Dado o gráfico de f, esboçar o gráfico de g, nos casos:

a) $g(x) = f(x) + 2$

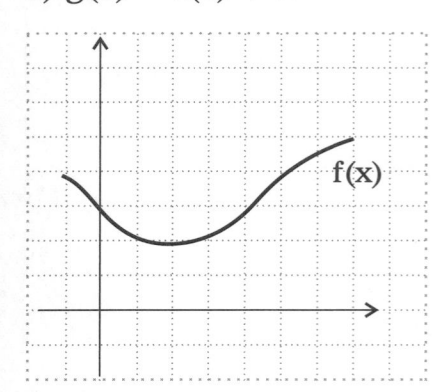

b) $g(x) = f(x) - 3$

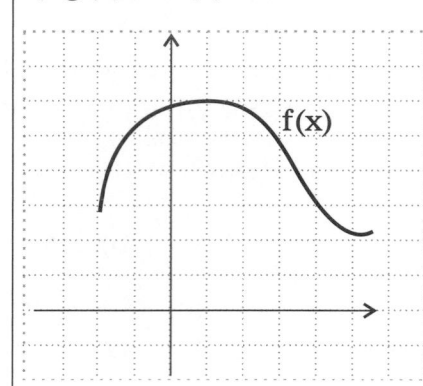

c) $g(x) = f(x) + 3$

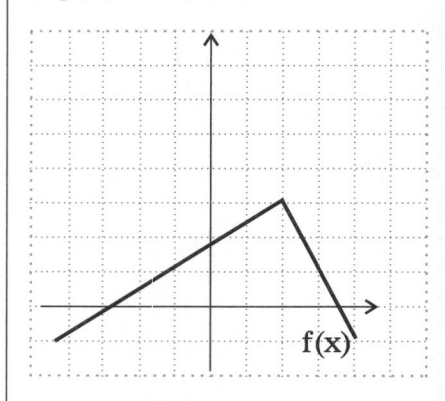

d) $g(x) = -f(x)$

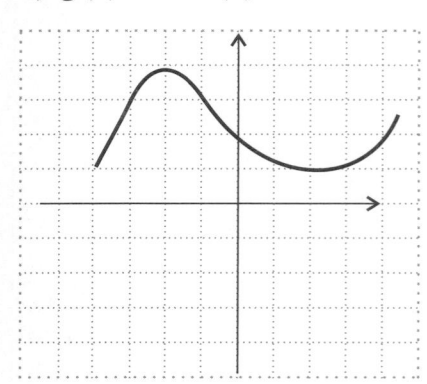

e) $g(x) = -f(x)$

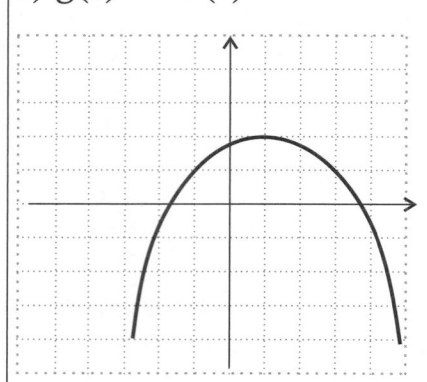

f) $g(x) = -f(x)$

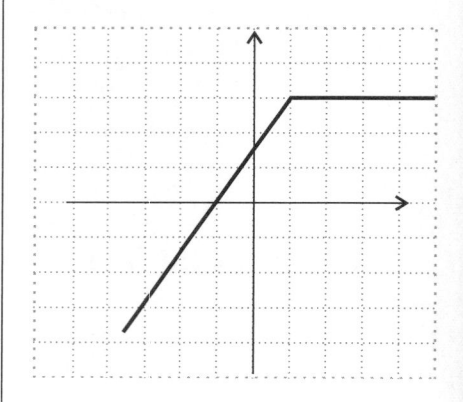

g) $g(x) = f(-x)$

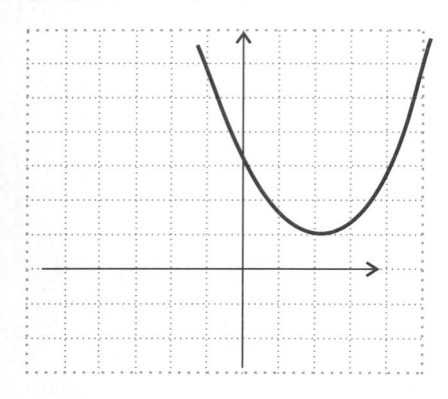

h) $g(x) = f(-x)$

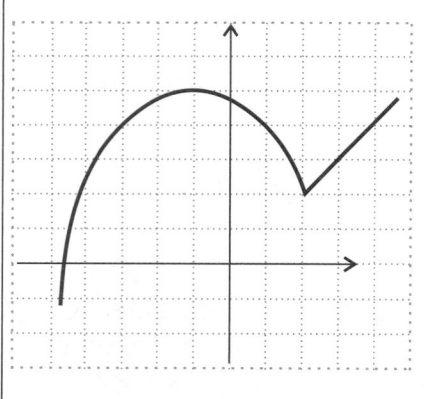

i) $g(x) = f(-x)$

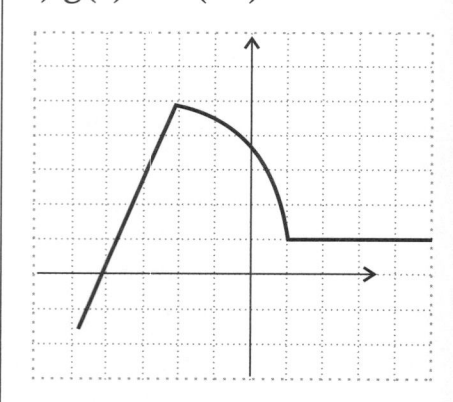

j) $g(x) = -f(-x)$

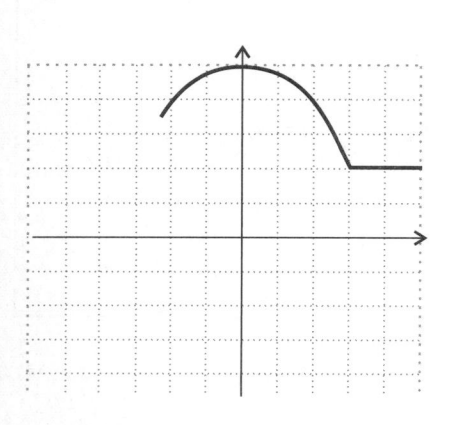

k) $g(x) = -f(-x)$

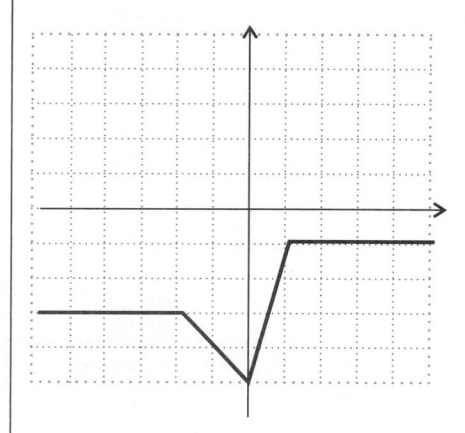

l) $g(x) = -f(-x)$

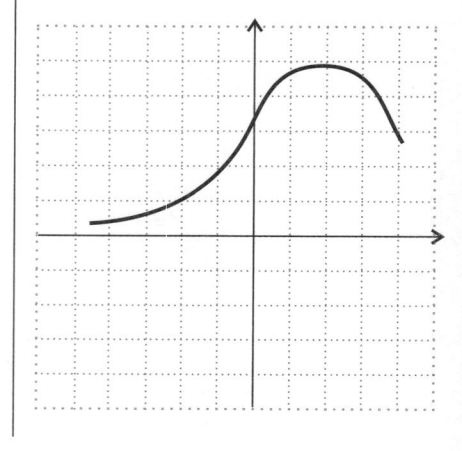

176 Sejam f e g funções definidas sobre $\mathbb{R}$. Dado o gráfico de F, esboçar o gráfico de g, nos casos:

a) $g(x) = f(x - 3)$

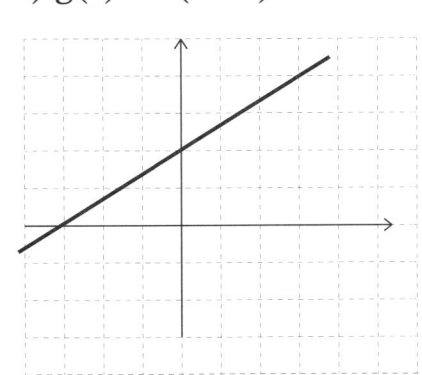

b) $g(x) = f(x + 4)$

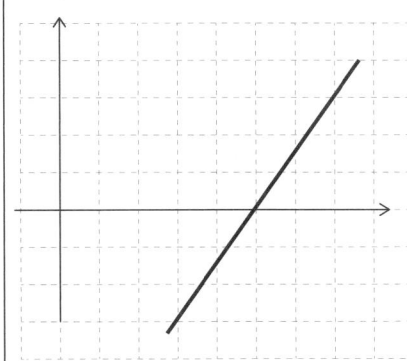

c) $g(x) = f(x + 3)$

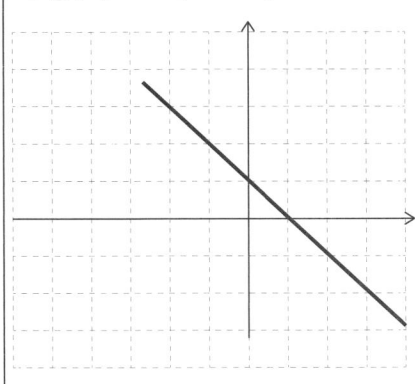

d) $g(x) = f(x - 2)$

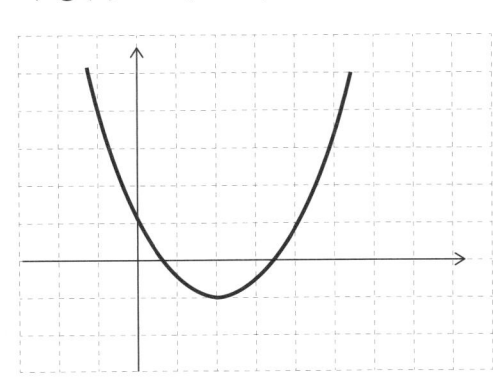

e) $g(x) = f(x + 4)$

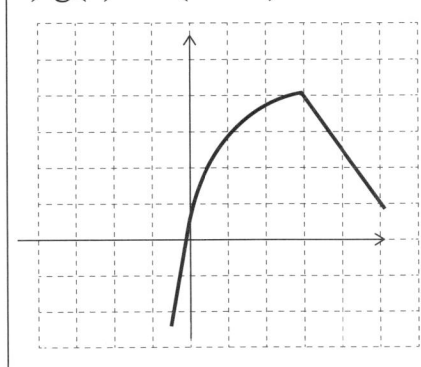

f) $g(x) = f(x - 1)$

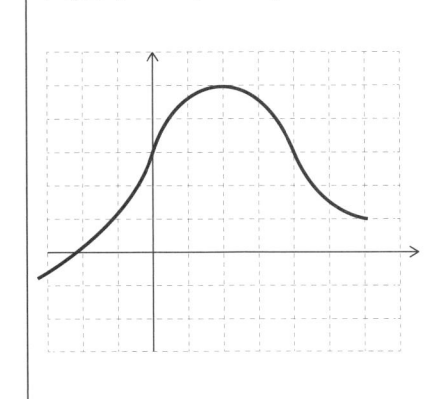

177 Dada a função $f : \mathbb{R} \longrightarrow \mathbb{R}$, graficamente, esboçar o gráfico do que se pede, nos casos;

a) $f(x); -f(x); -f(-x); f(x+3); f(x) + 3$

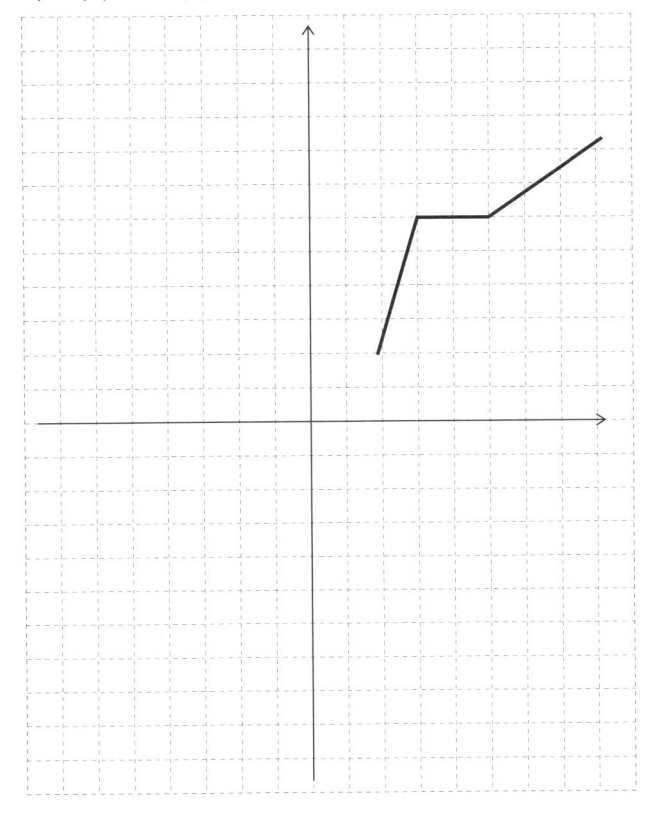

b) $-f(x); f(-x); -f(-x); f(x-3), f(x) - 7$

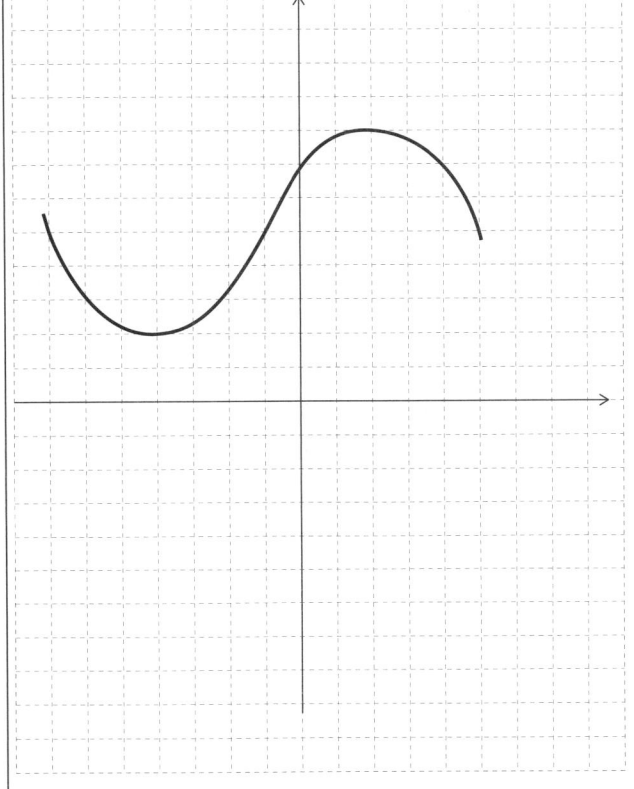

178 Dado o gráfico da função f, definida sobre $\mathbb{R}$, esboçar os gráficos das seguintes funções: f(x) + 3; f(x) − 3; − f(x); f(− x); − f(− x); f (x − 5); f (x + 11); − f (x) − 2; − f (− x) − 3; − f(x + 11) − 5; − f (x + 11) + 4

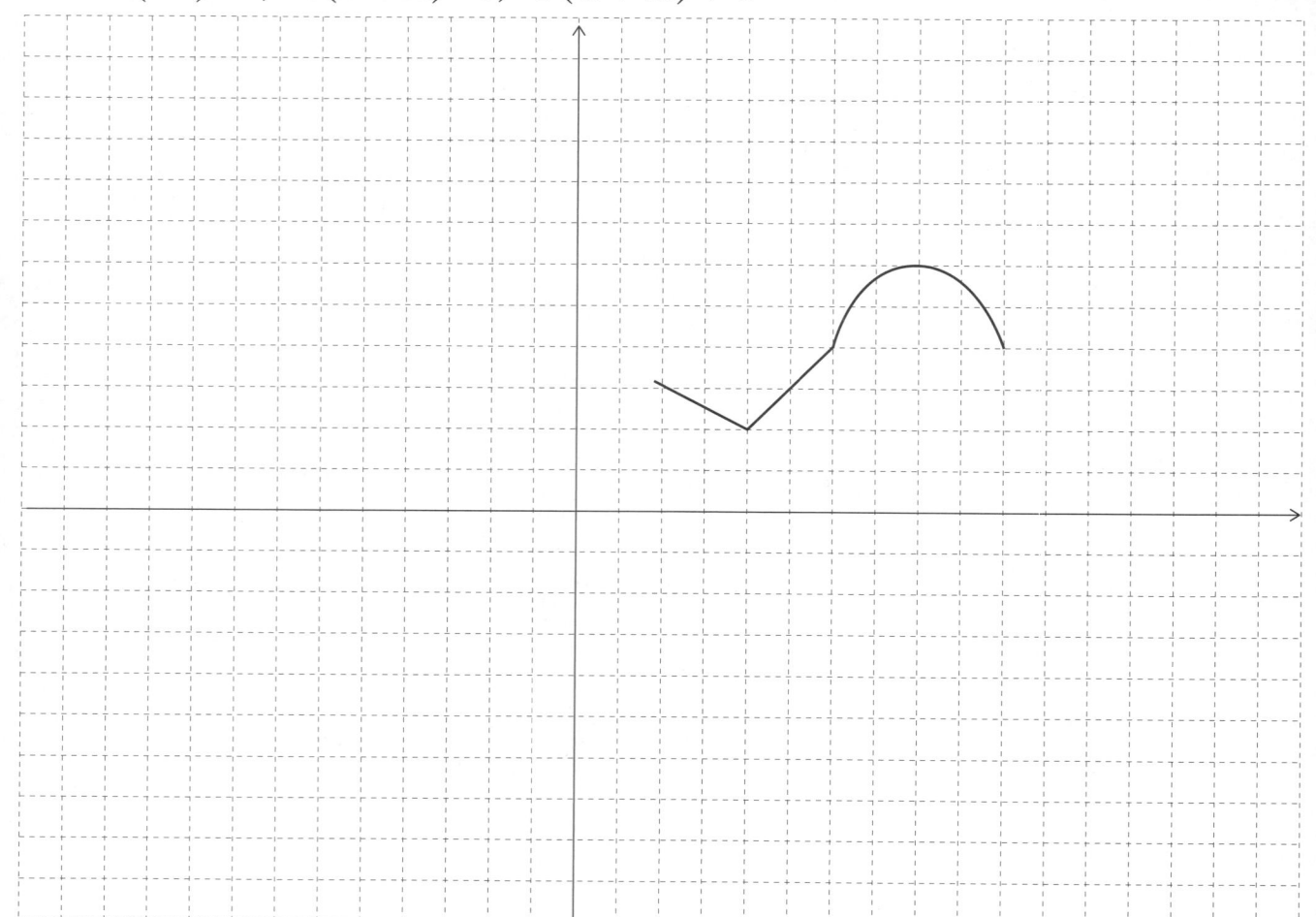

Função crescente e função decrescente

1) Função crescente: Seja f uma função de domínio D com y = f(x) e A um subconjunto de D. Dizemos que y = f(x) é crescente em A, se e somente se, para todo x_1 e x_2 de A, tivermos: $x_1 < x_2 \iff f(x_1) < f(x_2)$

Se esta condição for satisfeita para todo x_1 e x_2 do domínio D, dizemos que f é crescente em todo o seu domínio, ou apenas que f é função crescente.

2) Função decrescente: Seja f uma função de dominio D com y = f(x) e A um subconjunto de D. Dizemos que y = f(x) é decrescente em A, se e somente se, para todo x_1 e x_2 de A, tivermos: $x_1 < x_2 \iff f(x_1) > f(x_2)$

Se esta condição for satisfeita para todo x_1 e x_2 do domínio D, dizemos que f é decrescente em todo o seu domínio, ou apenas que f é função decrescente.

Sendo f uma função definida em A = [a, b] contido no seu domínio, observe:

a) f é crescente em A = [a, b]

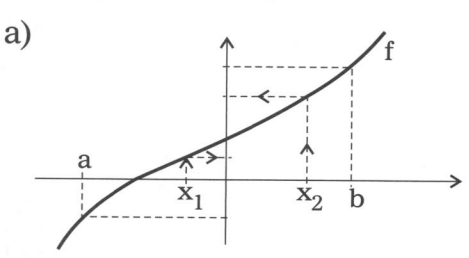

b) f é decrescente em A = [a, b]

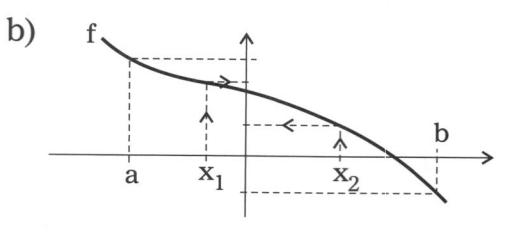

Exemplo: Dada a função f: $\mathbb{R} \to \mathbb{R}$, dada pelo seu gráfico cartesiano, determinar os intervalos nos quais ela é crescente e os intervalos nos quais ela é decrescente.

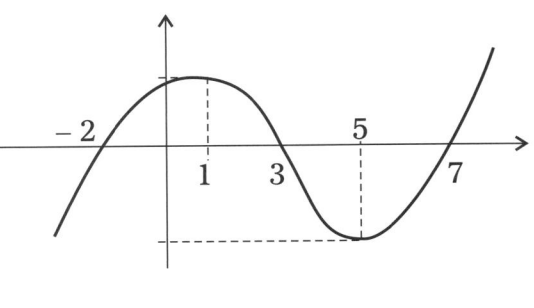

É crescente no conjunto $\{x \in \mathbb{R} \mid x \leq 1\}$ (ou no intervalo $]-\infty, 1]$).

É crescente no conjunto $\{x \in \mathbb{R} \mid x \geq 5\}$ (ou é crescente no intervalo $[5, +\infty[$.

É decrescente no conjunto $\{x \in \mathbb{R} \mid 1 \leq x \leq 5\}$.

Considere o conjunto $A = \{x \in \mathbb{R} \mid x \leq 1 \lor x \geq 5\}$. Note que f **não é crescente** em A pois -1 e 6 estão em A e $-1 < 6$ e $f(-1) > f(6)$.

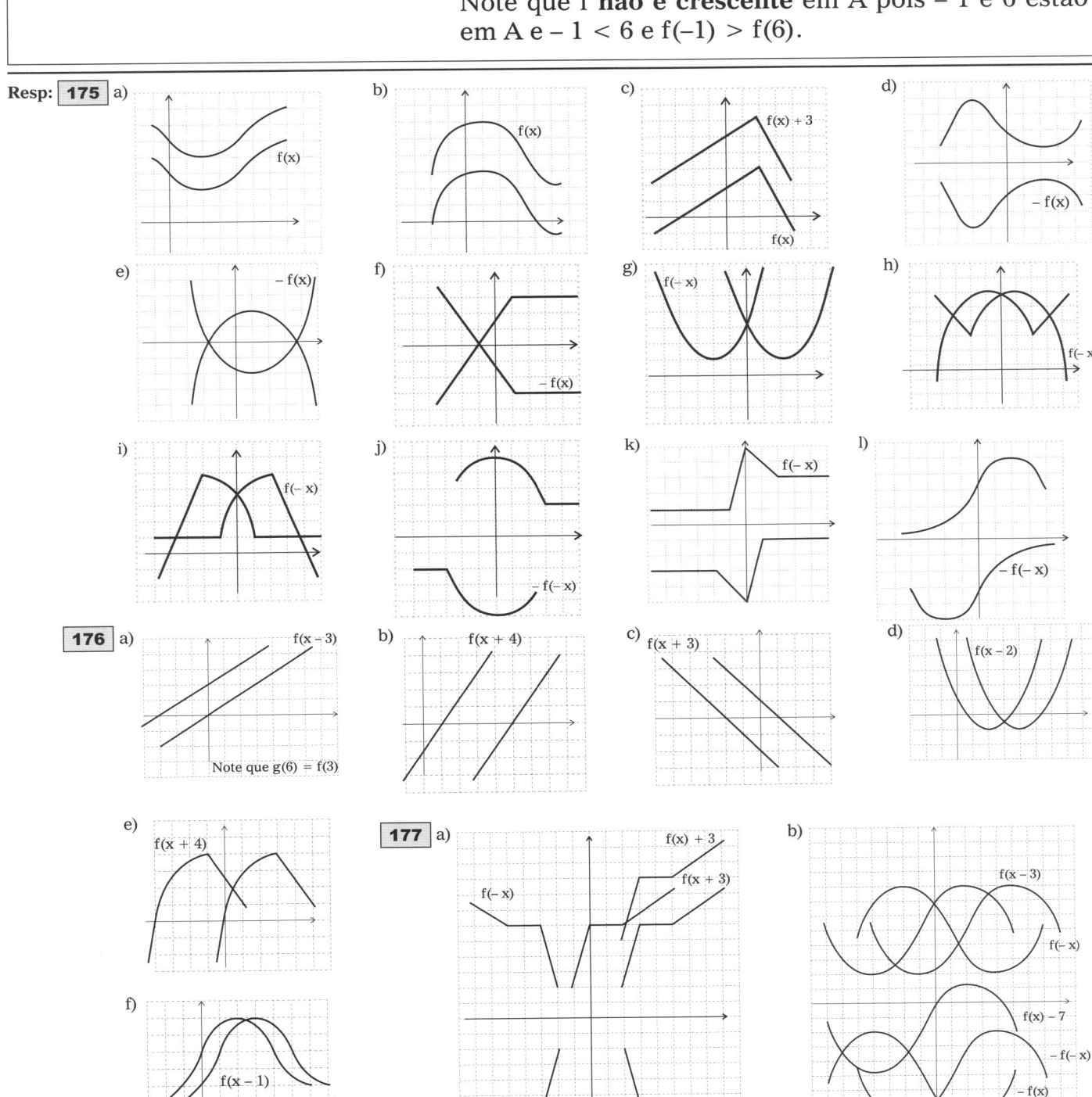

Resp: **175** a) b) c) d) e) f) g) h) i) j) k) l)

176 a) b) c) d) e) f)

177 a) b)

117

179 Considere a função y = f(x) de domínio D, dada pelo seu gráfico. Determinar os intervalos nas quais ela é crescente e os intervalos nas quais ela é decrescente, nos casos:

a) $D = \mathbb{R}$

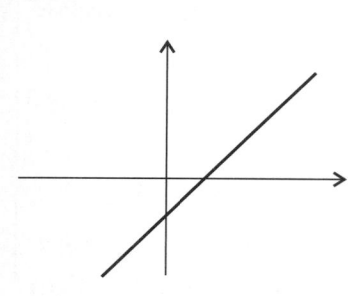

b) $D = \mathbb{R}$

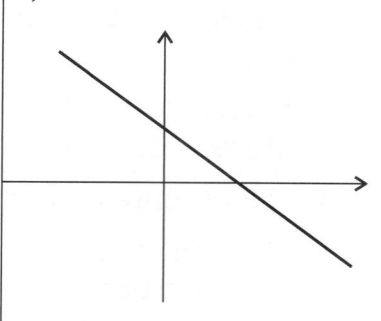

c) $D = \mathbb{R}$

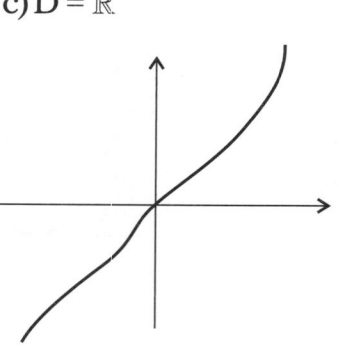

d) $D = \mathbb{R}$

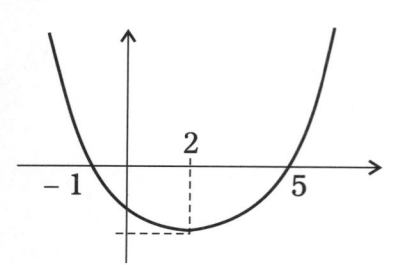

e) $D = \mathbb{R}$

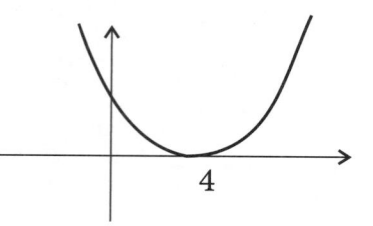

f) $D = \mathbb{R}$

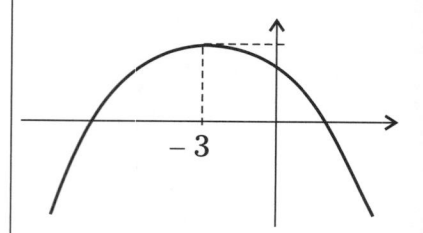

g) $D = \mathbb{R}$

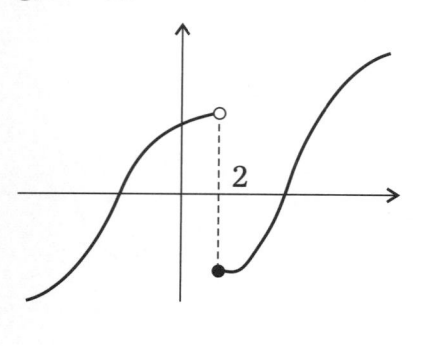

h) $D = \left]-\dfrac{\pi}{2}, \dfrac{3\pi}{2}\right[- \left\{\dfrac{\pi}{2}\right\}$

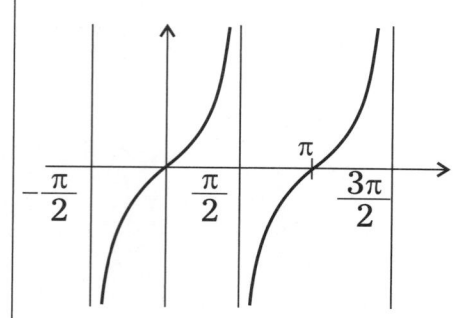

i) $D = \left]-\pi, \pi\right[- \{0\}$

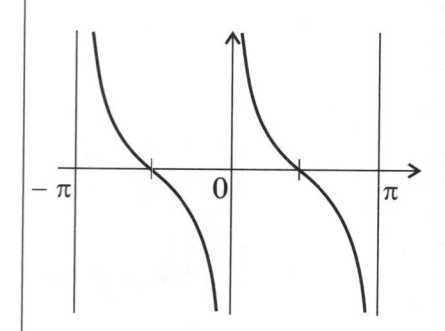

j) $D = \mathbb{R}$

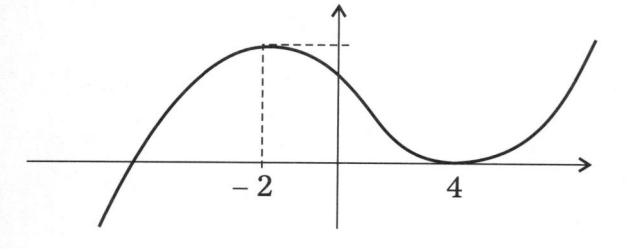

k) $D = \mathbb{R}$

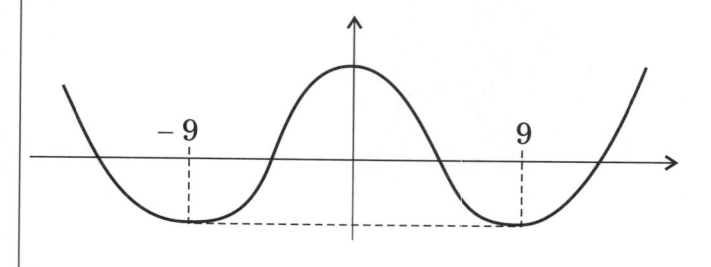

Algumas funções elementares

(I) Função constante

A função f: $\mathbb{R} \to \mathbb{R}$ que faz corresponder a todo número real x um mesmo número real c, é chamada função constante.

$$f: \mathbb{R} \to \mathbb{R} \text{ tal que } f(x) = c, c \in \mathbb{R}$$

Exemplos: 1) f(x) = 2   Os elementos de f são do tipo (x, 2), x $\in \mathbb{R}$

2) $f(x) = -3$, $f(x) = \frac{2}{3}$, $f(x) = \sqrt{2} + 3$, $f(x) = 0$

As funções do tipo f(x) = c, c $\neq$ 0 são chamadas funções polinomiais de grau zero.

O domínio da função constante f(x) = c é $\mathbb{R}$ e a imagem é I = {c}.

A função f(x) = 0 é função polinomial para a qual não se define o grau, pois não se define o grau de polinômio nulo.

O gráfico da função constante f(x) = c é uma reta horizontal que passa pelo ponto (0, c),(1, c),(– 5, c), etc. Observe:

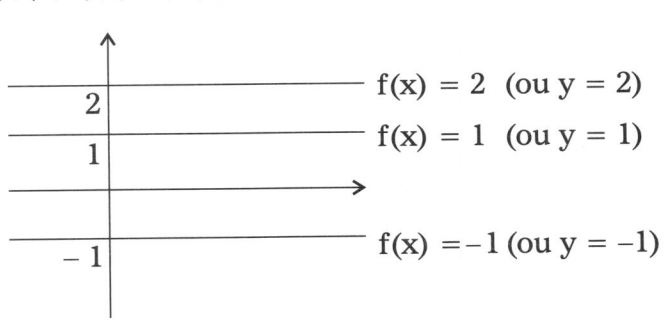

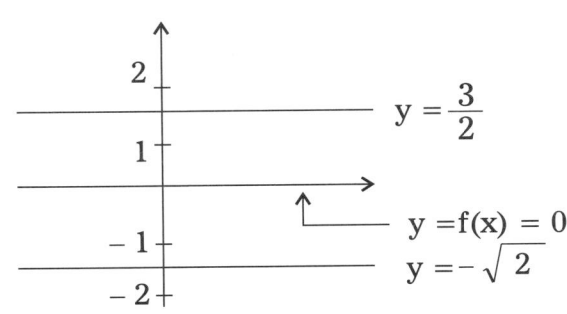

Sinal da função constante: O sinal da função f(x) = c é igual ao sinal de **c** para todo x real. Note que f(x) = 2 é positivo para todo x real, pois 2 é positivo para todo x.

Obs.: Dizemos que a reta horizontal que passa pela ponto (0,2) é o gráfico da função y = 2 ou gráfico da equação y = 2 ou gráfico da equação y – 2 = 0.

(II) Função identidade

A função f: $\mathbb{R} \to \mathbb{R}$ definida por y = f(x) = x é chamada função identidade.

O seu gráfico é a reta que contém as bissetrizes dos quadrantes ímpares.

A função y = x é uma função polinomial do 1º grau.

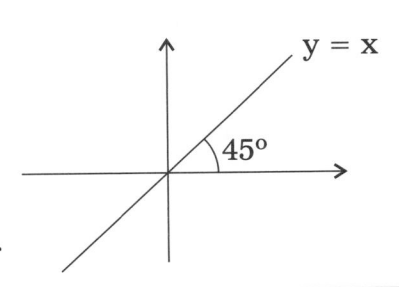

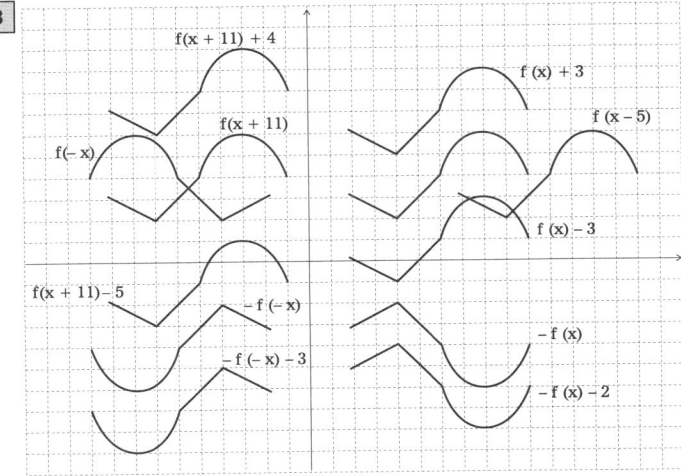

Resp: **178**

119

(III) Função linear

A função $f: \mathbb{R} \to \mathbb{R}$ definida por $f(x) = ax$ (ou $y = ax$) com **a** real e diferente de zero $(a \in \mathbb{R}^*)$ é chamada **função linear**.

Esta função $y = ax$, $a \neq 0$ é uma função polinomial do primeiro grau.

Exemplos: $y = 3x$; $f(x) = 9x$; $f(x) = \frac{1}{3}x$; $y = -5x$; $y = \sqrt{2}\,x$; $y = x$

Prova-se que os pontos do tipo (x, ax) estão todos sobre uma mesma reta.

Então o gráfico de uma função linear é uma reta.

Note que para $x = 0$ temos:

$y = ax \Rightarrow y = a \cdot (0) \Rightarrow y = 0 \Rightarrow (0,0)$ é elemento de todas as funções lineares. Então o gráfico de qualquer função linear e uma reta que passa pela origem (0,0) do sistema de coordenadas cartesiano.

Como dois pontos distintos determinam uma única reta, para obtermos o gráfico de uma função linear precisamos de mais um ponto, diferente de (0,0). Para isto basta atribuirmos um valor diferente de zero para x, determinarmos o outro ponto e traçarmos a reta, que será o gráfico da função linear.

Gráfico de $y = ax$ para $a > 0$

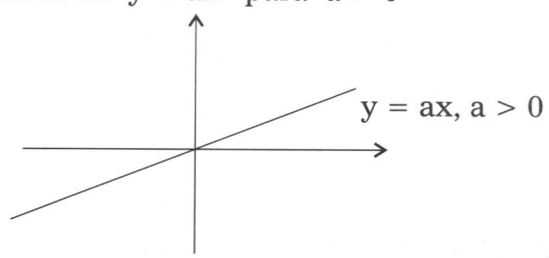

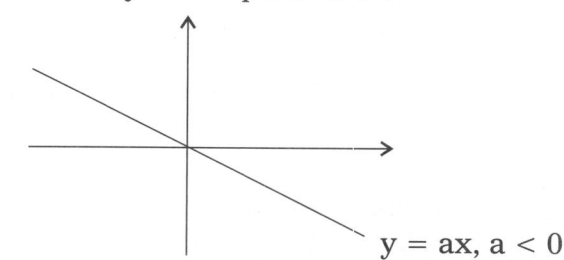

$y = ax, a > 0$

Esta função é crescente em $\mathbb{R}$

Gráfico de $y = ax$ para $a < 0$

$y = ax, a < 0$

Esta função é decrescente em $\mathbb{R}$

Exemplo: Esboçar o gráfico da função linear dada nos casos:

a) $f(x) = 2x$

$f(1) = 2(1) \Rightarrow f(1) = 2$

A reta passa pelos pontos $(0, 0)$ e $(1, 2)$

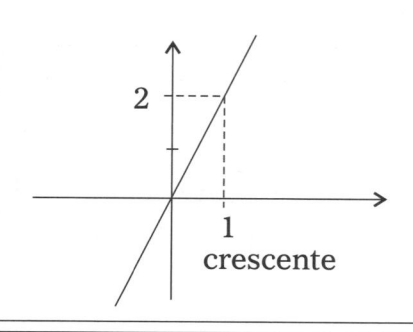

crescente

b) $f(x) = \frac{1}{2}x$

$f(4) = \frac{1}{2}(4) = 2 \Rightarrow f(4) = 2$

A reta passa pelos pontos $(0, 0)$ e $(4, 2)$

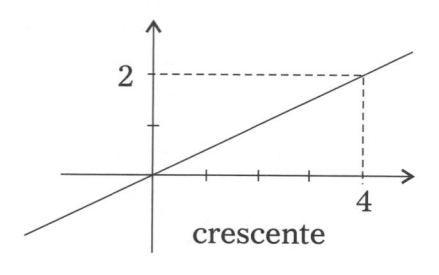

crescente

c) $f(x) = -2x$

$f(1) = -2(1) \Rightarrow f(2) = -2$

A reta passa pelos pontos $(0, 0)$ e $(1, -2)$

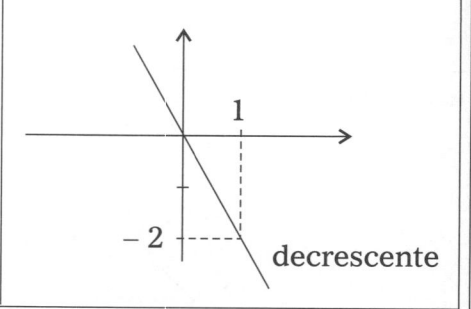

decrescente

(IV) Função afim

A função $f: \mathbb{R} \to \mathbb{R}$ definida por $f(x) = ax + b$ (ou $y = ax + b$) com **a** e **b** reais e **a** diferente de zero é chamada função afim.

Exemplo: $f(x) = 2x + 3$; $y = 5x - 2$, $f(x) = -6x + 4$; $y = \frac{1}{2}x + 7$; $y = 2x$; $y = -3x$.

Obs.: 1) A função afim (y = ax + b) é uma função polinomial do primeiro grau.

2) Note que qualquer função linear é também uma função afim.

3) Prova-se que o gráfico de uma função afim y = ax + b é uma reta.

4) Considerando a função afim y = ax + b, temos:

$y = 0 \Rightarrow 0 = ax + b \Rightarrow x = \dfrac{-b}{a} \Rightarrow \left(-\dfrac{b}{a}, 0\right)$ é elemento de f

$x = -\dfrac{b}{a}$ é chamada raiz da função y = ax + b

Então, para y = 0, obtemos a raiz de y = ax + b

$x = 0 \Rightarrow y = a(0) + b \Rightarrow y = b \Rightarrow (0, b)$ é elemento de f.

Os pontos $\left(-\dfrac{b}{a}, 0\right)$ e (0, b) são os interceptos da função y = ax + b.

Quando $b \neq 0$, os pontos $\left(-\dfrac{b}{a}, 0\right)$ e (0, b) são suficientes para determinar o gráfico de y = ax + b. Dois pontos distintos determinar uma reta.

5) y = ax + b é crescente para a > 0 e decrescente para a < 0.

Observe:

a) y = 2x + 4
$x = 0 \Rightarrow y = 2(0) + 4 = 4 \Rightarrow (0, 4)$
$y = 0 \Rightarrow 2x + 4 = 0 \Rightarrow x - 2 \Rightarrow (-2, 0)$
A reta passa pelos pontos (0,4) e (−2, 0).

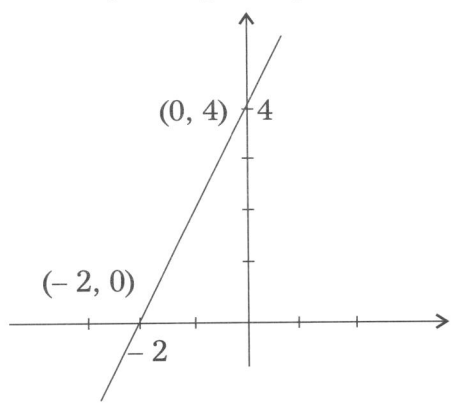

b) y = −3x + 3
$x = 0 \Rightarrow y = -3(0) + 3 = 3 \Rightarrow (0, 3)$
$y = 0 \Rightarrow 0 = -3x + 3 \Rightarrow x = 1 \Rightarrow (1, 0)$
A reta passa pelos ponto (0, 3) e (1, 0).

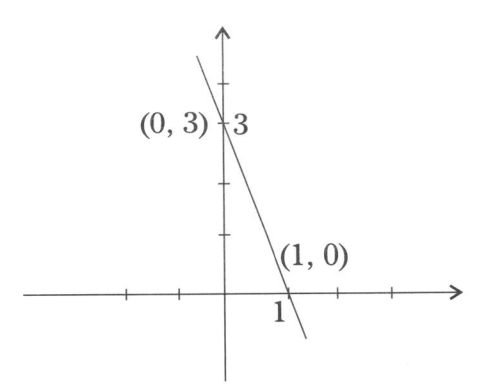

Note que: f(x) = 2x + 4 é crescente em $\mathbb{R}$
$f(x) > 0 \Leftrightarrow x > -2$
$f(x) < 0 \Leftrightarrow x < -2$

Note: que: f(x) = −3x + 3 é decrescente em $\mathbb{R}$
$f(x) > 0 \Leftrightarrow x < 1$
$f(x) < 0 \Leftrightarrow x > 1$

6) Na função y = f(x) = ax + b, **a** é chamado coeficente angular da função ou coeficiente angular da reta que é o seu gráfico e **b** é chamado coefiente linear da função.

Resp: 179 a) f é crescente em $\mathbb{R}$ b) f é crescente em $\mathbb{R}$ c) f é crescente em $\mathbb{R}$

d) f é decrescente em $]-\infty, 2]$; f é crescente em $[2, +\infty[$ e) f é decrescente em $]-\infty, 4]$; f é crescente em $[4, +\infty[$

f) f é crescente em $]-\infty, -3]$; f é decrescente em $[-3, +\infty[$

g) f é crescente em $]-\infty, 2[$; f é crescente em $[2, +\infty[$. Note que f não é crescente em $\mathbb{R}$

h) f é crescente em $\left]-\dfrac{\pi}{2}, \dfrac{\pi}{2}\right[$; f é crescente em $\left]\dfrac{\pi}{2}, \dfrac{3\pi}{2}\right[$ Note que f não é crescente em D

i) f é decrescente em $]-\pi, 0[$; f é decrescente em $]0, \pi[$ Note que f não é decrescente em D

j) f é crescente nos intervalos $]-\infty, -2]$ e $[4, +\infty[$ e é decrescente em $[-2, 4]$

k) f é crescente nos intervalos $[-9, 0]$ e $[9, +\infty[$ e é decrescente nos intervalos $]-\infty, -9]$ e $[0, 9]$

Variação do sinal da função afim

Dada a função $f: \mathbb{R} \to \mathbb{R}$, definida por $y = f(x)$, com $f(x) = ax + b$, $a \neq 0$, temos:

$f(x) = ax + b$, $a > 0 \Rightarrow f$ é crescente em $\mathbb{R}$ | $f(x) = ax + b$, $a < 0 \Rightarrow f$ é decrescente em $\mathbb{R}$

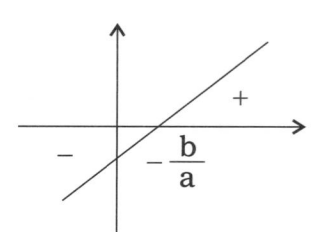

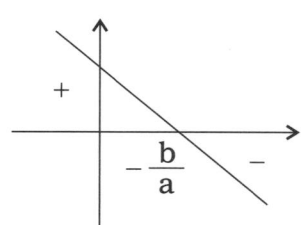

$a > 0$
$f(x) < 0 \Leftrightarrow x < \dfrac{-b}{a}$
$f(x) = 0 \Leftrightarrow x = \dfrac{-b}{a}$
$f(x) > 0 \Leftrightarrow x > \dfrac{-b}{a}$

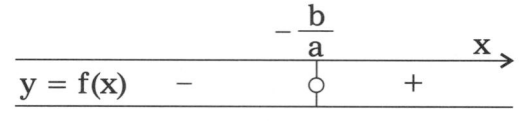

$a < 0$
$f(x) < 0 \Leftrightarrow x < -\dfrac{b}{a}$
$f(x) = 0 \Leftrightarrow x = -\dfrac{b}{a}$
$f(x) > 0 \Leftrightarrow x > -\dfrac{b}{a}$

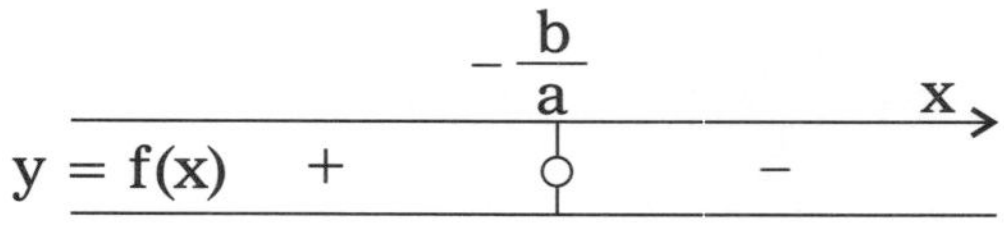

Note que nos dois casos, à direita da raiz $-\dfrac{b}{a}$, $f(x)$ tem o mesmo sinal de a e que à esquerda da raiz $-\dfrac{b}{a}$, $f(x)$ tem o sinal contrário de **a**.

Resumo dos dois casos:

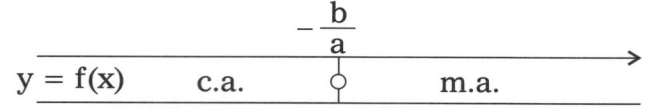

$y = f(x)$ c.a. $-\dfrac{b}{a}$ m.a.

Exemplo 1: Dada a função linear $f(x) = ax$, determinando um par diferente de $(0, 0)$, mentalmente, esboçar o gráfico de f, nos casos:

a) $y = 3x$

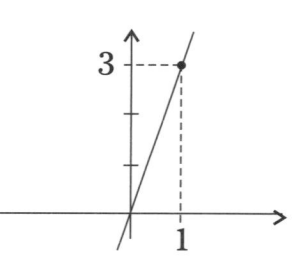

$a = 3 > 0 \Rightarrow f$ é crescente

b) $y = \dfrac{1}{4}x$

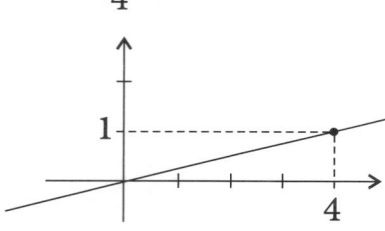

$a = \dfrac{1}{4} > 0 \Rightarrow f$ é crescente

c) $y = -\dfrac{1}{2}x$

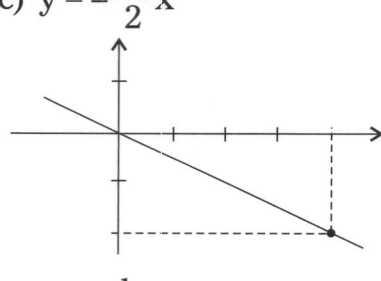

$a = -\dfrac{1}{2} < 0 \Rightarrow f$ é decrescente

Exemplo 2: Dado um par diferente de $(0,0)$ que pertence a uma função linear f definida por $y = ax$, determine esta equação nos casos:

a) $y = ax$ e $(2, 6) \in f$
$6 = a \cdot 2 \Rightarrow a = 3 \Rightarrow$
$\boxed{y = 3x}$

b) $y = ax$ e $(-3, 15) \in f$
$15 = a(-3) \Rightarrow a = -5 \Rightarrow$
$\boxed{y = -5x}$

c) $y = ax$ e $(\sqrt{6}, 12) \in f$
$12 = a(\sqrt{6}) \Rightarrow a = \dfrac{12}{\sqrt{6}} \Rightarrow$
$a = 2\sqrt{6} \Rightarrow \boxed{y = 2\sqrt{6}\, a}$

Exemplo 3: Dada uma função afim $f(x) = ax + b$, com $b \neq 0$, determinando mentalmente um par de f, diferente de $(0, b)$, esboçar o gráfico de $y = f(x)$, nos casos:

a) $y = 2x + 1$
$(0, 1) \in f$
$(1, 3) \in f$

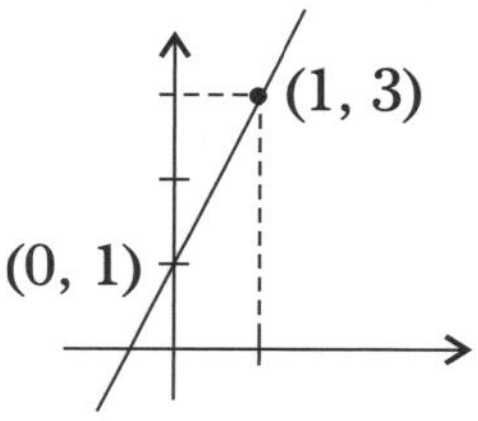

b) $y = -\dfrac{2}{3}x + 3$
$(0, 3) \in f$
$(3, 1) \in f$

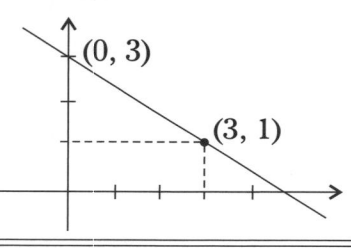

Exemplo 4: Dada a função afim f(x) = ax + b, determinar a raiz de f, nos casos:

a) y = 7x + 21
y = 0 ⇒ 7x + 21 = 0 ⇒
⇒ $\boxed{x = -3}$
Note que $(-3, 0) \in f$

b) y = -3x + 12
y = 0 ⇒ -3x + 12 = 0 ⇒
⇒ $\boxed{x = 4}$
Note que $(4, 0) \in f$

c) $y = -\frac{3}{2}x + 9$
$y = 0 \Rightarrow -\frac{3}{2}x + 9 = 0 \Rightarrow$
$-3x + 18 = 0 \Rightarrow \boxed{x = 6}$
Note que $(6, 0) \in f$

Exemplo 5: Dada a função afim y = ax + b, determinar os seus interceptos, nos casos:

a) y = 4x – 20
x = 0 ⇒ y = -20 ⇒ (0, -20)
y = 0 ⇒ 4x – 20 = 0 ⇒ x = 5 ⇒ (5, 0)
(0, -20) e (5, 0)

b) $y = -\frac{3}{5}x + 7$
x = 0 ⇒ y = 7 ⇒ (0, 7)
$y = 0 \Rightarrow -\frac{3}{5}x + 7 = 0 \Rightarrow -3x + 35 = 0 \Rightarrow$
$x = \frac{35}{3} \Rightarrow \left(\frac{35}{3}, 0\right) \Rightarrow (0, 7)$ e $\left(\frac{35}{3}, 0\right)$

Exemplo 6: Dados dois pares distintos da função f(x) = ax + b, determinar a equação que define f, nos casos:

a) $(2, 3) \in f$ e $(-1, -3) \in f$
y = ax + b ⇒
$\begin{cases} 3 = a(2) + b \\ -3 = a(-1) + b \end{cases} \Rightarrow \begin{cases} 3 = 2a + b \\ 3 = a - b \end{cases} \Rightarrow$
$6 = 3a \Rightarrow \boxed{a = 2} \Rightarrow 3 = 2 - b \Rightarrow \boxed{b = -1} \Rightarrow$
y = 2x – 1 ou f(x) = 2x – 1

b) $(-2, 1) \in f$ e $(4, -5) \in f$
y = ax + b ⇒
$\begin{cases} 1 = a(-2) + b \\ -5 = a(4) + b \end{cases} \Rightarrow \begin{cases} -1 = 2a - b \\ -5 = 4a + b \end{cases} \Rightarrow$
$-6 = 6a \Rightarrow a = -1 \Rightarrow -5 = 4(-1) + b \Rightarrow$
b = -1 ⇒
y = -1x – 1 ou f(x) = -x – 1

Exemplo 7: Fazer sem esboçar o gráfico, usando apenas o dispositivo dado ao lado, o estudo da variação do sinal da função afim dada, nos casos:

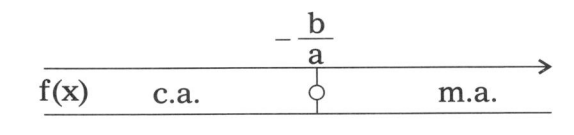

```
                    -b/a
─────────────────────○──────────────→
f(x)      c.a.              m.a.
```

a) f(x) = 2x – 14. Note que a = 2 > 0
Cálculo da raiz de f(x)
y = 0 ⇒ 2x – 14 = 0 ⇒ x = 7

```
                7
─────────────────○──────────────→
f(x)   –                 +
```

f(x) = 0 ⇔ x = 7
f(x) < 0 ⇔ x < 7
f(x) > 0 ⇔ x > 7

b) y = -3x – 15. Note que a = -3 < 0
Cálculo da raiz de f(x)
y = 0 ⇒ -3x – 15 = 0 ⇒ x = -5

```
               -5
─────────────────○──────────────→
f(x)   +                 –
```

f(x) = 0 ⇔ x = -5
f(x) < 0 ⇔ x > -5
f(x) > 0 ⇔ x < -5

---

180 Dadas funções f(x) = 4, g(x) = 2x e h(x) = 2x – 8, definidas sobre ℝ, determinar, fazendo os cálculos mentalmente, as imagens pedidas:

a) f(2) =	b) g(2) =	c) h(1) =	d) h(4) =	e) g(-2) =
f) h(0) =	g) f(-3) =	h) g(0) =	i) h(8) =	j) f(-4) =
k) g(-7) =	l) $h\left(\frac{1}{2}\right) =$	m) $g\left(\frac{1}{2}\right) =$	n) h(-5) =	o) $h\left(\frac{3}{2}\right) =$

123

181 Dadas a função f: ℝ → ℝ, completar a tabela de modo que os pares obtidos sejam elementos de f, nos casos:

a) f(x) = 5

x	y
-2	
-1	
0	
7	

b) f(x) = -2x

x	y
-2	
-1	
2	
5	

c) $f(x) = \frac{1}{2}x$

x	y
-2	
-4	
0	
20	

d) f(x) = -2x + 3

x	y
-3	
-2	
7	
0	

e) f(x) = 7 - 4x

x	y
3	
1	
0	
-5	

182 Dada a função afim y = ax + b, determinar o par de f cuja imagem está dada, nos casos:

a) f(x) = 4x, y = 8

b) f(x) = 2x - 3, y = 7

c) f(x) = -2x + 4, y = 8

d) f(x) = 3x + 10, y = 4

e) $y = \frac{1}{2}x$, y = -3

f) y = 7x - 4, y = 1

g) y = -2x + 4, y = 3

h) y = 1 - 7x, y = 15

183 Dada a função linear y = ax, determinando mentalmente um par dela, diferente de (0, 0), esboçar o gráfico de f e dizer se ela é crescente ou decrescente, nos casos:

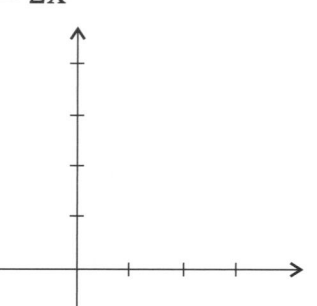

a) y = 2x

b) $y = -\frac{1}{4}x$

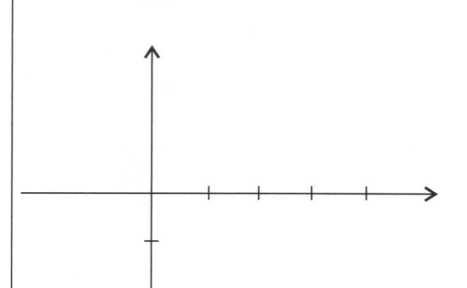

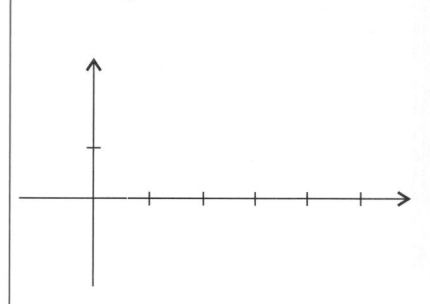

c) $y = \frac{1}{5}x$

184 Dado um par diferente do (0, 0) que pertence a uma função linear f definida por y = ax, determinar esta equação nos casos:

a) (3, 18) ∈ f, y = ax

b) (-2, 5) ∈ f, y = ax

c) (4, 3) ∈ f, y = ax

185 Dada uma função afim f(x) = ax + b, com b ≠ 0, determinando mentalmente um par de f, diferente de (0, b), esboçar o gráfico de y = f(x) e dizer se f é crescente ou decrescente, nos casos:

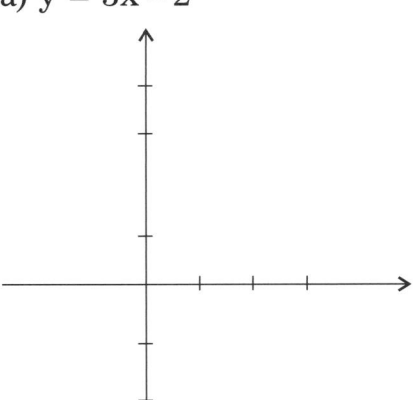

a) y = 3x − 2

b) y = −2x + 4

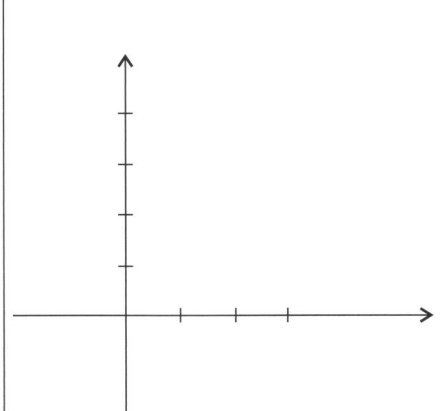

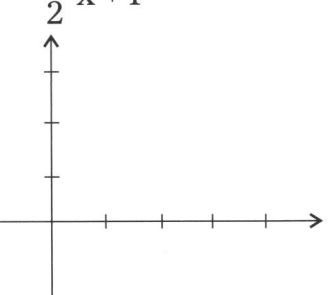

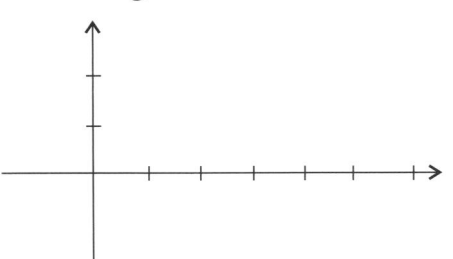

c) $y = \dfrac{1}{2}x + 1$

d) $y = -\dfrac{1}{3}x + 2$

186 Dada a função f(x) = ax + b, determinar o ponto de interseção de f com o eixo das ordenadas, nos casos:

a) f(x) = 3x + 11

b) y = −4x

c) $y = \dfrac{2}{3}x - 13$

d) $y = -20x - \dfrac{1}{2}$

e) $f(x) = \dfrac{2}{3}x + \dfrac{2}{5}$

f) $f(x) = \sqrt{3}\,x - 2\sqrt{2}$

g) f(x) = 9 − 13x

h) y = 2 − 3x

187 Dada a função afim f(x) = ax + b, determinar a raiz de f(x) e o ponto de intersecção de f com o eixo das abscissas, nos casos:

a) f(x) = 5x − 30

b) f(x) = 3x − 7

c) $y = \dfrac{2}{3}x - 4$

d) $y = \dfrac{7}{4}x$

e) $y = -\dfrac{3}{2}x - \dfrac{5}{3}$

f) $y = \dfrac{5}{6} - \dfrac{3}{4}x$

Resp: 180 a) 4   b) 4   c) −6   d) 0   e) −4   f) −8   g) 4   h) 0   i) 8   j) 4   k) −14   l) −7   m) 1   n) −18   o) −5

188 Dada a função afim y = ax + b, determinar os seus interceptos, nos casos:

a) y = − 5x + 40

b) y = 7x − 42

c) $y = \dfrac{2}{3} + \dfrac{3}{4}x$

d) $y = \dfrac{4}{21} - \dfrac{3}{14}x$

189 Dados dois pares distintos da função f(x) = ax + b, determinar a equação que a define, nos casos:

a) (3, − 1) e (− 3, − 19)

b) (4, − 8) e (− 2, 16)

c) $\left(2, \dfrac{8}{3}\right)$ e $\left(-4, \dfrac{-19}{3}\right)$

190 Analisando o coeficiente angular da função afim dada, dizer se ela é crescente ou decrescente nos casos:

a) y = 7x − 20

b) $y = -\dfrac{2}{3}x + 9$

c) y = 201x

d) y = 9 + 4x

e) y = 2 − 7x

f) y = − 20x + 1

126

191 Dado o gráfico cartesiano da função afim, determinar a equação que a define, nos casos:

a)

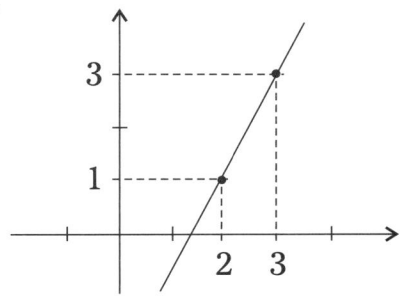

b)

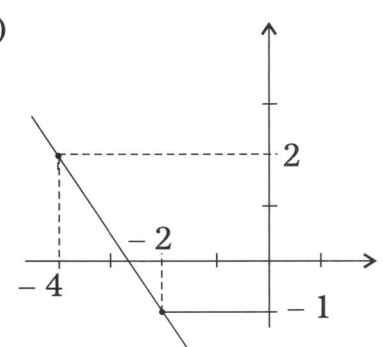

c)

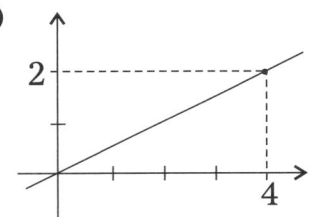

d)

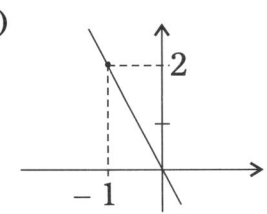

Resp: **181** De cima para baixo: a) 5; 5; 5; 5   b) 4; 2; –4; –10   c) –1; –2; 0; 10   d) 9; 7; –11; 3   e) –5; 3; 7; 27

182 a) (2, 8)   b) (5, 7)   c) (–2, 8)   d) (–2, 4)   e) (–6, –3)   f) $\left(\frac{5}{7}, 1\right)$ g) $\left(\frac{1}{2}, 3\right)$ h) (2, 15)

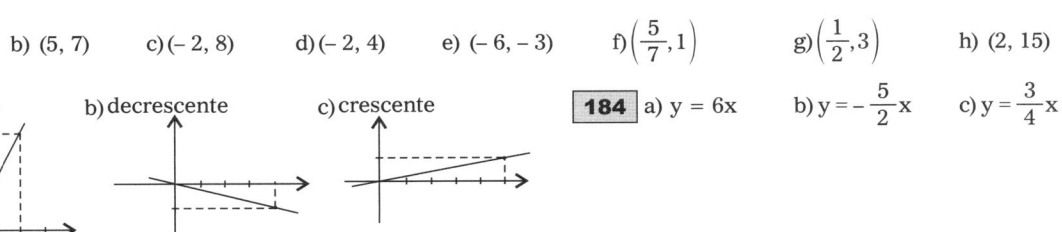

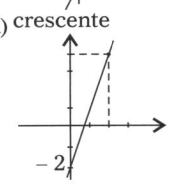

183 a) crescente   b) decrescente   c) crescente   **184** a) $y = 6x$ b) $y = -\frac{5}{2}x$ c) $y = \frac{3}{4}x$

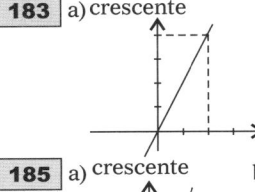

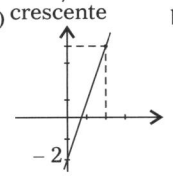

185 a) crescente   b) decrescente   c) crescente   d) decrescente   **186** a) (0, 11)   b) (0, 0)   c) (0, 13)

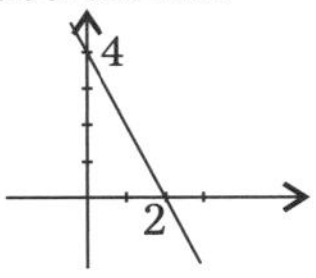

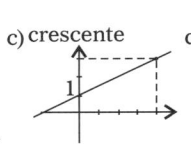

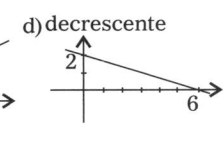

d) $\left(0, -\frac{1}{2}\right)$ e) $\left(0, \frac{2}{5}\right)$ f) $\left(0, -2\sqrt{2}\right)$ g) (0, 9)   h) (0, 2)   **187** a) $x = 6$ e (6, 0)   b) $x = \frac{7}{3}$ e $\left(\frac{7}{3}, 0\right)$

c) $x = 4$ e (4, 0)   d) $x = 0$ e (0, 0)   e) $x = -\frac{10}{9}$ e $\left(-\frac{10}{9}, 0\right)$ f) $x = \frac{10}{9}$ e $\left(\frac{10}{9}, 0\right)$

127

192 Esboçar em um mesmo plano cartesiano os gráficos das funções dadas, definidas sobre $\mathbb{R}$, nos casos:

a) $f(x) = -1$, $g(x) = 1$, $h(x) = 2$, $y = 4$, $y = -3$

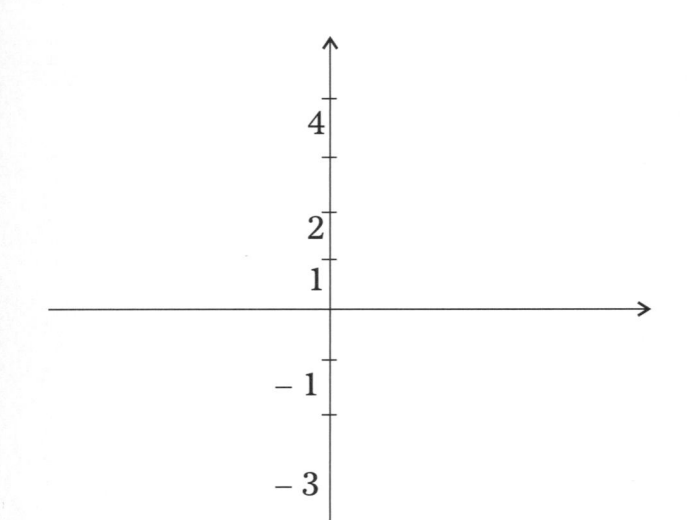

b) $f(x) = x$, $g(x) = -x$, $h(x) = 3x$, $y = \dfrac{1}{3}x$, $y = -\dfrac{1}{2}x$, $y = -2x$

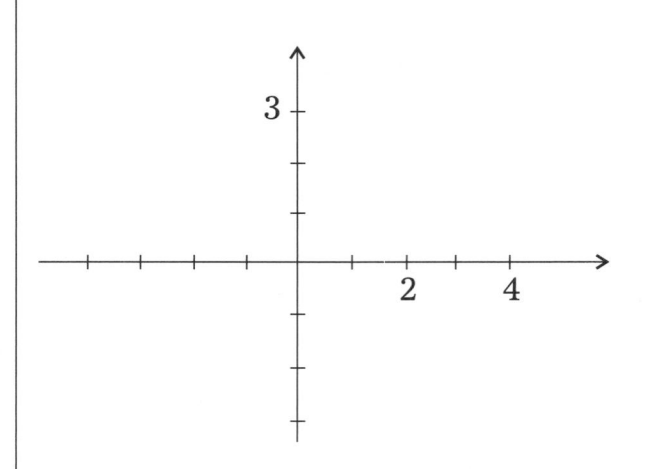

193 Sabemos que o gráfico de uma função afim é uma reta. Sendo a reta r o gráfico da função $y = ax + b$, dizemos também que r é o gráfico da equação $y = ax + b$ ou que a equação $y = ax + b$ é a equação da reta r e representamos isto por (r) $y = ax + b$. Dadas as equações das retas **r**, **s** e **t**, completar as tabelas para a construção dos gráficos e determinar graficamente, observando os gráficos as intersecções $r \cap s$, $r \cap t$ e $s \cap t$.

(n) $y = \dfrac{1}{2}x + 5$

x	y
−8	
2	

(s) $y = \dfrac{1}{2}x - 4$

x	y
4	
−6	

(t) $y = -x - 1$

x	y
−6	
6	

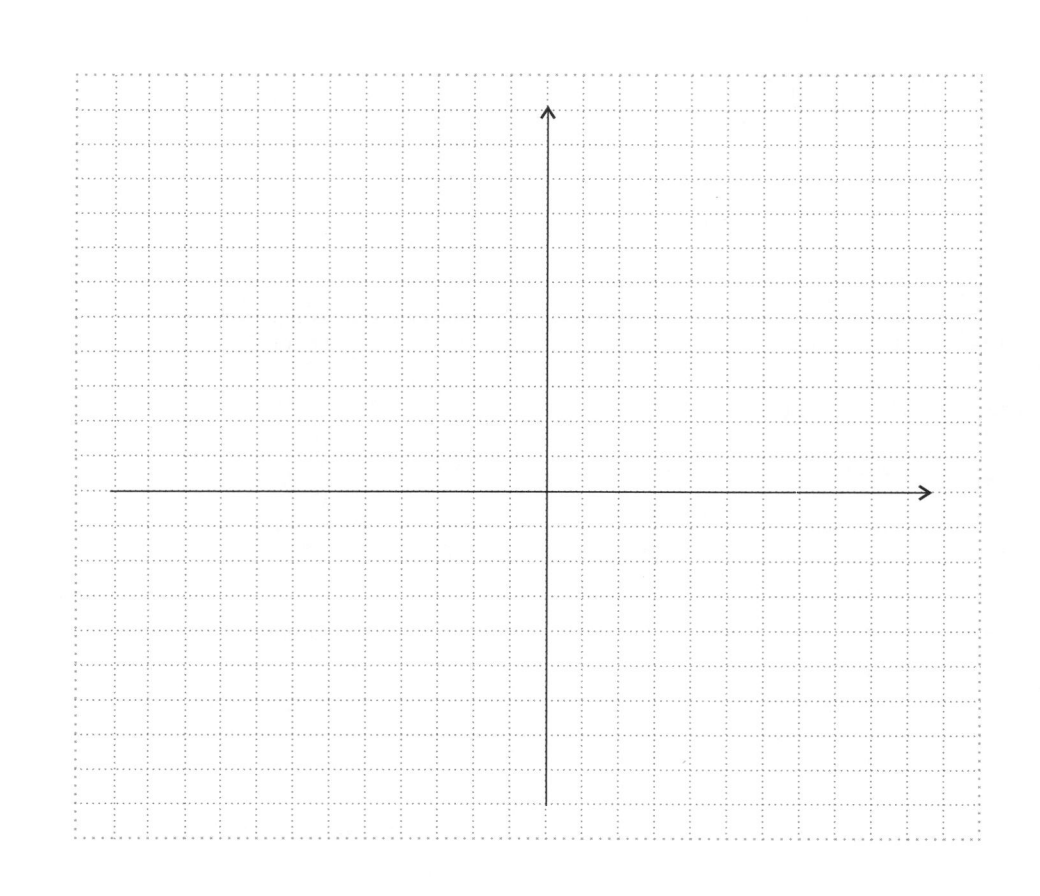

194 Dados par ordenado e a raiz de uma função afim, f(x) = ax + b, determinar a equação que a define, nos casos:

a) x = 2 e (−3, 10)

b) x = −3 e (−2, 3)

c) $x = \frac{3}{4}$ e $\left(\frac{1}{2}, -\frac{1}{6}\right)$

195 Dados os interceptos de um função afim, f(x) = ax + b, determinar a equação que a define, nos casos:

a) (−2, 0) e (0, 4)

b) (0, 2) e (5, 0)

c) $\left(0, -\frac{2}{3}\right)$ e $\left(\frac{3}{4}, 0\right)$

Resp: **188** a) (0, 40) e (8, 0)   b) (0, −42) e (6, 0)   c) $\left(-\frac{8}{9}, 0\right)$ e $\left(0, \frac{2}{3}\right)$ d) $\left(0, \frac{4}{21}\right)$ e $\left(\frac{8}{9}, 0\right)$

189 a) y = 3x − 10   b) y = −4x + 8   c) $y = \frac{3}{2}x - \frac{1}{3}$

190 a) crescente   b) decrescente   c) crescente   d) crescente   e) decrescente   f) decrescente

191 a) y = 2x − 3   b) $y = -\frac{3}{2}x + 2$ c) $y = \frac{1}{2}x$ d) y = −2x

129

196 Dadas as equações que definem duas funções afins, f(x) = ax + b e g(x) = cx + d, determinar o par ordenado que pertence a f e também a g, nos casos:

a) f(x) = 3x − 3 e g(x) = − 2x + 7

b) f(x) = − 2x − 2 e g(x) = 2x + 10

c) $f(x) = \frac{2}{3}x - 4$ e $g(x) = \frac{3}{2}x - \frac{13}{2}$

197 Dado o esboço do gráfico de uma função afim f(x) = ax + b, fazer o estudo da variação do sinal de f, nos casos:

a) 3

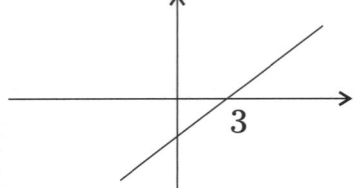

b) 4

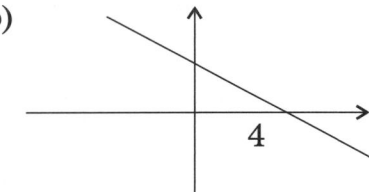

c) −7

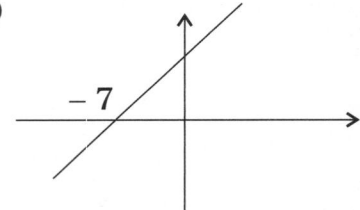

198 Dado o esboço do gráfico da função afim f(x) = ax + b, suprimindo o eixo das ordenadas (eixo vertical), para simplificar, fazer o estudo do sinal de f, nos casos:

a) 7

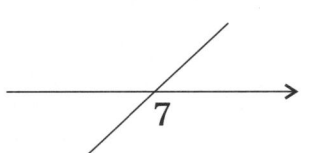

b) −20

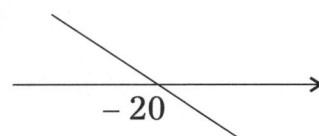

c) −40

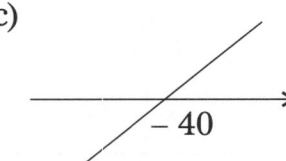

199 Dada a função afim $f(x) = ax + b$, sabendo que f é crescente quando a for positivo ($a > 0$), e decrescente quando **a** for negativo ($a < 0$), determinando a raiz de f e esboçando o gráfico simplificado de f, suprimindo o eixo dos y, fazer o estudo do sinal de f, nos casos:

a) $f(x) = 2x - 16$

b) $y = -2x + 1$

c) $y = -4x - 6$

200 Sabendo que a função afim $f(x) = ax + b$ tem o mesmo sinal de a (m.a.) para x à direita da raiz $-\dfrac{b}{a}$ de $f(x)$, $x > -\dfrac{b}{a}$, e o sinal contrário de a (c.a.) para x à esquerda da raiz, $x < -\dfrac{b}{a}$, determinando apenas a raiz de $f(x)$ e usando o dispositivo mostrados abaixo, fazer o estudo do sinal de $f(x)$, nos casos:

$$\begin{array}{c} \quad \quad -\dfrac{b}{a} \\ \xrightarrow{} \\ f(x) \quad\quad c.a. \quad\; \circ \quad\quad m.a. \end{array}$$

a) $f(x) = 3x + 15$

b) $y = -4x + 24$

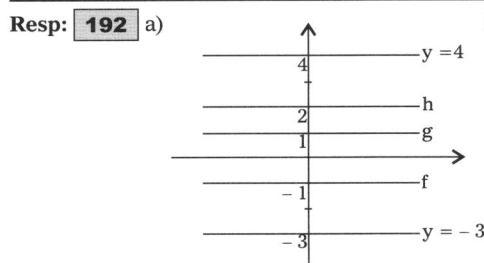

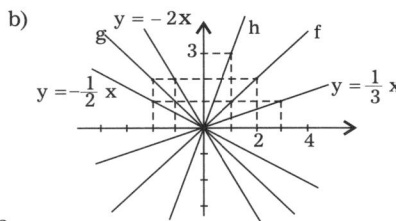

Resp: **192** a) [gráfico com $y=4$, $y=2$ (h), $y=1$ (g), $y=-1$ (f), $y=-3$] b) [gráfico com $y=-2x$, $y=-\frac{1}{2}x$, $y=\frac{1}{3}x$, h, f, g]

193 $r // s \Rightarrow r \cap s = \emptyset$, $r \cap t = \{(-4, 3)\}$, $s \cap t = \{(2, -3)\}$

194 a) $y = -2x + 4$ b) $y = 3x + 9$ c) $y = \dfrac{2}{3}x - \dfrac{1}{2}$

195 a) $y = 2x + 4$ b) $y = -\dfrac{2}{5}x + 2$ c) $y = \dfrac{8}{9}x - \dfrac{2}{3}$

201. Usando o dispositivo prático, estudar a variação do sinal da função f(x), nos casos:

a) f(x) = 2

b) f(x) = – 3

c) f(x) = 0

d) f(x) = – 3x + 7

e) f(x) = 4x + 10

f) f(x) = g(x) . h(x), dados

g(x) = 2x – 4 e h(x) = – 3x – 12

g) $\dfrac{g(x)}{h(x)}$, dados

g(x) = – 7x + 35 e h(x) = – 4x – 20

h) f(x) = 7x (– 2x – 8)(3x – 21)

VI FUNÇÃO QUADRÁTICA

1) Definição

A função f: R → R definida por $f(x) = ax^2 + bx + c$ (ou $y = ax^2 + bx + c$) com a, b e c sendo números reais com $a \neq 0$ é chamada **função quadrática** ou função polinomial do 2º grau.

Exemplos: $f(x) = 2x^2 - 5x + 3$; $f(x) = 2x^2 - 16x$; $f(x) = 4x^2$

$f(x) = -3x^2 + 7x - 4$; $f(x) = \frac{1}{4}x^2 + 10$; $f(x) = 2x^2 - 8$

O domínio desta função é $D = \mathbb{R}$. A imagem, vai ser visto adiante.

2) Parábola

Dada uma reta **d** e um ponto **F** não pertencente a **d**, o conjunto dos pontos, do plano de **d** e **F**, que são equidistante de **d** e **F** é chamado parábola.

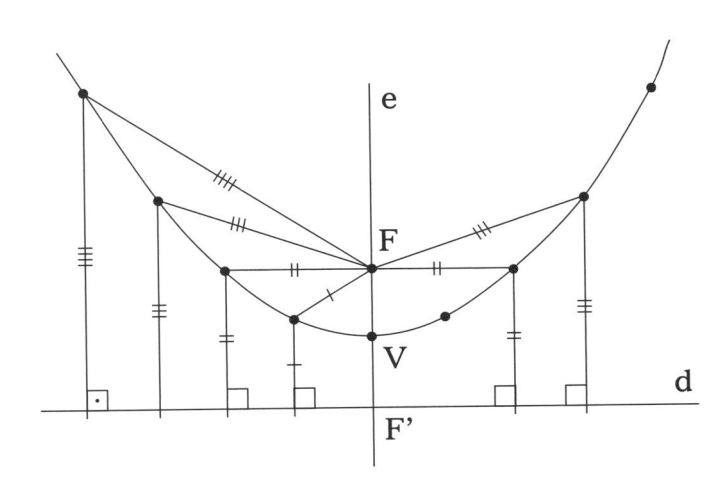

• A reta **d** é chamada diretriz da parábola.

• O ponto **F** é chamado foco da parábola.

• A reta **e** conduzida por **F** e perpendicular à reta **d** é o eixo de simetria da parábola.

• Sendo F' a projeção ortogonal de **F** sobre **d**, o ponto médio V de FF' é chamado vértice da parábola.

• FF' é chamado parâmetro da parábola.

3) Gráfico da função quadrátrica

Prova-se que o gráfico de uma função quadrática $y = ax^2 + bx + c$ é uma parábola. O estudo de parábolas envolvendo foco, diretriz e parâmetro é visto em um assunto chamado **geometria analítica**, normalmente estudado no terceiro ano do ensino médio. Nesta abordagem vamos voltar nossa atenção para o vértice, eixo de simetria, as raízes de **f**, os intervalos nas quais ela é crescente, decrescente, positiva, negativa e os valores máximo e mínimo de **f**, conforme for o caso.

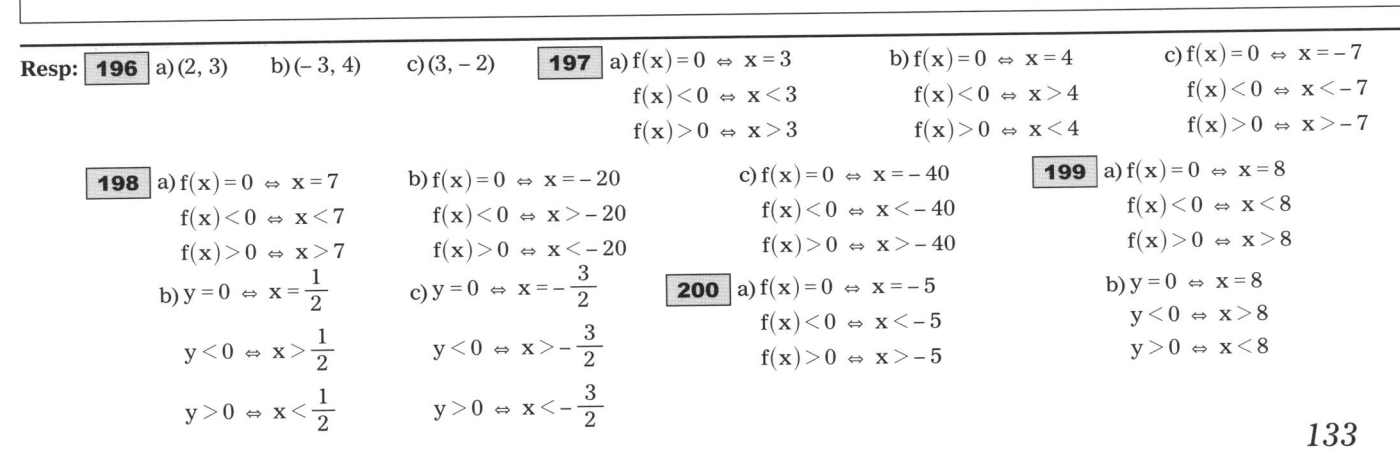

Resp: **196** a) (2, 3) b) (−3, 4) c) (3, −2) **197** a) $f(x) = 0 \Leftrightarrow x = 3$ b) $f(x) = 0 \Leftrightarrow x = 4$ c) $f(x) = 0 \Leftrightarrow x = -7$
$f(x) < 0 \Leftrightarrow x < 3$ $f(x) < 0 \Leftrightarrow x > 4$ $f(x) < 0 \Leftrightarrow x < -7$
$f(x) > 0 \Leftrightarrow x > 3$ $f(x) > 0 \Leftrightarrow x < 4$ $f(x) > 0 \Leftrightarrow x > -7$

198 a) $f(x) = 0 \Leftrightarrow x = 7$ b) $f(x) = 0 \Leftrightarrow x = -20$ c) $f(x) = 0 \Leftrightarrow x = -40$ **199** a) $f(x) = 0 \Leftrightarrow x = 8$
$f(x) < 0 \Leftrightarrow x < 7$ $f(x) < 0 \Leftrightarrow x > -20$ $f(x) < 0 \Leftrightarrow x < -40$ $f(x) < 0 \Leftrightarrow x < 8$
$f(x) > 0 \Leftrightarrow x > 7$ $f(x) > 0 \Leftrightarrow x < -20$ $f(x) > 0 \Leftrightarrow x > -40$ $f(x) > 0 \Leftrightarrow x > 8$

b) $y = 0 \Leftrightarrow x = \frac{1}{2}$ c) $y = 0 \Leftrightarrow x = -\frac{3}{2}$ **200** a) $f(x) = 0 \Leftrightarrow x = -5$ b) $y = 0 \Leftrightarrow x = 8$
$y < 0 \Leftrightarrow x > \frac{1}{2}$ $y < 0 \Leftrightarrow x > -\frac{3}{2}$ $f(x) < 0 \Leftrightarrow x < -5$ $y < 0 \Leftrightarrow x > 8$
$y > 0 \Leftrightarrow x < \frac{1}{2}$ $y > 0 \Leftrightarrow x < -\frac{3}{2}$ $f(x) > 0 \Leftrightarrow x > -5$ $y > 0 \Leftrightarrow x < 8$

Observar:

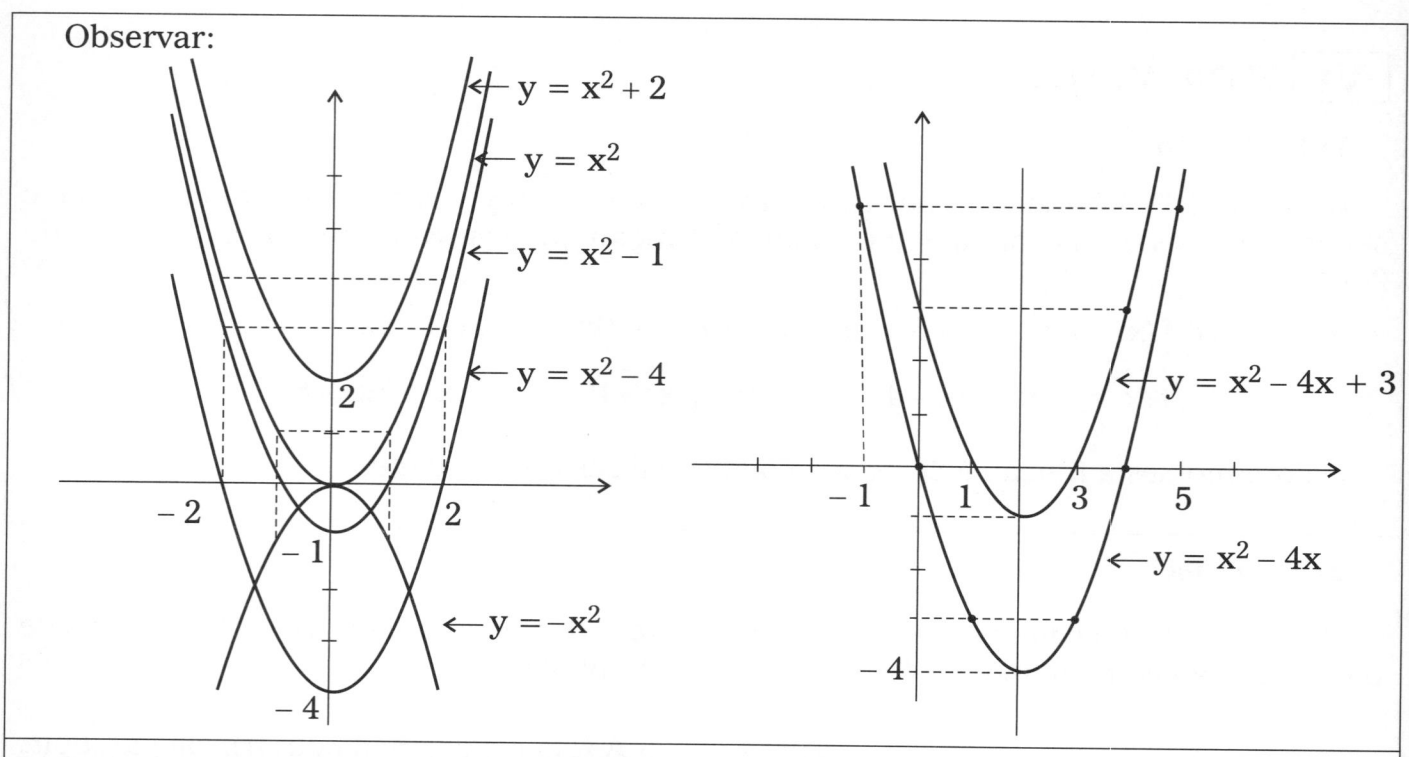

[Gráficos: $y = x^2 + 2$, $y = x^2$, $y = x^2 - 1$, $y = x^2 - 4$, $y = -x^2$; e $y = x^2 - 4x + 3$, $y = x^2 - 4x$]

4) Concavidade da parábola e raízes da função quadrática

De acordo com o sinal de a da função $f(x) = ax^2 + bx + c$, prova-se que:

$a > 0 \Leftrightarrow$ a concavidade está voltada para cima

$a < 0 \Leftrightarrow$ a concavidade está voltada para baixo

Dada a função quadrática $f(x) = ax^2 + bx + c$, se $f(x) = 0$, obtemos $ax^2 + bx + x = 0$. Se o discriminante (Δ) desta equação for maior ou igual a zero ela terá duas raízes reais, e essas raízes são chamadas raízes da função quadrática $f(x) = ax^2 + bx + c$. Se o discriminante (Δ) for menor que zero, não existe x real que torne $f(x) = 0$. Neste casos dizemos que o gráfico da parábola não corta o eixo x. Observe os casos.

Para facilitar vamos suprimir, por enquanto, o eixo das ordenadas (eixo dos y).

$a > 0 \Leftrightarrow$ " boca" para cima $\Delta > 0 \Leftrightarrow$ corta o eixo das abcissas	$a > 0 \Leftrightarrow$ " boca" para cima $\Delta = 0 \Leftrightarrow$ tangencia o eixo das abcissas	$a > 0 \Leftrightarrow$ " boca" para cima $\Delta < 0 \Leftrightarrow$ não tem ponto em comum com o eixo das abcissas
Raízes x' e x" distintas	Raízes x' e x" iguais	Não tem raízes reais
$a < 0 \Leftrightarrow$ " boca" para baixo $\Delta > 0$	$a < 0 \Leftrightarrow$ " boca" para baixo $\Delta = 0$	$a < 0 \Leftrightarrow$ " boca" para baixo $\Delta < 0$
Raízes x' e x" distintas	Raízes x' e x" iguais	Não tem raízes reais

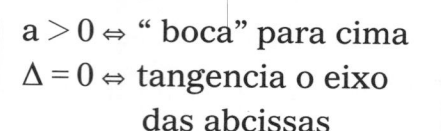

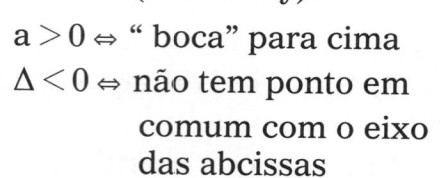

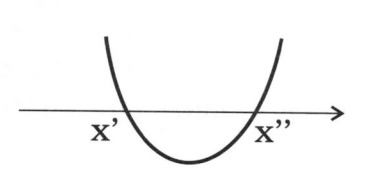

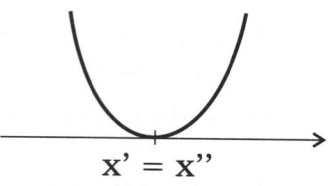

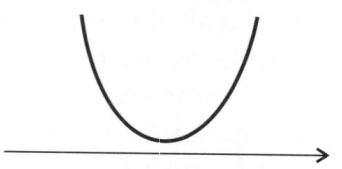

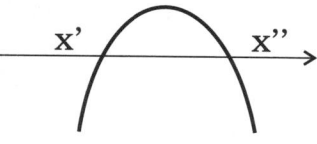

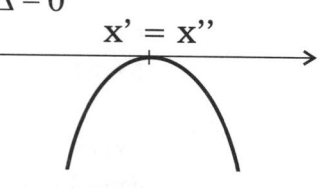

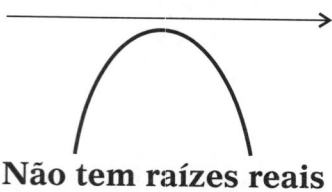

5) Vértice da parábola e valor máximo ou valor mínimo

O vértice da parábola é o ponto dela que pertence ao eixo de simetria e a ordenada dele é o valor máximo da função se a for negativo e é o valor mínimo da função se a for positivo.

Prova-se que o vértice da parábola da função quadrática y = ax² + bx + c é dado pelas coordenadas:

$x_V = \dfrac{-b}{2a}$ e $y_V = \dfrac{-\Delta}{4a}$, onde $\Delta = b^2 - 4ac$

Então: $\boxed{V = \left(\dfrac{-b}{2a}, \dfrac{-\Delta}{4a}\right)}$

Se $a > 0$, $\dfrac{-\Delta}{4a}$ é o valor mínimo de $f(x) = ax^2 + bx + c$

Se $a < 0$, $\dfrac{-\Delta}{4a}$ é o valor máximo de $f(x) = ax^2 + bx + c$

Observar: $V = \left(\dfrac{-b}{2a}, \dfrac{-\Delta}{4a}\right)$ 　　　　　　　$V = \left(\dfrac{-b}{2a}, \dfrac{-\Delta}{4a}\right)$

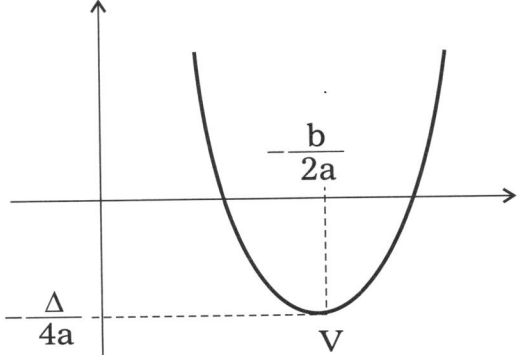

Nenhuma ordenada abaixo de $\dfrac{-\Delta}{4a}$ é imagem de algum x de y = f(x)

Então: $V_{mínimo} = \dfrac{-\Delta}{4a}$

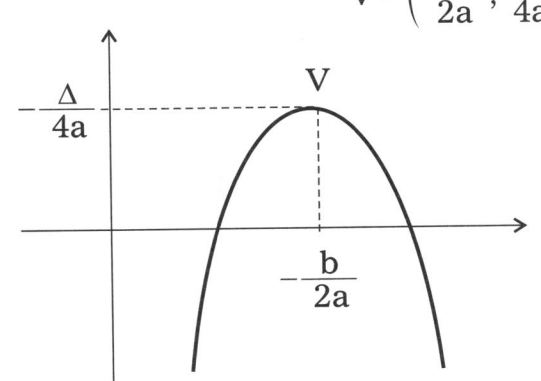

Nenhuma ordenada acima de $\dfrac{-\Delta}{4a}$ é imagem de algum x de y = f(x)

Então: $V_{máximo} = \dfrac{-\Delta}{4a}$

6) Ponto de interseção da parábola y = ax² + bx + c com os eixos coordenados

I) $x = 0 \Rightarrow y = a(0)^2 + b(0) + c \Rightarrow y = c \Rightarrow (0, c) \in f$

A parábola corta o eixo das ordenadas no ponto (0, c)

II) $y = 0 \Rightarrow 0 = ax^2 + bx + c \Rightarrow ax^2 + bx + c = 0$

$\Delta > 0$ e x' e x" são as raízes de f(x) $\Rightarrow$ (x', 0) $\in$ f e (x", 0) $\in$ f

A parábola corta o eixo das abscissas nos pontos (x', 0) e (x", 0).

Resp: **201** a) $f(x) > 0, \forall x \in \mathbb{R}$　　b) $f(x) < 0, \forall x \in \mathbb{R}$　　c) $f(x) = 0, \forall x \in \mathbb{R}$

d) $f(x) = 0 \Leftrightarrow x = \dfrac{7}{3}$

$f(x) < 0 \Leftrightarrow x > \dfrac{7}{3}$

$f(x) > 0 \Leftrightarrow x < \dfrac{7}{3}$

e) $f(x) = 0 \Leftrightarrow x = -\dfrac{5}{3}$

$f(x) < 0 \Leftrightarrow x < -\dfrac{5}{3}$

$f(x) > 0 \Leftrightarrow x > -\dfrac{5}{3}$

f) $f(x) = 0 \Leftrightarrow x = -4 \lor x = 2$

$f(x) < 0 \Leftrightarrow x < -4 \lor x > 2$

$f(x) > 0 \Leftrightarrow -4 < x < 2$

g) $f(x) = 0 \Leftrightarrow x = 5$

$f(x) < 0 \Leftrightarrow -5 < x < 5$

$f(x) > 0 \Leftrightarrow x < -5 \lor x > 5$

h) $f(x) = 0 \Leftrightarrow x = -4 \lor x = 0 \lor x = 7$

$f(x) < 0 \Leftrightarrow -4 < x < 0 \lor x > 7$

$f(x) > 0 \Leftrightarrow x < -4 \lor 0 < x < 7$

$\Delta = 0$ e x' é raiz de f(x) $\Rightarrow$ (x', 0) $\in$ f

A parábola tangencia o eixo das abscissas no ponto (x', 0).

Este ponto (x', 0) é também o vértice da parábola. V= (x', 0).

$\Delta < 0 \Rightarrow$ não há raízes reais $\Rightarrow$ A parábola não tem ponto em comum com o eixo das abscissas.

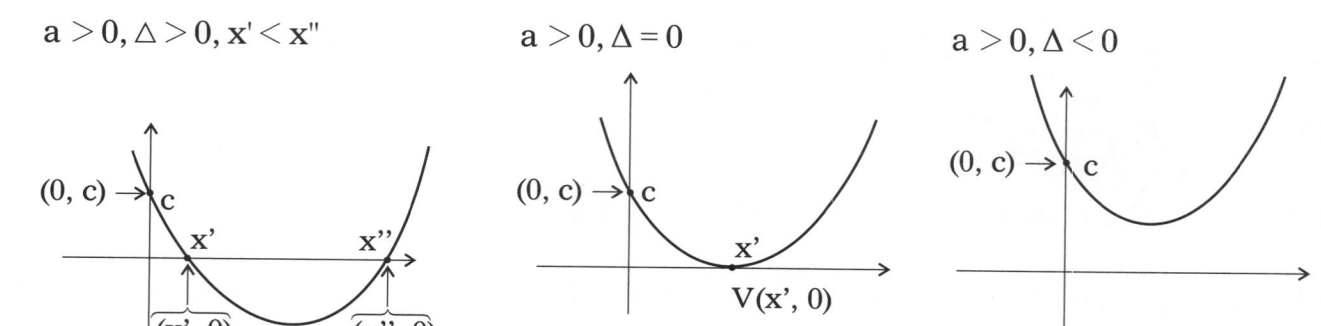

$a > 0, \Delta > 0, x' < x''$ $\qquad$ $a > 0, \Delta = 0$ $\qquad$ $a > 0, \Delta < 0$

Note que o gráfico da função quadrática f(x) = ax^2 + bx + c sempre corta o eixo das ordenadas (eixo dos y) no ponto (0, c). E que nem sempre ele corta o eixo das abscissas (eixo dos x).

7) Eixo de simetria do gráfico da função quadrática

Para a função polinomial do 2º grau y = ax^2 +bx + c, a reta vertical (reta paralela ao eixo dos y) que passa pelo vértice da parábola é o eixo de simetria da parábola. Dizemos que a equação.

$x = \dfrac{-b}{2a}$ $\left(\text{ou } x + \dfrac{b}{2a} = 0 \text{ ou } 2ax + b = 0\right)$ é a equação deste eixo de simetria.

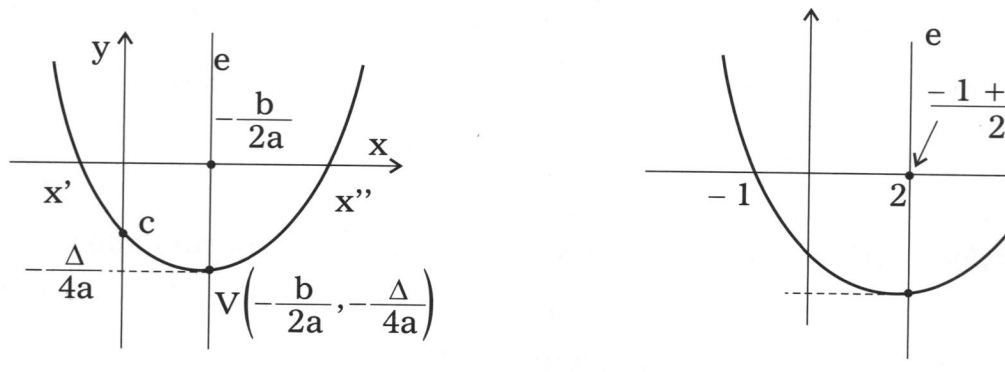

Obs.: 1) Sabemos que a soma das raízes de ax^2 + bx + c = 0 é $-\dfrac{b}{a}$. Então, note que $-\dfrac{b}{2a}$ é a metade da soma das raízes. Então o eixo de simetria passa pelo ponto médio do segmento determinado no eixo das abscissas pelas raízes da função y = ax^2 + bx +c

2) A equação do eixo de simetria na segunda figura é x = 2 ou x – 2 = 0

E observe que $2 = \dfrac{-1+5}{2}$

3) Quando b = 0 (y = ax^2 ou y = ax^2 +c) o eixo de simetria da parábola é o próprio eixo das ordenadas (eixo dos y).

4) Se a e b tiverem **sinais iguais** o eixo de simetria está **à esquerda** do eixo das ordenadas.

Se a e b tiverem **sinais diferentes** o eixo de simetria está **à direita** do eixo das ordenadas.

8) Imagem da função quadrática

A imagem da função do 2º grau $y = f(x) = ax^2 + bx + c$ é o conjunto das ordenadas dos pares que pertencem a f.

$$Im = \{y \in \mathbb{R} | (x, y) \in f\}$$

É o conjunto representado na reta dos números reais pela projeção ortogonal da parábola sobre o eixo das ordenados (eixo dos y).

$a > 0 \Rightarrow$ Valor mínimo igual a $\dfrac{-\Delta}{4a}$

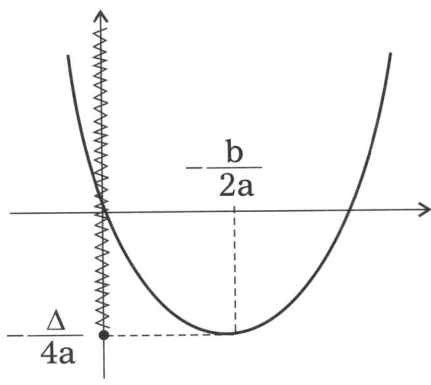

$a < 0 \Rightarrow$ Valor máximo igual a $\dfrac{-\Delta}{4a}$

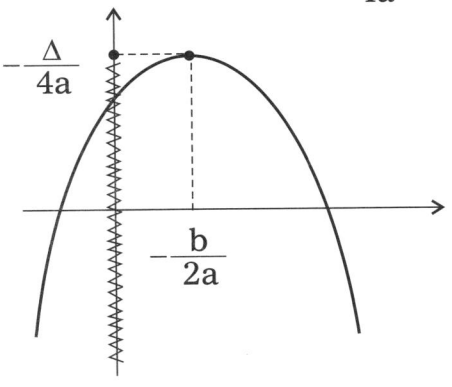

$\boxed{a > 0} \Leftrightarrow Im = \left\{y \in \mathbb{R} | y \geq \dfrac{-\Delta}{4a}\right\}$

$Im = \left[\dfrac{-\Delta}{4a}, +\infty\right[$

$\boxed{a < 0} \Leftrightarrow Im = \left\{y \in \mathbb{R} | y \leq \dfrac{-\Delta}{4a}\right\}$

$Im = \left]-\infty, \dfrac{-\Delta}{4a}\right]$

9) Intervalos nos quais é crescente e decrescente

Considere a função polinomial do 2º grau $y = f(x) = ax^2 + bx + c$ e observe os intervalos nas quais ela é crescente e os nas quais ela é decrescente.

$a > 0 \Rightarrow$ decrescente à esquerda de $-\dfrac{b}{2a}$ e crescente à direita.

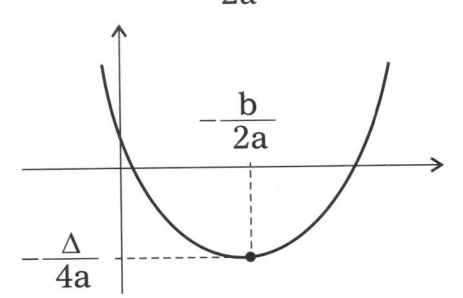

$a < 0 \Rightarrow$ crescente à esquerda de $-\dfrac{b}{2a}$ e decrescente à direita.

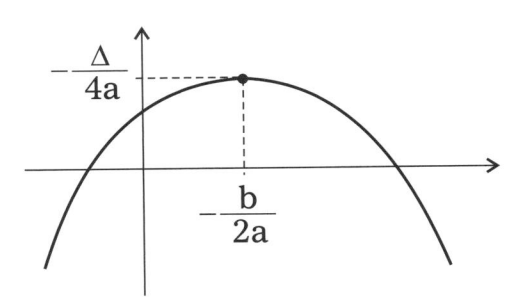

f é decrescente para $x \leq -\dfrac{b}{2a}$

f é crescente para $x \geq -\dfrac{b}{2a}$

f é crescente para $x \leq -\dfrac{b}{2a}$

f é decrescente para $x \geq -\dfrac{b}{2a}$

Obs.: $\boxed{a > 0} \Rightarrow$ f é decrescente em qualquer subconjunto de $\left]-\infty, \dfrac{-b}{2a}\right]$ e crescente em qualquer subconjunto de $\left[\dfrac{-b}{2a}, +\infty\right[$.

$\boxed{a < 0} \Rightarrow$ f é crescente em qualquer subconjunto de $\left]-\infty, \dfrac{-b}{2a}\right]$ e decrescente em qualquer subconjunto de $\left[\dfrac{-b}{2a}, +\infty\right[$.

10) Variação do sinal da função quadrática

Consideremos a função quadrática $y = f(x) = ax^2 + bx + c$. Observar o estudo da variação do sinal de $f(x)$ em $\mathbb{R}$, nos casos $a > 0$ e $a < 0$ e em cada caso, as possibilidades $\Delta > 0, \Delta = 0$ e $\Delta < 0$.

1º caso:

I) $a > 0, \Delta > 0, x' < x''$

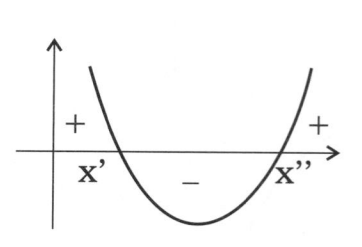

$f(x) = 0 \Leftrightarrow x = x' \lor x = x''$
$f(x) < 0 \Leftrightarrow x' < x < x''$
$f(x) > 0 \Leftrightarrow x < x' \lor x > x''$

II) $a > 0, \Delta = 0$

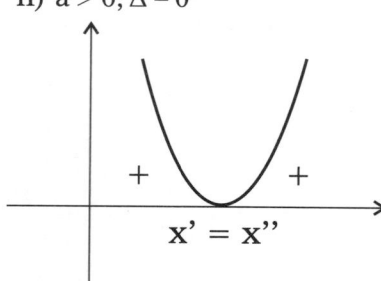

$f(x) = 0 \Leftrightarrow x = x'$
$f(x) > 0 \Leftrightarrow x \neq x', x \in \mathbb{R}$

III) $a > 0, \Delta < 0$

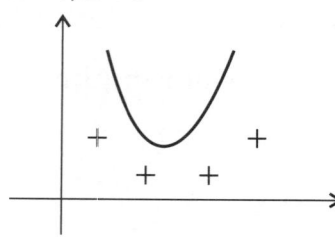

$f(x) > 0, \forall x \in \mathbb{R}$

2º caso:

I) $a < 0, \Delta > 0, x' < x''$

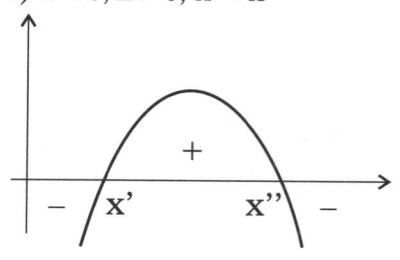

$f(x) = 0 \Leftrightarrow x = x' \lor x = x''$
$f(x) < 0 \Leftrightarrow x < x' \lor x > x''$
$f(x) > 0 \Leftrightarrow x' < x < x''$

II) $a < 0, \Delta = 0$

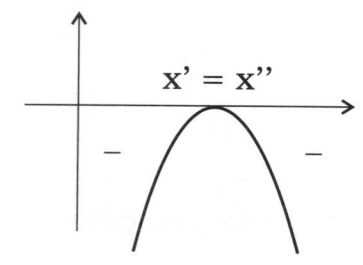

$f(x) = 0 \Leftrightarrow x = x'$
$f(x) < 0 \Leftrightarrow x \neq x', x \in \mathbb{R}$

III) $a < 0, \Delta < 0$

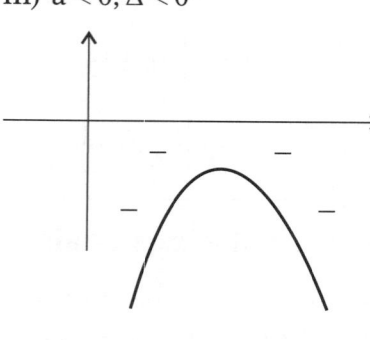

$f(x) < 0, \forall x \in \mathbb{R}$

Note que para $\Delta > 0$, no intervalo das raízes $f(x)$ tem o sinal contrário ao de **a** e que fora do intervalo das raízes $f(x)$ tem o mesmo sinal de **a**.

Para $\Delta = 0$, $f(x)$ tem o mesmo sinal de **a**, dos dois lados da raiz.

Para $\Delta < 0$, $f(x)$ tem sempre o mesmo sinal de **a**.

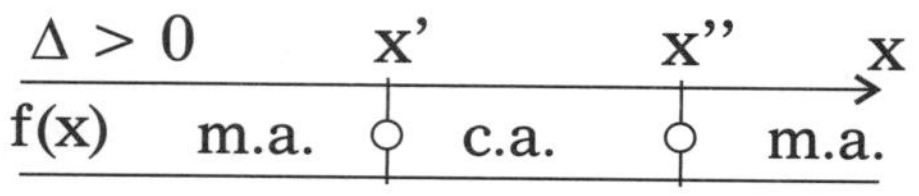

$\Delta > 0$	x'	x''	x
f(x)	m.a. ○ c.a. ○ m.a.		

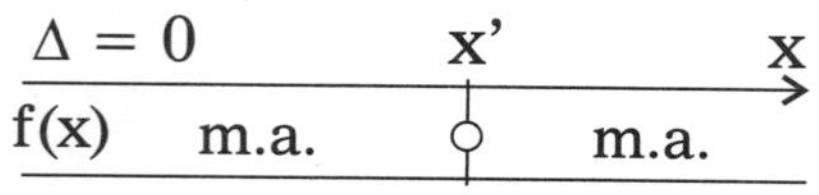

$\Delta = 0$	x'	x
f(x)	m.a. ○ m.a.	

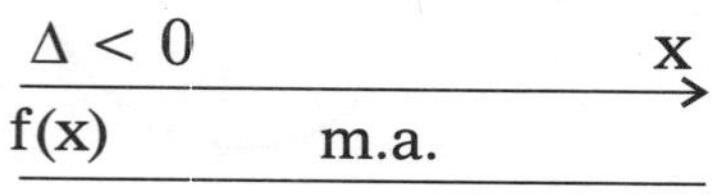

$\Delta < 0$		x
f(x)	m.a.	

1º caso: $a > 0$

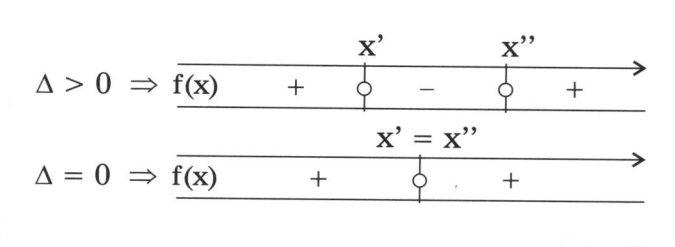

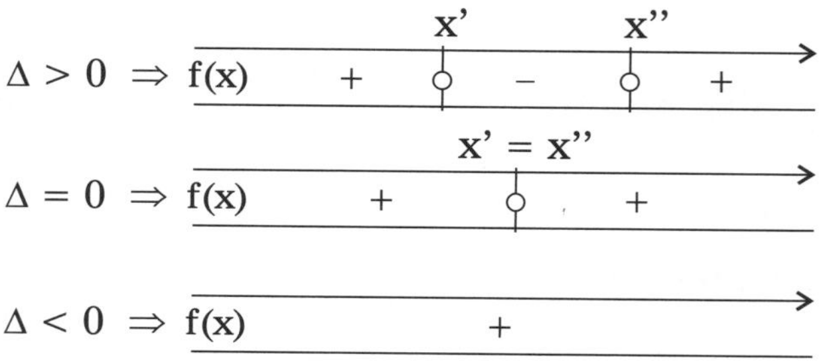

$\Delta > 0 \Rightarrow f(x)$: $+$ ○ $-$ ○ $+$ (raízes x', x'')

$\Delta = 0 \Rightarrow f(x)$: $+$ ○ $+$ (raiz x' = x'')

$\Delta < 0 \Rightarrow f(x)$: $+$

2º caso: $a < 0$

$\Delta > 0 \Rightarrow f(x)$: $-$ ○ $+$ ○ $-$ (raízes x', x'')

$\Delta = 0 \Rightarrow f(x)$: $-$ ○ $-$ (raiz x' = x'')

$\Delta < 0 \Rightarrow f(x)$: $-$

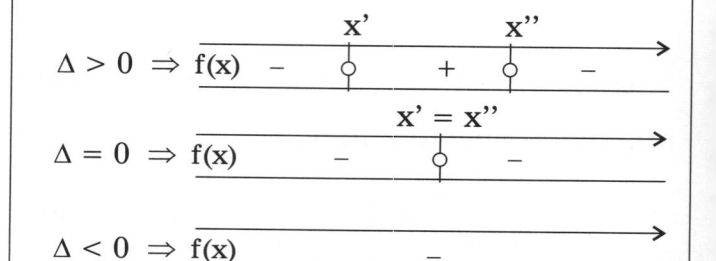

Exemplo 1: Dada a função polinomial do 2º grau $f(x) = 2x^2 + 5x - 3$, determinar as imagens pedidas e o par em questão, pertencente a f.

a) $f(0)$

$f(0) = 2(0)^2 + 5(0) - 3$

$f(0) = -3 \Rightarrow (0, -3) \in f$

b) $f\left(\frac{1}{2}\right)$

$f\left(\frac{1}{2}\right) = 2\left(\frac{1}{2}\right)^2 + 5\left(\frac{1}{2}\right) - 3$

$f\left(\frac{1}{2}\right) = \frac{1}{2} + \frac{5}{2} - 3 = 3 - 3$

$f\left(\frac{1}{2}\right) = 0 \Rightarrow \left(\frac{1}{2}, 0\right) \in f$

c) $f(5)$

$f(5) = 2(5)^2 + 5(5) - 3$

$f(5) = 50 + 25 - 3$

$f(5) = 72 \Rightarrow (5, 72) \in f$

Exemplo 2: Dada uma função quadrática, determinar o ponto onde o gráfico de f corta o eixo das ordenadas, nos casos:

a) $f(x) = 2x^2 - 7x - 8$

$x = 0 \Rightarrow y = -8 \Rightarrow (0, -8)$

b) $y = -3x^2 + 16$

$x = 0 \Rightarrow y = 16 \Rightarrow (0, 16)$

c) $y = \frac{7}{3}x^2$

$x = 0 \Rightarrow y = 0 \Rightarrow (0, 0)$

Exemplo 3: Dada a função quadrática $y = ax^2 + bx + c$, determinar as suas raízes e os pontos onde ela corta o eixo das abscissas, nos casos:

a) $y = 2x^2 + 5x - 3$

$y = 0 \Rightarrow 2x^2 + 5x - 3 = 0$

$\Delta = 25 + 24 = 49$

$x = \frac{-5 \pm 7}{4} \Rightarrow$

$\boxed{x = \frac{1}{2} \lor x = -3}\Rightarrow$

$\left(\frac{1}{2}, 0\right)$ e $(-3, 0)$

b) $y = 4x^2 - 9$

$y = 0 \Rightarrow 4x^2 - 9 = 0 \Rightarrow$

$4x^2 = 9 \Rightarrow x^2 = \frac{9}{4} \Rightarrow$

$\boxed{x = \pm \frac{3}{2}}$

$\left(-\frac{3}{2}, 0\right)$ e $\left(\frac{3}{2}, 0\right)$

c) $y = 4x^2 - 12x$

$y = 0 \Rightarrow 4x^2 - 12x = 0 \Rightarrow$

$4x(x - 3) = 0 \Rightarrow$

$\boxed{x = 0 \lor x = 3}$

$(0, 0)$ e $(3, 0)$

Exemplo 4: Dada a função $f(x) = 3x^2 - 4x - 4$, determinar o x que tem a imagem dada, nos casos:

a) $f(x) = 11$

$3x^2 - 4x - 4 = 11$

$3x^2 - 4x - 15 = 0$

$\Delta = 16 + 12 \cdot 15 = 196$

$x = \frac{4 \pm 14}{6} \Rightarrow$

$\boxed{x = 3 \lor x = -\frac{5}{3}}$

b) $f(x) = -\frac{16}{3}$

$3x^2 - 4x - 4 = -\frac{16}{3}$

$9x^2 - 12x + 4 = 0$

$\Delta = 144 - 144 = 0$

$x = \frac{12 \pm 0}{18} \Rightarrow$

$\boxed{x = \frac{2}{3}}$

c) $f(x) = -6$

$3x^2 - 4x - 4 = -6 \Rightarrow$

$3x^2 - 4x + 2 = 0$

$\Delta = 16 - 24 = -8$

Não existe x real tal que $f(x) = -6$

Exemplo 5: Determinar o vértice da parábola representativa de $y = 3x^2 - 4x - 4$.

1º modo: $V = \left(\frac{-b}{2a}, \frac{-\Delta}{4a}\right)$

$\Delta = 16 + 12 \cdot 4 \Rightarrow \Delta = 64$

$x_V = \frac{-b}{2a} = \frac{-(-4)}{2(3)} \Rightarrow x_V = \frac{2}{3}$

$y_V = \frac{-\Delta}{4a} = \frac{-64}{4 \cdot 3} \Rightarrow y_V = \frac{-16}{3}$

$\Rightarrow V = \left(\frac{2}{3}, \frac{-16}{3}\right)$

2º modo: $V = \left(\frac{-b}{2a}, f\left(\frac{-b}{2a}\right)\right)$

$x_V = \frac{-b}{2a} = \frac{-(-4)}{2(3)} \Rightarrow x_V = \frac{2}{3}$

$y_V = f(x_V) \Rightarrow y_V = f\left(\frac{2}{3}\right) = 3\left(\frac{2}{3}\right)^2 - 4\left(\frac{2}{3}\right) - 4$

$y_V = \frac{4}{3} - \frac{8}{3} - 4 = \frac{-4}{3} - 4 \Rightarrow y_V = \frac{-16}{3} \Rightarrow$

$V = \left(\frac{2}{3}, \frac{-16}{3}\right)$

Exemplo 6: Dado o esboço do gráfico da função $f(x) = ax^2 + bx + c$, determinar o valor máximo ou valor mínimo e a imagem de f, nos casos:

a)

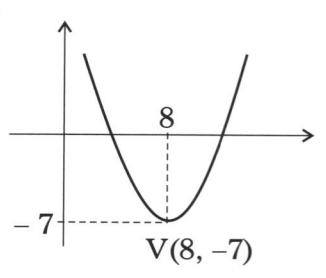

Vmin. = – 7
Im = $\{y \in \mathbb{R} | y \geqslant -7\}$ ou
Im = $[-7, +\infty[$

b)

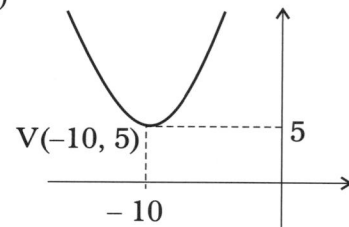

Vmin. = 5
Im = $\{y \in \mathbb{R} | y \geqslant 5\}$ ou
Im = $[5, +\infty[$

c)

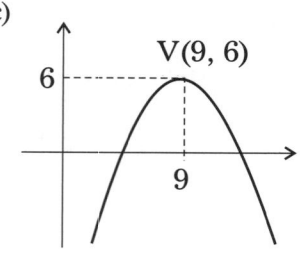

Vmáx. = 6
Im = $\{y \in \mathbb{R} | y \leqslant 6\}$ ou
Im = $]-\infty, 6]$

Exemplo 7: Dada a função $f(x) = ax^2 + bx + c$, determinar o valor máximo ou mínimo, conforme for o caso, e determinar a imagem de f, nos casos:

a) $y = 2x^2 - 8x - 9$

 $a = 2 \Rightarrow a > 0$ Concavidade voltada
 para cima (boca para cima)
 $\Rightarrow f(x)$ tem valor mínimo.
 $\Delta = 64 + 72 \Rightarrow \Delta = 136$
 $y_V = \dfrac{-\Delta}{4a} \Rightarrow y_V = \dfrac{-136}{4 \cdot 2} \Rightarrow y = -17$

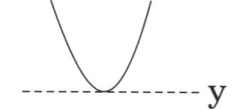

 Vmin. = – 17
 Im = $[-17, +\infty[$
 $y = -17$

b) $y = -3x^2 - 4x - 2$

 $a = -3 \Rightarrow a < 0 \Rightarrow$ Concavidade de voltada
 para baixo (boca para baixo)
 $\Rightarrow f(x)$ tem valor máximo.
 $\Delta = 16 - 4(-3)(-2) = 16 - 24 = -8$
 $y_V = \dfrac{-\Delta}{4a} = \dfrac{-(-8)}{4(-3)} \Rightarrow y_V = -\dfrac{2}{3}$

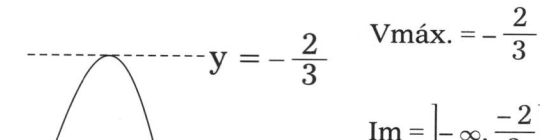

 $y = -\dfrac{2}{3}$
 Vmáx. = $-\dfrac{2}{3}$
 Im = $\left]-\infty, -\dfrac{2}{3}\right]$

Exemplo 8: Dado o eixo de simetria **e** e dois pontos da parábola representativa de uma função quadrática, determinar os pontos da parábola que são os simétricas dos pontos dado em relação ao eixo **e**, nos casos:

a) A (8, 2) e B (10, 4)

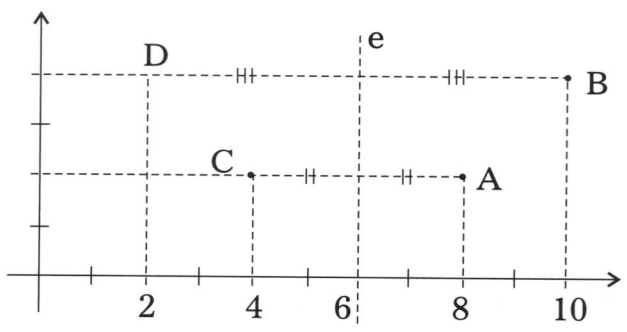

Simétrico de A (8, 2) é C (4,2)
Simétrico de B (10, 4) é D (2, 4)

b) A(– 5, 4) e B(3, 3)

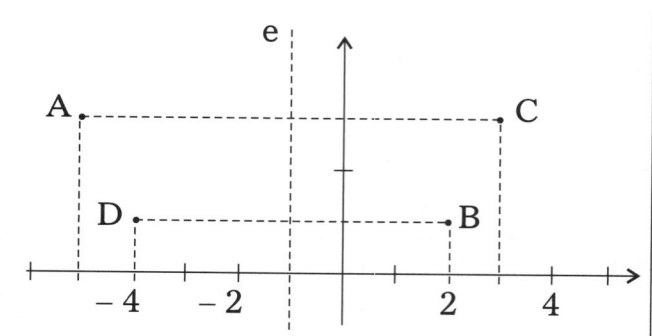

Simétrico de A (– 5, 3) é C (3, 3)
Simétrico de B (2, 1) é D (– 4, 1)

Exemplo 9: Determinar a equação do eixo de simetria da parábola da função dada:

a) $y = 2x^2 - 28x + 7$

$x_V = \dfrac{-b}{2a} \Rightarrow x_V = \dfrac{-(-28)}{2(2)} = x_V = 7$

(e) $x = 7$

b) $y = 3x^2 + 30x - 16$

$x_V = \dfrac{-b}{2a} \Rightarrow x_V = \dfrac{-30}{2 \cdot 3} \Rightarrow x_V = -5$

(e) $x = -5$

Exemplo 10: Determinar a equação que define a função $f(x) = ax^2 + bx + c$, nos casos:

a) São dados os pares de f que pertencem aos eixos (os pontos onde o gráfico corta os eixos): $(0, -45)$, $(-5, 0)$ e $(3, 0)$.

Note que 3 e -5 são as raízes de $f(x)$. Sabemos que se x' e x" são as raízes de $ax^2 + bx + c$, podemos escrever $ax^2 + bx + c = a(x - x')(x - x'')$.

Então:

$f(x) = a(x - 3)(x + 5) \Rightarrow f(x) = a(x^2 + 2x - 15)$

$(0, -45) \in f \Rightarrow f(0) = -45 \Rightarrow -45 = a(0^2 + 2 \cdot 0 - 15) \Rightarrow -15a = -45 \Rightarrow a = 3$

$f(x) = a(x^2 + 2x - 15)$ e $a = 3 \Rightarrow f(x) = 3(x^2 + 3x - 15) \Rightarrow \boxed{f(x) = 3x^2 + 9x - 45}$

---

b) São dados um par de f e as raízes de f: $(-3, 14)$, $x' = \dfrac{1}{2}$ e $x'' = -2$

$f(x) = ax^2 + bx + c = a(x - x')(x - x'') \Rightarrow f(x) = a\left(x - \dfrac{1}{2}\right)(x + 2)$

$(-3, 14) \in f \Rightarrow f(-3) = 14 \Rightarrow 14 = a\left(-3 - \dfrac{1}{2}\right)(-3 + 2) \Rightarrow 14 = a \cdot \left(\dfrac{-7}{2}\right)(-1) \Rightarrow$

$\Rightarrow \dfrac{7}{2}a = 14 \Rightarrow 7a = 28 \Rightarrow a = 4 \Rightarrow f(x) = 4\left(x - \dfrac{1}{2}\right)(x + 2) \Rightarrow$

$f(x) = (4x - 2)(x + 2) \Rightarrow \boxed{f(x) = 4x^2 + 6x - 4}$

---

c) São dados três pares quaisquer de f: $(1, -2)$, $(3, 8)$ e $(-2, 13)$

Os itens (a) e (b) podem também ser resolvidos como este.

$\begin{cases} (1, -2) \in f \Rightarrow f(1) = -2 \Rightarrow a(1)^2 + b(1) + c = -2 \\ (3, 8) \in f \Rightarrow f(3) = 8 \Rightarrow a(3)^2 + b(3) + c = 8 \\ (-2, 13) \in f \Rightarrow f(-2) = 13 \Rightarrow a(-2)^2 + b(-2) + c = 13 \end{cases} \Rightarrow \begin{cases} a + b + c = -2 \\ 9a + 3b + c = 8 \\ 4a - 2b + c = 13 \end{cases}$

$a + b + c = -2 \Rightarrow c = -a - b - 2 \Rightarrow$

$\begin{cases} 9a + 3b - a - b - 2 = 8 \\ 4a - 2b - a - b - 2 = 13 \end{cases} \Rightarrow \begin{cases} 8a + 2b = 10 \\ 3a - 3b = 15 \end{cases} \Rightarrow \begin{cases} 4a + b = 5 \\ a - b = 5 \end{cases} \Rightarrow 5a = 10 \Rightarrow \boxed{a = 2}$

$a = 2, a - b = 5 \Rightarrow 2 - b = 5 \Rightarrow \boxed{b = -3}$

$a = 2, b = -3, a + b + c = -2 \Rightarrow 2 - 3 + c = -2 \Rightarrow \boxed{c = -1}$

$a = 2, b = -3$ e $c = -1$ e $f(x) = ax^2 + bx + c \Rightarrow \boxed{f(x) = 2x^2 - 3x - 1}$

---

202 Dada a função $f(x) = 3x^2 - 7x - 20$, determinar as imagens pedidas e o par de f em questão, nos casos:

a) $f(5)$

b) $f(4)$

c) $f\left(-\dfrac{5}{3}\right)$

203 Determinar o ponto onde o gráfico da função quadrática corta o eixo das ordenadas (eixo dos y), nos casos:

a) $f(x) = -3x^2 - 9x + 1$

b) $y = 4x^2 - 5x - \dfrac{1}{3}$

c) $y = -\dfrac{7}{5}x^2 - 6x + \sqrt{2}$

d) $f(x) = 16 - 4x^2$

e) $f(x) = (\sqrt{3} - 1)x^2$

f) $y = 4x - 9x^2$

204 Determinar as raízes e os pontos onde a função polinomial do 2º grau dada corta o eixo das abscissas (eixo dos x), nos casos:

a) $f(x) = x^2 - 7x + 10$

b) $f(x) = 2x^2 + 6x - 20$

c) $f(x) = 3x^2 - 3x - 36$

d) $y = 2x^2 + 13x - 7$

e) $y = 9x^2 - 30x - 24$

f) $y = 24x^2 - 36x$

g) $f(x) = 4x^2 - 36$

h) $f(x) = 2x^2 - 4x + 1$

i) $f(x) = 4x^2 - 12x + 9$

142

205 Determinar o valor de x e o par de f correspondente da função $f(x) = 3x^2 - 2x - 5$, dada a imagem f(x), nos casos:

a) $f(x) = 0$

b) $f(x) = -4$

c) $f(x) = 3$

d) $f(x) = -6$

e) $f(x) = \dfrac{-16}{3}$

f) $f(x) = 35$

206 Dado o esboço do gráfico de uma função quadrática, determinar o valor máximo ou mínimo, conforme for o caso e também a imagem de f, nos casos:

a)

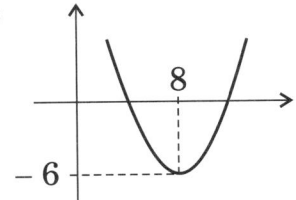

b)

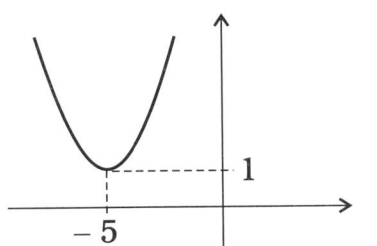

c)

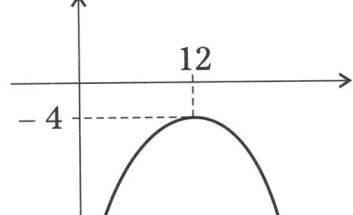

d)

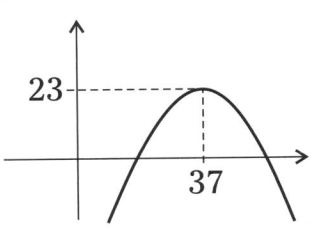

e)

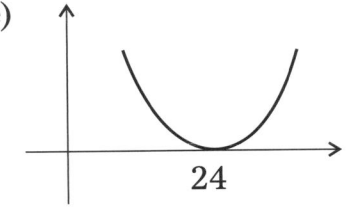

f)

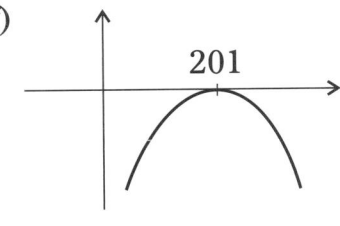

Resp: **202** a) f(5) = 20 e (5, 20)   b) f(4) = 0 e (4, 0)   c) $f\left(\dfrac{-5}{3}\right) = 0$ e $\left(-\dfrac{5}{3}, 0\right)$

143

207. Determinar o vértice da parábola representativa da função quadrática dada, usando a fómula $V\left(\dfrac{-b}{2a}, \dfrac{-\Delta}{4a}\right)$, nos casos:

a) $f(x) = 2x^2 - 4x - 8$

b) $f(x) = 3x^2 - 12x + 5$

c) $f(x) = 2x^2 - 3x - 1$

d) $y = 9x^2 - 12x + 4$

e) $y = 4x^2 - 8x + 10$

f) $y = 4x^2 - 6x$

g) $y = 4x^2 - 9$

h) $y = 4x^2$

i) $y = 2x^2 + x + 1$

208. Determinando primeiramente a abscissa do vértice (x_V) e depois a ordenada y_V, sabendo que $y_V = f(x_V)$, determinar o vértice da parábola, nos casos:

a) $y = 2x^2 - 8x - 5$

b) $y = 3x^2 + 24x + 25$

c) $y = x^2 - 6x + 10$

209 Determinando a ordenada do vértice do gráfico da função quadrática dada, determinar o seu valor máximo ou mínimo e a sua imagem, nos casos:

a) $y = 2x^2 - 12x + 9$

b) $y = 3x^2 - 18x + 20$

c) $y = -2x^2 + 8x - 6$

d) $y = -x^2 + 4x - 8$

e) $y = x^2 - 6x + 20$

f) $y = 2x^2 - 10x$

g) $y = -x^2 + 20x$

h) $y = -7x^2 + 20$

i) $y = 8x^2 - 15$

210 Determinar a equação do eixo de simetria da parábola que é o gráfico da função do 2º grau dada, nos casos:

a) $y = 3x^2 - 18x - 7$

b) $y = 4x^2 + 8x - 1$

c) $y = -3x^2 + 51$

Resp: **203** a) (0, 1) b) $\left(0, -\frac{1}{3}\right)$ c) $(0, \sqrt{2})$ d) (0, 16) e) (0, 0) f) (0, 0)

204 a) 2 e 5 e (2, 0) e (5, 0) b) –5 e 2 e (–5, 0) e (2, 0) c) 4 e –3 e (4, 0) e (–3, 0)

d) $\frac{1}{2}$ e –7 e $\left(\frac{1}{2}, 0\right)$ e (–7, 0) e) 4 e $-\frac{2}{3}$ e (4, 0) e $\left(-\frac{2}{3}, 0\right)$ f) 0 e $\frac{3}{2}$ e (0, 0) e $\left(\frac{3}{2}, 0\right)$

g) –3 e 3 e (–3, 0) e (3, 0) h) $\Delta < 0 \Rightarrow$ Não tem raízes reais e não corta o eixo das abscissas

i) $\frac{3}{2}$ e tangencia o eixo das abscissas em $\left(\frac{3}{2}, 0\right)$ **205** a) $\frac{5}{3}$ e –1 e $\left(\frac{5}{3}, 0\right)$ e (–1, 0)

b) 1 e $-\frac{1}{3}$ e (1, –4) e $\left(-\frac{1}{3}, -4\right)$ c) 2 e $-\frac{4}{3}$ e (2, 3) e $\left(-\frac{4}{3}, 3\right)$ d) $\Delta < 0 \Rightarrow$ Não esiste x tal que f(x) = –6

e) $\frac{1}{3}$ e $\left(\frac{1}{3}, -\frac{16}{3}\right)$ f) 4 e $-\frac{10}{3}$ e (4, 35) e $\left(-\frac{10}{3}, 35\right)$ **206** a) $a > 0 \Rightarrow V_{min.} = -6$ b) $a > 0 \Rightarrow V_{min.} = 1$
Im = $\{y \in \mathbb{R} | y \geq -6\}$ Im = $\{y \in \mathbb{R} | y \geq 1\}$

c) $a < 0 \Rightarrow V_{máx.} = -4$ d) $a < 0 \Rightarrow V_{máx.} = 23$ e) $a > 0 \Rightarrow V_{min.} = 0$ f) $a < 0 \Rightarrow V_{máx.} = 0$
Im = $\{y \in \mathbb{R} | y \leq -4\}$ Im = $\{y \in \mathbb{R} | y \leq 23\}$ Im = $\mathbb{R}_+ = [0, +\infty[$ Im = $\mathbb{R}_- =]-\infty, 0]$

211 Dada a função quadrática, dizer se o eixo e de simetria do seu gráfico está à esquerda ou à direita do eixo das ordenadas, nos casos:

a) $y = 5x^2 - 20x + 1$

b) $y = 2x^2 + 16x + 1$

c) $y = -3x^2 + 5x - 1$

d) $y = -7x^2 + 70x$

e) $y = -3x^2 - 12x$

f) $y = 7x^2 - 19$

212 Dadas as raízes de uma função quadrática e o ponto onde o gráfico da função corta o eixo das ordenadas (eixo dos y), diferente dos pares das raízes, determinar a equação que define esta função, nos casos:

a) Raízes 4 e 5 e P(0, 40)

b) Raízes 1 e −3 e P(0, 9)

c) Raízes 3 e −3 e P(0, −36)

d) Raízes $\frac{1}{2}$ e 6 e P(0, −6)

213 Dadas as raízes e um par qualquer, diferente dos formados pelas raízes, de uma função quadrática, determinar a equação que define a função, nos casos:

a) Raízes 2 e – 4 e P(4, 32)

b) Raízes 1 e – 6 e P(3, – 54)

c) Raízes $\frac{5}{2}$ e – 3 e P(– 5, 180)

d) Raízes $\frac{3}{2}$ e – $\frac{4}{3}$ e P(2, – 30)

Resp: **207** a) V = (1, – 10)   b) V = (2, – 7)   c) V = $\left(\frac{3}{4}, -\frac{17}{8}\right)$ d) V = $\left(\frac{2}{3}, 0\right)$ e) V = (1, 6)   f) V = $\left(\frac{3}{4}, \frac{-9}{4}\right)$ g) V = (0, – 9)

h) V = (0, 0)   i) V = $\left(-\frac{1}{4}, \frac{7}{8}\right)$ **208** a) V = (2, – 13)   b) V = (– 4, – 23)   c) V = (3, 1)   **209** a) a > 0 ⇒ V$_{min.}$ = – 9
Im = {y ∈ ℝ | y ⩾ – 9}

b) a > 0 ⇒ V$_{min.}$ = – 7   c) a < 0 ⇒ V$_{máx.}$ = 2   d) a < 0 ⇒ V$_{máx.}$ = – 4   e) a > 0 ⇒ V$_{min.}$ = 1   f) a > 0 ⇒ V$_{min.}$ = –$\frac{25}{2}$
Im = {y ∈ ℝ | y ⩾ – 7}   Im = {y ∈ ℝ | y ⩽ 2}   Im =] – ∞, – 4]   Im = [1, + ∞[Im = $\left[-\frac{25}{2}, +\infty\right[$

g) a < 0 ⇒ V$_{máx.}$ = 100   h) a < 0 ⇒ V$_{máx.}$ = 20   i) a > 0 ⇒ V$_{min.}$ = –15   **210** a) $x = 3$ b) $x = -1$ c) $x = 0$
Im = {y ∈ ℝ | y ⩽ 100}   Im = {y ∈ ℝ | y ⩽ 0}   Im = {y ∈ ℝ | y ⩾ – 15}

214 Dadas três pares pertencentes a uma função quadrática $y = ax^2 + bx + c$, determinar a equação que define esta função, nos casos:

a) $(1, -8)$, $(2, -5)$ e $(-2, 7)$

b) $(-3, -40)$, $(3, -16)$ e $(4, -33)$

215 De uma função quadrática $f(x) = ax^2 + bx + c$ sabemos que $f(1) = 10$, $f(-1) = -18$ e $f(2) = 36$. Determinar o vértice da parábola representativa desta função.

216 Determinar os pontos onde o gráfico da função polinomial do 2º grau $f(x) = ax^2 + bx + c$ corta os eixos coordenados, sabendo que $f(1) = -16$, $f(4) = 26$ e $f(-2) = 50$.

Resp: **211** a) $x_V > 0 \Rightarrow$ e está à direita de 0y. b) $x_V < 0 \Rightarrow$ e está à esquerda de 0y. c) $x_V > 0 \Rightarrow$ e está à direita de 0y.
d) $x_V > 0 \Rightarrow$ e está à direita de 0y. e) $x_V < 0 \Rightarrow$ e está à esquerda de 0y. f) $x_V = 0 \Rightarrow$ e é o própria eixo 0y.

212 a) $f(x) = 2x^2 - 18x + 40$ b) $f(x) = -3x^2 - 6x + 9$ c) $f(x) = 4x^2 - 36$ d) $f(x) = -2x^2 + 13x - 6$

213 a) $f(x) = 2x^2 + 4x - 16$ b) $f(x) = -3x^2 - 15x + 18$ c) $f(x) = 12x^2 + 6x - 90$ d) $f(x) = -18x^2 + 3x + 36$

217 Dado o esboço do gráfico de uma função quadrática, determinar a equação que a define nos casos:

a)

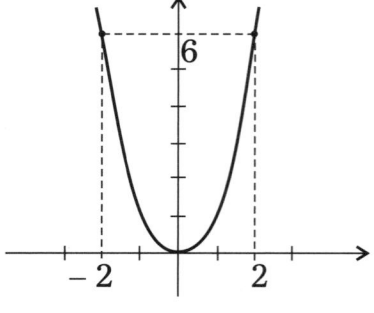

b)

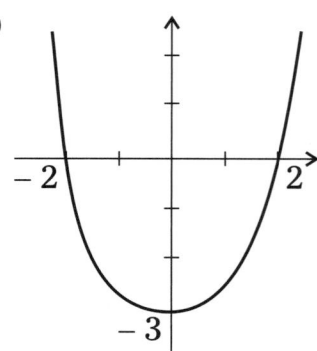

c)

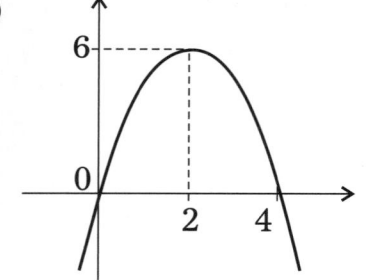

d)

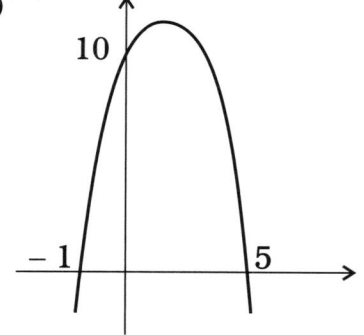

218 Dado o esboço do gráfico da função $f(x) = ax^2 + bx + c$, determinar o sinal de Δ, a, b, e c, nos casos:

a)

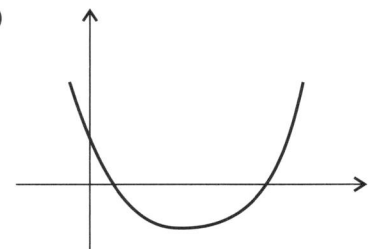

b)

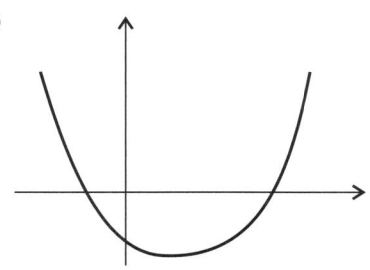

c)

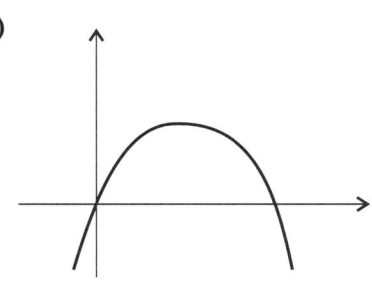

d)

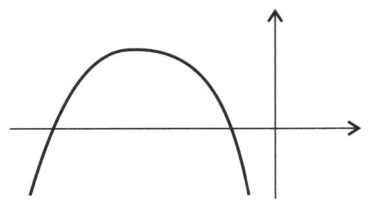

e)

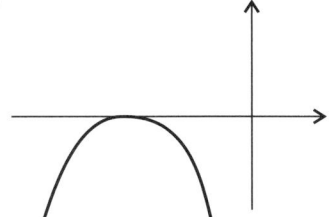

f)

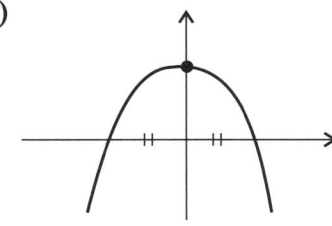

g)

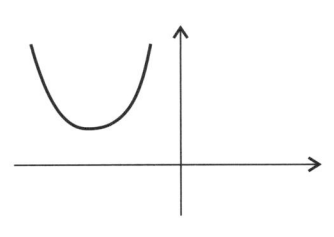

h)

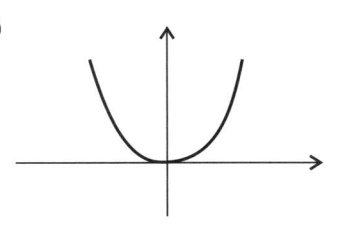

i)

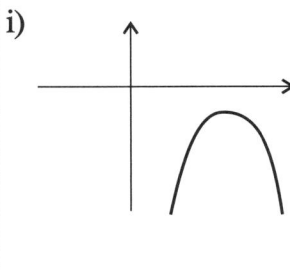

219 Dada a função $f(x) = 2x^2 + 8x + m$, determinar m, de modo que o valor mínimo de $f(x)$ seja -12.

Resp: **214** a) $f(x) = 2x^2 - 3x - 7$ b) $f(x) = -3x^2 + 4x - 1$ **215** $V = \left(\frac{-7}{4}, \frac{-81}{4}\right)$ **216** $(0, -6)$, $(3, 0)$ e $\left(-\frac{1}{3}, 0\right)$

220 Dado o esboço do gráfico da função $f(x) = ax^2 + bx + c$, destacando as raízes quando $\Delta \geq 0$ e dando a abscissa do vértice, que é $\dfrac{x' + x''}{2}$ quando $\Delta \geq 0$, determinar o intervalo onde f é crescente, o intervalo onde ela é decrescente e estudar a variação do sinal de f, nos casos:

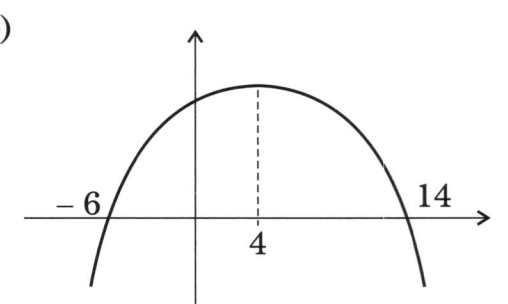

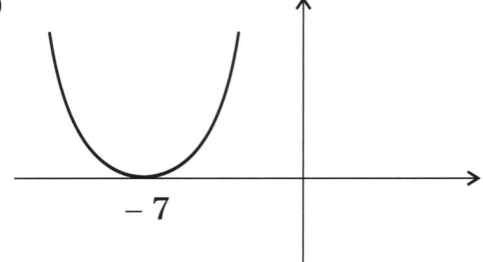

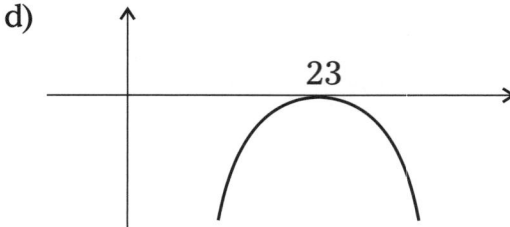

a) parábola com concavidade para cima, raízes 1 e 5, vértice em x = 3

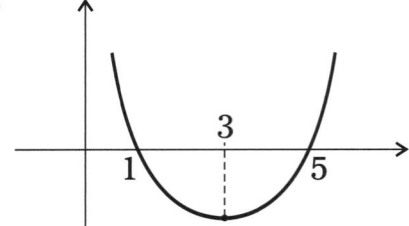

b) parábola com concavidade para baixo, raízes −6 e 14, vértice em x = 4

c) parábola com concavidade para cima, vértice em x = −7 (à esquerda do eixo y)

d) parábola com concavidade para baixo, vértice em x = 23

e) parábola com concavidade para cima, vértice em x = 13

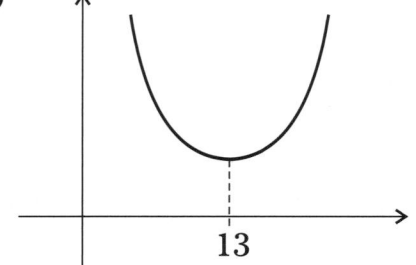

f) parábola com concavidade para baixo, vértice em x = −17

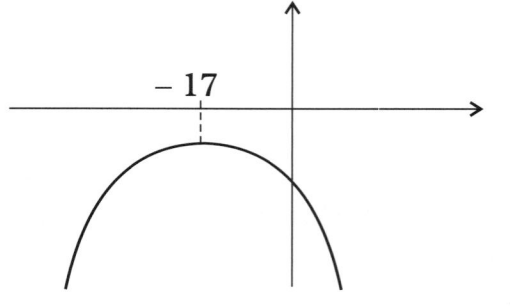

221 Dado a função quadrática y = ax² + bx + c, suprimindo o eixo das ordenadas (eixo dos y) e destacando apenas a concavidade e as raízes, quando $\Delta \geq 0$, esboçar o gráfico e fazer o estudo da variação do sinal de f, nos casos:

a) $f(x) = 3x^2 - x - 4$

b) $f(x) = -8x^2 - 2x + 6$

c) $f(x) = 12x^2 + 36x + 27$

d) $f(x) = -28x^2 + 28x - 7$

e) $f(x) = 5x^2 - 7x + 4$

f) $f(x) = -3x^2 + 5x - 3$

Resp: **217** a) $f(x) = \frac{3}{2}x^2$ b) $f(x) = \frac{3}{4}x^2 - 3$ c) $f(x) = -\frac{3}{2}x^2 + 6x$ d) $f(x) = -2x^2 + 8x + 10$

218 a) $\Delta > 0$, $a > 0$, $c > 0$, $b < 0$ b) $\Delta = 0$, $a > 0$, $c < 0$, $b < 0$ c) $\Delta > 0$, $a < 0$, $c = 0$, $b > 0$ d) $\Delta > 0$, $a < 0$, $c < 0$, $b < 0$
e) $\Delta = 0$, $a < 0$, $c < 0$, $b < 0$ f) $\Delta > 0$, $a < 0$, $c > 0$, $b = 0$ g) $\Delta < 0$, $a > 0$, $c > 0$, $b > 0$ h) $\Delta = 0$, $a > 0$, $c = 0$, $b = 0$
i) $\Delta < 0$, $a < 0$, $c < 0$, $b > 0$ **219** m = –4

222 Utilizando o dispositivo apresentado ao lado, estudar a variação do sinal da função $f(x) = ax^2 + bx + c$ dada, nos casos. x' e x'' são as raízes de $f(x)$, com $x' < x''$.

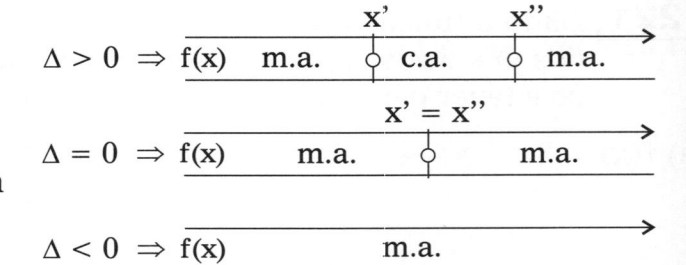

$\Delta > 0 \Rightarrow f(x)$ m.a. | c.a. | m.a. (x', x'')

$\Delta = 0 \Rightarrow f(x)$ m.a. | m.a. (x' = x'')

$\Delta < 0 \Rightarrow f(x)$ m.a.

a) $y = 2x^2 - 11x - 21$

b) $y = -9x^2 - 51x + 18$

c) $y = -2x^2 + 16x - 32$

d) $y = 5x^2 + 30x + 45$

e) $y = 5x^2 - x + 1$

f) $y = -7x^2 + 2x - 2$

223 Dada a função $f(x) = ax^2 + bx + c$, com $\Delta < 0$, determinando o vértice e o ponto onde f corta o eixo dos y e o seu simétrico em relação o eixo de simetria, esbocar o gráfico de f, nos casos:

a) $y = x^2 - 2x + 3$. Determinar também os pontos de f que distam 2 do eixo de simetria.

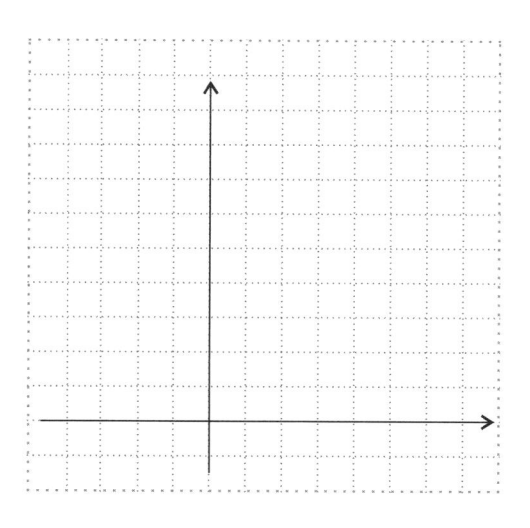

b) $y = -x^2 + 4x - 5$. Determinar o pontos de f que distam 1 do eixo de simetria.

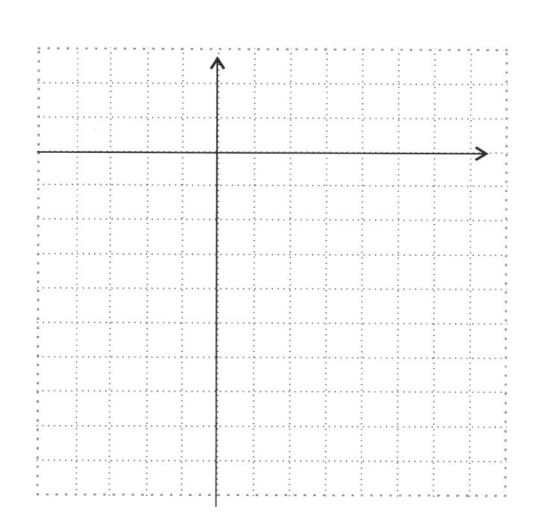

Resp: **220** a) $x \leq 3 \Leftrightarrow f$ é decrescente
$x \geq 3 \Leftrightarrow f$ é crescente
$f(x) = 0 \Leftrightarrow x = 1 \lor x = 5$
$f(x) < 0 \quad 1 < x < 5$
$f(x) > 0 \Leftrightarrow x < 1 \lor x > 5$

b) $x \leq 4 \Leftrightarrow f$ é crescente
$x \geq 4 \Leftrightarrow f$ é decrescente
$f(x) = 0 \Leftrightarrow x = -6 \lor x > 14$
$f(x) < 0 \Leftrightarrow x < -6 \lor x > 14$
$f(x) > 0 \Leftrightarrow -6 < x < 14$

c) $f(x)$ é decrescente em $]-\infty, -7]$
$f(x)$ é crescente em $[-7, +\infty[$
$f(x) = 0 \Leftrightarrow x = -7$
$f(x) > 0 \Leftrightarrow x \in \mathbb{R} \land x \neq -7$

d) $f(x)$ é crescente em $]-\infty, 23]$
$f(x)$ é decrescente em $[23, +\infty[$
$f(x) = 0 \Leftrightarrow x = 23$
$f(x) < 0 \Leftrightarrow x \in \mathbb{R} \land x \neq 23$

e) $f(x)$ é decrescente em $]-\infty, 13]$
$f(x)$ é crescente em $[13, +\infty[$
$f(x) > 0, \forall x \in \mathbb{R}$

f) $f(x)$ é crescente em $]-\infty, -17]$
$f(x)$ é decrescente em $[-17, +\infty[$
$f(x) < 0, \forall x \in \mathbb{R}$

221 a) $f(x) = 0 \Leftrightarrow x = -1 \lor x = \frac{4}{3}$
$f(x) < 0 \Leftrightarrow -1 < x < \frac{4}{3}$
$f(x) > \Leftrightarrow x < -1 \lor x > \frac{4}{3}$

d) $f(x) = 0 \Leftrightarrow x = \frac{1}{2}$
$f(x) < 0 \Leftrightarrow x \in \mathbb{R} \land x \neq \frac{1}{2}$

b) $f(x) = 0 \Leftrightarrow x = -1 \lor x = \frac{3}{4}$
$f(x) < 0 \Leftrightarrow x < -1 \lor x > \frac{3}{4}$
$f(x) > 0 \Leftrightarrow -1 < x < \frac{3}{4}$

e) $f(x) > 0, \forall x \in \mathbb{R}$

c) $f(x) = 0 \Leftrightarrow x = -\frac{3}{2}$
$f(x) > 0 \Leftrightarrow x \in \mathbb{R} \land x \neq -\frac{3}{2}$

f) $f(x) < 0, \forall x \in \mathbb{R}$

155

224 Determinando o vértice da parábola e os pontos onde ela corta os eixos e sempre para algum ponto obtido, determinando o simétrico em relação ao eixo de simetria, esboçar o gráfico da função $y = ax^2 + bx + c$, nos casos:

a) $y = x^2 + 2x - 3$. Determinar também os pontos de f que distam 3 do eixo de simetria.

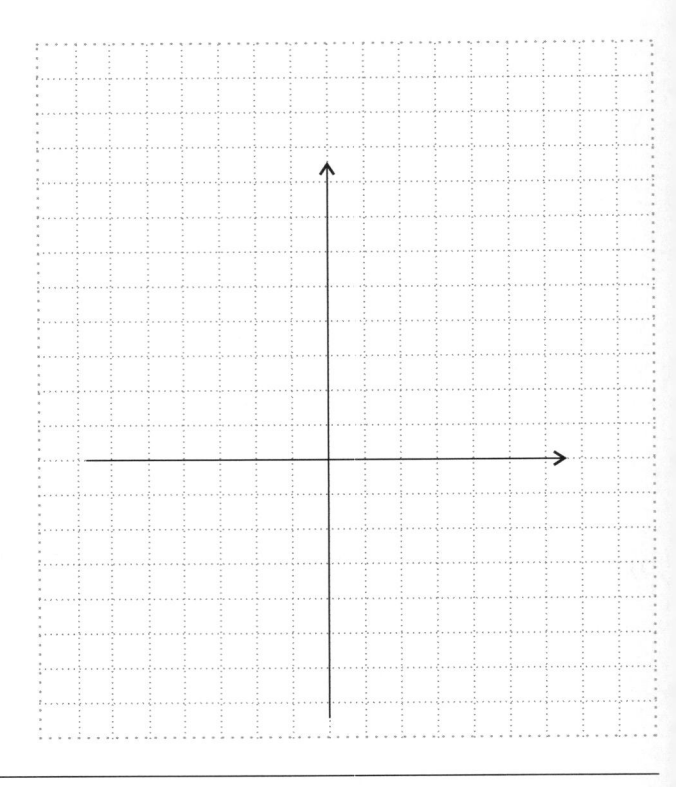

b) $y = -\dfrac{1}{2}x^2 + 2x + 6$. Determinar também os pontos de **f** distantes 5 do eixo de simetria

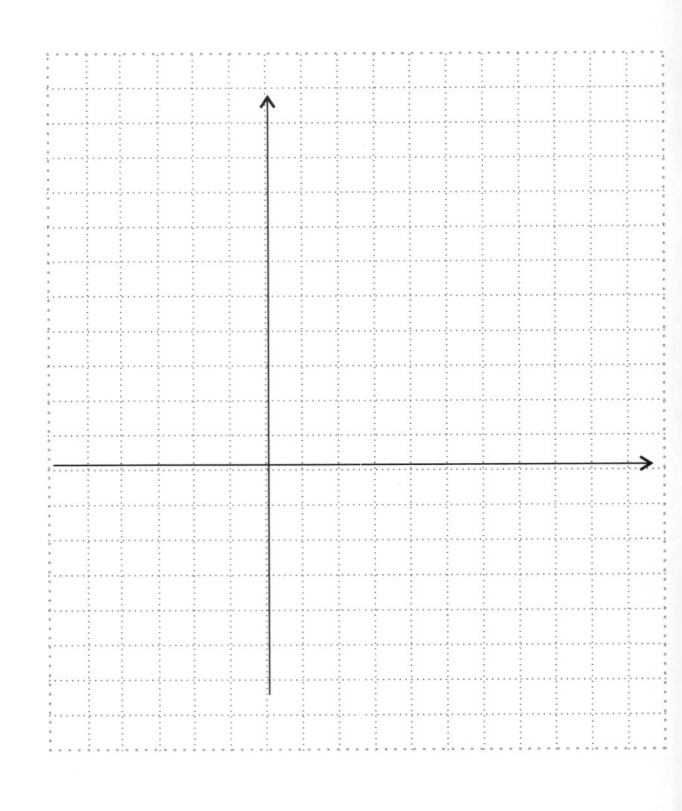

225 Considere a função quadrática $f(x) = (m-2)x^2 - (m+4)x + 1$. Determinar o valor real do parâmetro **m** nos casos:

a) Para que $f(x)$ tenha valor mínimo.

b) Para que $f(x)$ tenha valor máximo.

c) Para que o seu valor mínimo ocorra no ponto com $x = 4$.

d) Para que o seu valor máximo ocorra para $x = \dfrac{1}{3}$.

e) Para que o valor mínimo de $f(x)$ seja -7.

Resp: **222** a) $f(x) = 0 \Leftrightarrow x = -\dfrac{3}{2} \lor x = 7$

$f(x) < 0 \Leftrightarrow -\dfrac{3}{2} < x < 7$

$f(x) > 0 \Leftrightarrow x < -\dfrac{3}{2} \lor x > 7$

d) $f(x) = 0 \Leftrightarrow x = -3$

$f(x) > 0 \Leftrightarrow x \in \mathbb{R},\ x \neq -3$

b) $f(x) = 0 \Leftrightarrow x = -6 \lor x = \dfrac{1}{3}$

$f(x) < 0 \Leftrightarrow x < -6 \lor x > \dfrac{1}{3}$

$f(x) > 0 \Leftrightarrow -6 < x < \dfrac{1}{3}$

e) $f(x) > 0 \Leftrightarrow \forall x \in \mathbb{R}$

c) $f(x) = 0 \Leftrightarrow x = 4$

$f(x) < 0 \Leftrightarrow x \in \mathbb{R},\ x \neq 4$

f) $f(x) < 0 \Leftrightarrow \forall x \in \mathbb{R}$

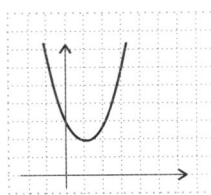

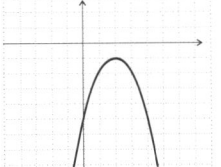

223 a) [gráfico de parábola com concavidade para cima]   b) [gráfico de parábola com concavidade para baixo]

157

226 Dada a função f(x) = (2 – 2m)x² + (m + 2) x + m – 9, determine o valor do parâmento **m** nos casos:

a) Para que ela tenha valor máximo.

b) Para que o máximo seja 3.

227 Dada a função do 2º grau com parâmento **m**. Determinar **m**, nos casos:

a) f(x) = 4x² – 8x – m + 1. Para que o valor mínimo seja – 8

b) f(x) = – 5x² – (m + 1) x + m – 3. Para que o valor máximo seja 7,2.

228 Determinar **m** para que a imagem da função f(x) = 2x² − 12x + 5 − m seja
Im = $\{y \in \mathbb{R} \mid y \geq -28\}$

229 Determinar **m** para que a imagem da função f(x) = −3x² − (m + 5)x + 7 seja
Im = $\{y \in \mathbb{R} \mid y \leq \frac{37}{3}\}$

230 Com 60 m de tela João quer contruir um galinheiro retangular, aproveitando um muro já existente no local para ser um dos lados do retângulo. Qual é a máxima área que João poderá cercar, desta forma?

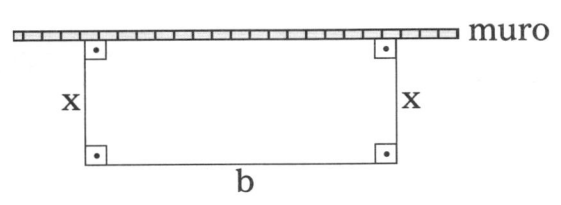

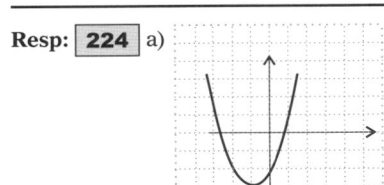

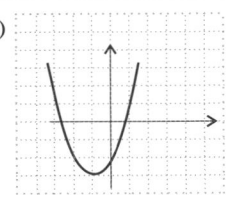

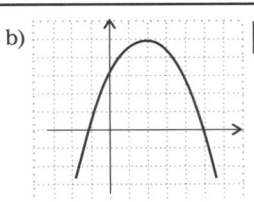

muro
x   x
b

Resp: **224** a)   b)   **225** a) m > 2   b) m < 2   c) m = $\frac{20}{7}$
d) m = −16   e) m = 4 ou m = 20

159

231 De todos os retângulos de perímetro 40 cm, quanto mede os lados do que tem a maior área?

232 Um retângulo está inscrito em um triângulo de base com 8 cm e altura 10 cm, como mostra a figura. Determinar:

a) A altura **h** do retângulo em função da sua base **x** e a área **S** do retângulo em função de **x**.
b) O valor de **x** para que o retângulo tenha a maior área possível e esta área.

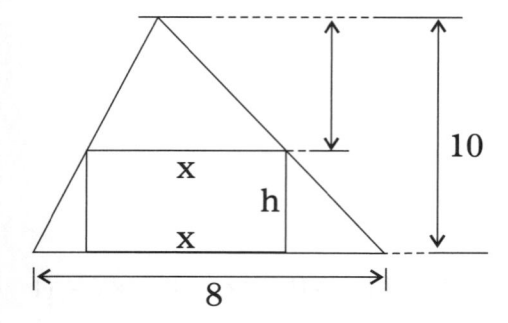

233 Dividir 16 em duas parcelas **x** e **n** tal que o produto de (x − 2) por (2n + 4) tenha o maior valor possível.

234 Na figura temos um retângulo de base x sobre a base **n** de um triângulo, inscrito neste trângulo. Mostre que para qualquer que seja a altura **h** do triângulo, relativa a **n**, se o retângulo tem área máxima, então x é base média do triângulo, relativa a **n**. Isto é $x = \dfrac{n}{2}$.

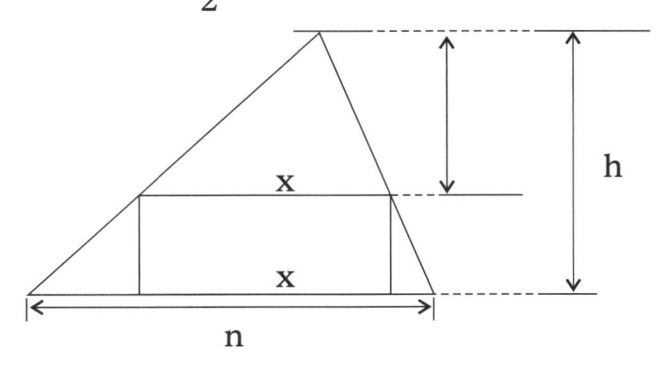

235 Um trapézio tem bases de 24 cm e 6 cm e altura de 15 cm e os ângulos da base maior são agudos. Um retângulo com um lado de medida **x** sobre a base de 24 cm tem os outros dois vértices sobre os lados oblíquos do trapézio. Qual o valor de **x** para que o retângulo assim descrito tenha área máxima, e qual é essa área?

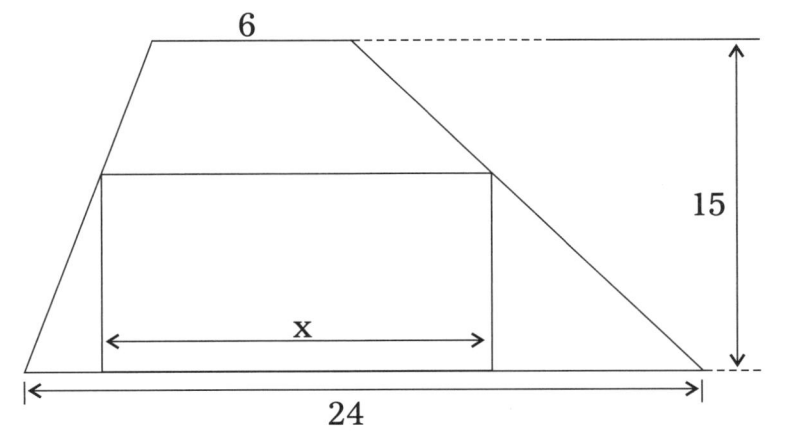

Resp: **226** a) $m > 1$ b) $m = 10 \lor m = \dfrac{10}{9}$ **227** a) $m = 5$ b) $m = 7$ ou $m = -22$

228 $m = 15$ **229** $m = -13 \lor m = 3$ **230** 450 m^2

236 (ENEM – 2013) A parte interior de uma taça foi gerada pela rotação de uma parábola em torno de um eixo z, conforme mostra a figura.

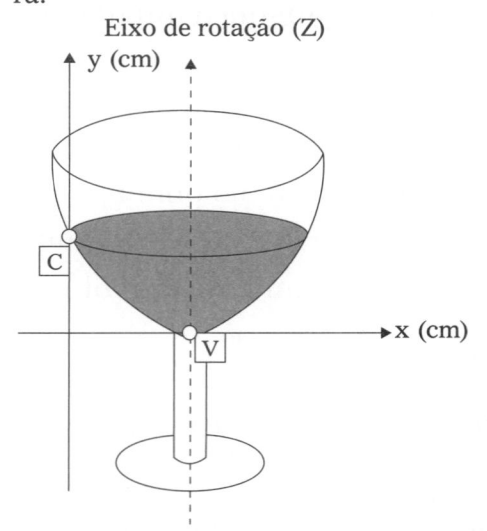

A função real que expressa a parábola, no plano cartesiano da figura, é dada pela lei $f(x) = \frac{3}{2}x^2 - 6x + C$, onde C é a medida da altura do líquido contido na taça, em centímetros. Sabe-se que o ponto V, na figura, representa o vértice da parábola, localizado sobre o eixo x.

Nessas condições, a altura do líquido contido na taça, em centímetros, é

a) 1   b) 2   c) 4   d) 5   e) 6

237 (ENEM – 2015) Um estudante está pesquisando o desenvolvimento de certo tipo de bactéria. Para essa pesquisa, ele utiliza uma estufa para armazenar as bactérias. A temperatura no interior dessa estufa, em graus Celsius, é dada pela expressão $T(h) = -h^2 + 22h - 85$, em que h representa as horas do dia. Sabe-se que o número de bactérias é o maior possível quando a estufa atinge sua temperatura máxima e, nesse momento, ele deve retirá-las da estufa. A tabela associa intervalos de temperatura, em graus Celsius, com as classificações: muito baixa, baixa, média, alta e muito alta.

Intervalos de temperatura (°C)	Classificação
T < 0	Muito baixa
0 ≤ T ≤ 17	Baixa
17 < T < 30	Média
30 ≤ T ≤ 43	Alta
T > 43	Muita Alta

Quando o estudante obtém o maior número possível de bactérias, a temperatura no interior da estufa está classificada como:

a) muito baixa.   b) baixa.   c) média.
d) alta.   e) muito alta.

238 (IMED – 2016) Em um determinado mês, o lucro de uma industria de cosméticos é expressão por $L(x) = -x^2 + 10x + 11$, em quer x representa a quantidade de cosméticos vendido e L(x), o valor do lucro em reais. Nessas condições, o lucro máximo, em reais, atingido por essa industria corresponde a:

a) 24   b) 36   c) 48   d) 56   e) 64

239 (UEMG – 2016) O lucro de uma empresa é dado pela expressão matemática L = R – C, onde L é o lucro, C o custo da produção e R a receita do produto.
Uma fábrica de tratores produziu n unidades e verificou que o custo de produção era dado pela função $C(n) = n^2 - 1000n$ e a receita representada por $R(n) = 5000n - 2n^2$.
Com base nas informações acima, a quantidade n de peças a serem produzidas para que o lucro seja máximo corresponde a um número do intervalo

a) 580 < n < 720   b) 860 < n < 940   c) 980 < n < 1300   d) 1350 < n < 1800

162

240 (ESPM – 2012) A figura abaixo mostra um retângulo de lados 7 cm e 8 cm no qual estão contidos os quadrados A. B e C. A medida x pode variar entre 3,5 cm e 7 cm. fazendo com que os lados dos três quadrados se alterem.

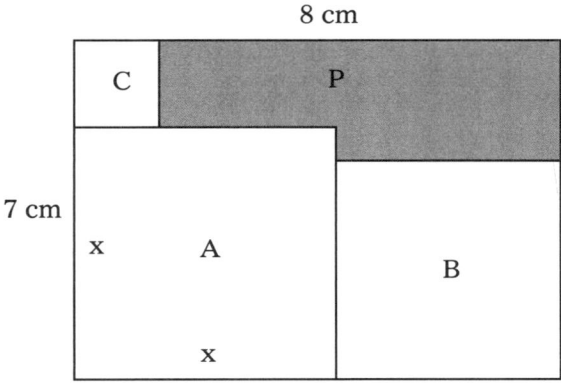

Dentro desse intervalo, o maior valor que a área do polígono P pode ter é igual a:

a) 18 cm²

b) 15 cm²

c) 17 cm²

d) 19 cm²

e) 16 cm²

241 (ESPM – 2010) Um sitiante quer construir, ao lado de um muro retilíneo, dois viveiros retangulares para criação de galinhas e patos, sendo que a área destinada aos patos (P) tem que ter 40 m² a mais que a destinada às galinhas (G). Para isso ele dispõe de 60 metros lineares de uma tela apropriada, que deverá ser usada para as cercas AB, CD, EF e BF, conforme a figura abaixo.

Para conseguir a maior área possível para os viveiros, a medida DF deverá ser de:

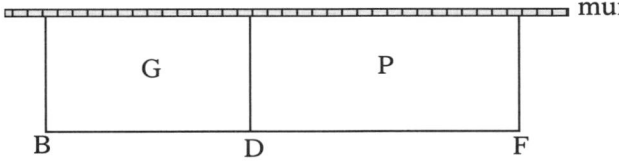

a) 15 metros   b) 16 metros   c) 17 metros

d) 18 metros   e) 19 metros

242 (UFSM – 2006) Na parede da sala de aula de Manolito, que tem 4 m de altura e 6 m de largura, será pintado um painel, conforme a figura apresentada. O valor de x para que a área hachurada seja máxima é

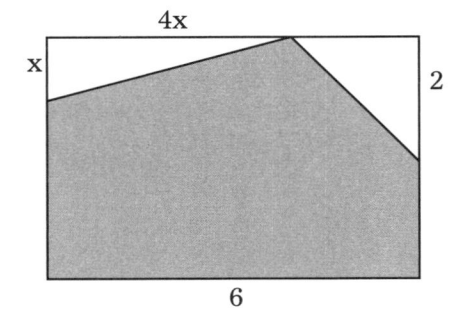

a) $\frac{1}{4}$ b) $\frac{1}{2}$ c) 1

d) 2   e) 4

Resp: **231** Quadrado de lado 10 cm   **232** a) $h(x) = -\frac{5}{4}x + 10$, $S(x) = -\frac{5}{4}x^2 + 10x$ b) $x = 4$ e 20 cm²

233 $x = 10$, $n = 6$ **234** Demonstração   **235** 12 cm, 120 cm²

243 (FUVEST – 2015) A trajetória de um projétil, lançado da beira de um penhasco sobre um terreno plano e horizontal, é parte de uma parábola com eixo de simetria vertical, como ilustrado na figura abaixo. O ponto P sobre o terreno, pé da perpendicular traçada a partir do ponto ocupado pelo projétil, percorre 30 m desde o instante do lançamento até o instante em que o projétil atinge o solo. A altura máxima do projétil, de 200 m acima do terreno, é atingida no instante em que a distância percorrida por P, a partir do instante do lançamento, é de 10 m. Quantos metros acima do terreno estava o projétil quando foi lançado?

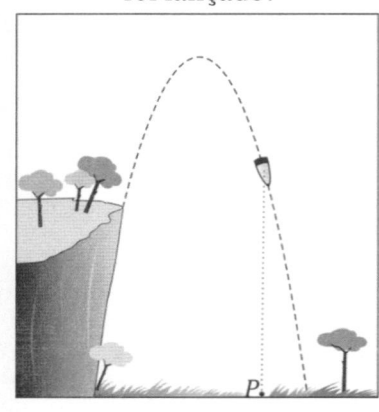

a) 60   b) 90   c) 120
d) 150 e) 180

244 (UFPA – 2012) Um estudante, ao construir uma pipa, deparou-se com o seguinte problema: possui uma vareta de miriti com 80 cm de comprimento que deveria ser dividida em três varetas menores, duas necessariamente com o mesmo comprimento x, que será a largura da pipa, e outra de comprimento y, que determinará a altura da pipa. A pipa deverá ter formato pentagonal, como na figura a seguir, de modo que a altura da região retangular seja $\frac{1}{4}y$, enquanto a da triangular seja $\frac{3}{4}y$. Para garantir maior capitação de vento, ele necessita que a área da superfície da pipa seja a maior possível.

A pipa de maior área que pode ser construída, nessas condições, possui área igual a:

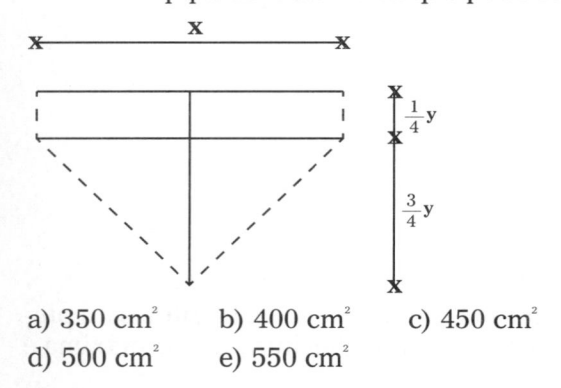

a) 350 cm²   b) 400 cm²   c) 450 cm²
d) 500 cm²   e) 550 cm²

245 (UNIFESP – 2003) A figura representa, na escala 1:50, os trechos de dois rios: um descrito pela parábola $y = x^2$ e o outro pela reta $y = 2x - 5$. De todos os possíveis canais retilíneos ligando os dois rios e construídos paralelamente ao eixo Oy, o de menor comprimento real, considerando a escala da figura, mede

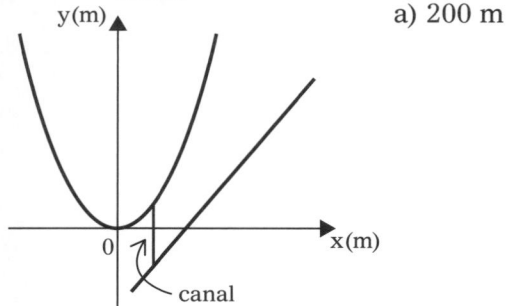

a) 200 m   b) 250 m   c) 300 m   d) 350 m   e) 400 m

VI INEQUAÇÕES DO 2º GRAU E REDUTÍVEIS

1 - Inequações do 2º grau

Para a, b e c números reais, com a diferente de zero, as sentenças
$ax^2 + bx + c < 0$, $ax^2 + bx + c \leqslant 0$, $ax^2 + bx + c > 0$ e $ax^2 + bx + c \geqslant 0$ são chamadas inequações do 2º grau.

Podemos reduzir, algumas inequações, a uma dessas aplicando as seguintes propriedades:

Com a, b, c sendo reais, temos:

$$a < b \Leftrightarrow a + c < b + c,\ a - c < b - c$$
$$a < b,\ m > 0 \Rightarrow am < bm \wedge \frac{a}{m} < \frac{b}{m}$$
$$a < b,\ m < 0 \Rightarrow am > bm \wedge \frac{a}{m} > \frac{b}{m}$$
$$a < b,\ b < c \Rightarrow a < c$$

Para resolver uma inequação do 2º grau fazemos o estudo da variação do sinal de $f(x) = ax^2 + bx + c$ e damos como resposta o conjuntos dos valores que tornam a sentença dada verdadeira.

Usaremos para isto o seguinte dispositivo.

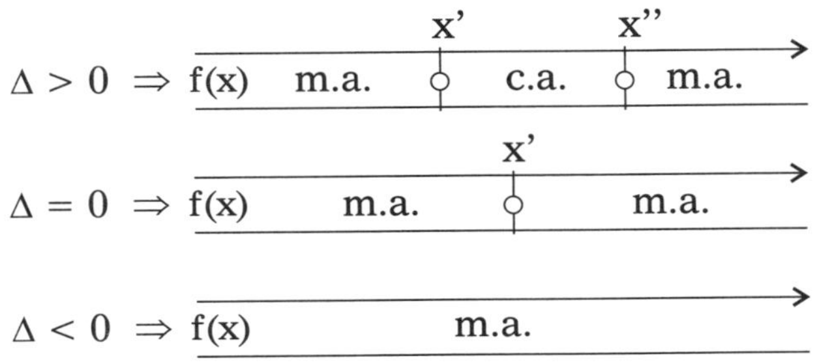

$$\Delta > 0 \Rightarrow f(x) \quad \text{m.a.} \quad \overset{x'}{\circ} \quad \text{c.a.} \quad \overset{x''}{\circ} \quad \text{m.a.}$$

$$\Delta = 0 \Rightarrow f(x) \quad \text{m.a.} \quad \overset{x'}{\circ} \quad \text{m.a.}$$

$$\Delta < 0 \Rightarrow f(x) \quad \text{m.a.}$$

Exemplo 1: Resolver a inequação $-2x^2 + 7x + 4 \leqslant 0$.

Queremos determinar os valores de x que tornam a expressão $-2x^2 + 7x + 4 \leqslant 0$.

1º modo: $\underbrace{\dfrac{-2x^2 + 7x + 4}{}}_{y} \leqslant 0$

1) Cálculo das raízes

$-2x^2 + 7x + 4 = 0$

$\boxed{2x^2 - 7x - 4} = 0$

$\Delta = 49 + 32 = 81 \Rightarrow x = \dfrac{7 \pm 9}{4}$

$x = -\dfrac{1}{2} \ \vee \ x = 4$

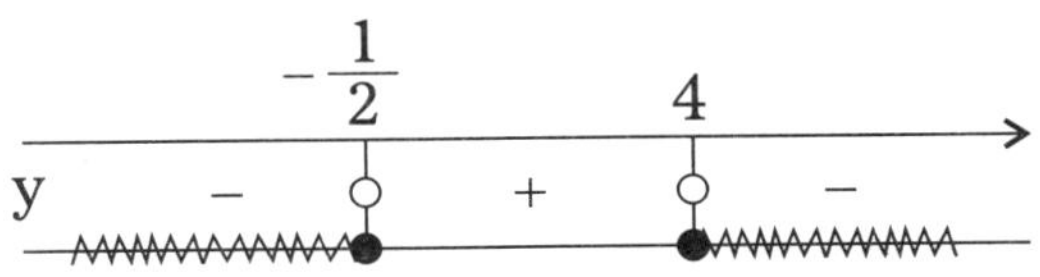

$$S = \left\{ x \in \mathbb{R} \mid x \leqslant -\dfrac{1}{2} \ \vee \ x \geqslant 4 \right\}$$

2º modo: $-2x^2 + 7x + 4 \leqslant 0$

$\underbrace{2x^2 - 7x - 4}_{y} \geqslant 0$

Cálculo das raízes

$2x^2 - 7x - 4 = 0$

$\Delta = 49 + 32 = 81 \Rightarrow x = \dfrac{7 \pm 9}{2}$

$x = -\dfrac{1}{2} \ \vee \ x = 4$

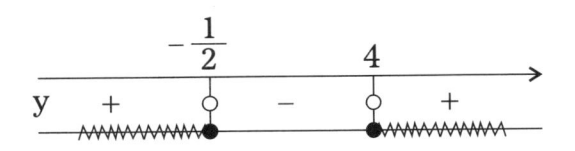

$$S = \left\{ x \in \mathbb{R} \mid x < -\dfrac{1}{2} \ \vee \ x > 4 \right\}$$

Obs.: Quando reduzimos a uma outra, aplicando as propriedades, obtemos inequações **equivalentes** as anteriores e então com a mesma solução.

Resp: **236** E **237** D **238** B **239** C **240** A **241** C **242** C

Exemplo 2: Resolver as seguintes inequações.

a) $\underbrace{4x^2 - 12x + 9}_{y} > 0$

Cálculo das raízes:

$4x^2 - 8x + 9 = 0$

$\Delta = 144 - 144 = 0 \Rightarrow x = \dfrac{12 \pm 0}{8} \Rightarrow x = \dfrac{3}{2}$

$S = \mathbb{R} - \left\{\dfrac{3}{2}\right\}$ ou $\left\{x \in \mathbb{R} | x \neq \dfrac{3}{2}\right\}$

Obs.: Se a inequação fosse

$4x^2 - 12x + 9 \geq 0$, teríamos:

$S = \mathbb{R}$

Se fosse $4x^2 - 12x + 19 < 0$, teríamos:

$S = \varnothing$

Se fosse $4x^2 - 12 + 9 \leq 0$, teriamos:

$S = \left\{\dfrac{3}{2}\right\}$

b) $\underbrace{4x^2 - 8x + 5}_{y} > 0$

Cálculo das raízes:

$4x^2 - 8x + 5 = 0$

$\Delta = 64 - 80 = -16 \Rightarrow$ a equação não tem raízes reais.

$S = \mathbb{R}$

Obs.: Se a inequação fosse

$4x^2 - 8x + 5 \geq 0$, ainda teríamos:

$S = \mathbb{R}$

Se fosse $4x^2 - 8x + 5 < 0$, teríamos:

$S = \varnothing$

Se fosse $4x^2 - 8x + 9 \leq 0$, teríamos:

$S = \varnothing$

---

246 Resolver as seguintes inequações:

a) $3x^2 - 13x - 10 > 0$

b) $6x^2 + 7x - 10 < 0$

c) $4x^2 - 17x + 15 \leq 0$

247 Resolver as seguintes inequações:

a) $9x^2 - 24x + 16 > 0$

b) $4x^2 - 4x + 1 < 0$

c) $-25x^2 + 20x - 4 \leq 0$

d) $9x^2 - 30x + 25 \leq 0$

e) $2x^2 - 7x + 8 > 0$

f) $5x^2 - 3x + 1 < 0$

g) $-3x^2 + 6x - 5 \leq 0$

h) $-4x^2 + 5x - \geq 0$

i) $x^2 - 2x - 2 < 0$

248 Resolver as seguintes inequações:

a) $2x^2 - 4x - 1 \geq 0$

b) $2x^2 - 12x \leq 0$

c) $4x^2 - 9 > 0$

d) $-3x^2 + 12 \geq 0$

e) $-7x^2 - 28x < 0$

f) $-6x^2 + 18x > 0$

g) $-2x^2 + 24 \leq 0.$

h) $72x^2 > 0$

i) $-8x^2 < 0$

j) $171x^2 < 0$

249 Resolver as seguintes equações:

a) $-2x^2 \leq 0$

b) $(\sqrt{2} + \pi)x^2 \geq 0$

c) $3\sqrt{5}\, x^2 \leq 0$

d) $-7x^2 \geq 0$

e) $(\sqrt{7} - \sqrt{2})x^2 \leq 0$

f) $(\sqrt{7} - \pi)x^2 \leq 0$

g) $x^2 + 1 > 0$

h) $3x^2 + 7 \geq 0$

i) $5x^2 + 7 < 0$

j) $-3x^2 - 7 < 0$

k) $-5x^2 - 18 \leq 0$

l) $-9x^2 - 4 > 0$

250 De acordo com o que foi aprendido, escrever diretamente o conjunto solução nos casos:

a) $9x^2 > 0$

b) $7x^2 \geq 0$

c) $4x^2 < 0$

d) $5x^2 \leq 0$

e) $-20x^2 < 0$

f) $-9x^2 \leq 0$

g) $-4x^2 > 0$

h) $-8x^2 \geq 0$

i) $x^2 + 4 > 0$

j) $x^2 + 7 \leq 0$

k) $x^2 + 8 < 0$

l) $2x^2 + 11 \leq 0$

m) $-x^2 - 7 < 0$

n) $-x^2 - 3 \leq 0$

o) $-x^2 - 4 > 0$

p) $-9x^2 - 7 \geq 0$

q) $4x^2 + \sqrt{2} \geq 0$

r) $-4x^2 - \pi < 0$

s) $-7x^2 \geq 0$

t) $-4x^2 \leq 0$

Resp: **246** a) $S = \left\{x \in \mathbb{R} \mid x \leq -\frac{2}{3} \vee x \geq 5\right\}$ b) $S = \left\{x \in \mathbb{R} \mid -2 \leq x \leq \frac{5}{6}\right\}$ c) $S = \left\{x \in \mathbb{R} \mid \frac{5}{4} \leq x \leq 3\right\}$

247 a) $S = \mathbb{R} - \left\{\frac{4}{3}\right\} = \left\{x \in \mathbb{R} \mid x \neq \frac{4}{3}\right\}$ b) $S = \varnothing$ c) $S = \mathbb{R}$ d) $S = \frac{5}{3}$ e) $S = \mathbb{R}$ f) $S = \varnothing$

g) $S = \mathbb{R}$ h) $S = \varnothing$ i) $S = \left\{x \in \mathbb{R} \mid 1 - \sqrt{3} \leq x \leq 1 + \sqrt{3}\right\}$

2 – Inequação na forma de produto ou quociente

Sendo f(x), g(x), h(x), ... funções polinomiais, vamos considerar inequações do tipo

$$f(x) \cdot g(x) > 0, \quad \frac{f(x) \cdot g(x)}{h(x)} < 0, \quad \frac{f(x)}{g(x) \cdot hx} \geq 0, \quad f(x) \cdot g(x) \cdot h(x) \leq 0$$

Para resolver este tipo de inequação estudamos os sinais das funções e depois fazemos a multiplicação dos sinais em todos os intervalos obtidos, para escolher os valores de **x** que satisfazem a condição dada.

Utilizamos para isto o dispositivo prático já visto.

Exemplo 1: $\underbrace{(2x-10)}_{f} \underbrace{(2x^2+x-1)}_{g} < 0$

1) Cálculo das raízes dos fatores f e g:

$2x - 10 = 0 \Rightarrow x = 5$

$2x^2 + x - 1 = 0 \Rightarrow \Delta = 1 + 8 = 9 \Rightarrow x = \dfrac{-1 \pm 3}{4} \Rightarrow x = -1 \lor x = \dfrac{1}{2}$

2) Fazemos o quadro de sinais para determinar os sinais da expressão E nos intervalos obtidos:

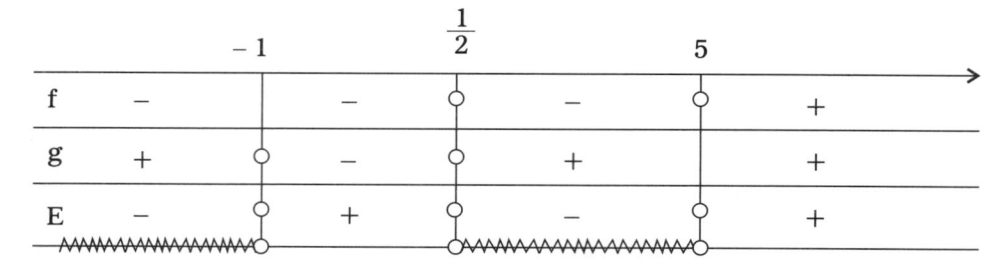

		-1		$\frac{1}{2}$		5	
f	$-$		$-$		$-$		$+$
g	$+$		$-$		$+$		$+$
E	$-$		$+$		$-$		$+$

$E = f \cdot g < 0 \Rightarrow S = \left\{ x \in \mathbb{R} \mid x < -1 \lor \dfrac{1}{2} < x < 5 \right\}$

Se fosse a inequação $f \cdot g \leq 0$ a resposta seria:

$S = \left\{ x \in \mathbb{R} \mid x \leq -1 \lor \dfrac{1}{2} \leq x \leq 5 \right\}$

Exemplo 2: $\dfrac{-2x+6}{-3x^2+15x+18} \geq 0$

1) Cálculo das raízes do numerador f e denominador g da expressão $E = \dfrac{f}{g}$.

$-2x + 6 = 0 \Rightarrow -x + 3 = 0 \Rightarrow x = 3$

$-3x^2 + 15x + 18 = 0 \Rightarrow x^2 - 5x - 6 = 0 \Rightarrow (x-6)(x+1) = 0 \Rightarrow x = 6 \lor x = -1$

2) Quadro de sinais. Note que os valores de x que tornam E = 0 também vão para a solução. Os valores que anulam o denominador não servem.

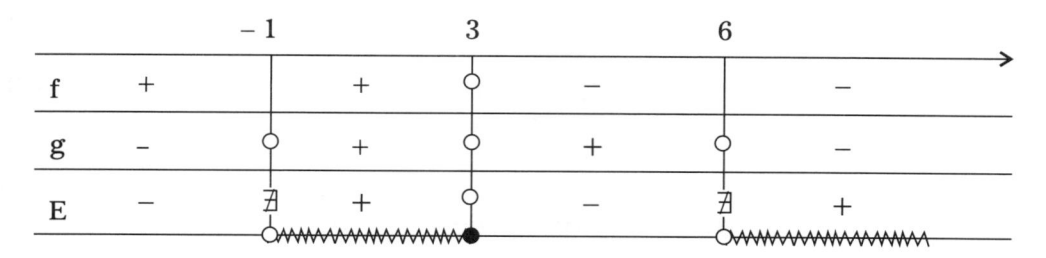

		-1		3		6	
f	$+$		$+$		$-$		$-$
g	$-$		$+$		$+$		$-$
E	$-$	∄	$+$		$-$	∄	$+$

$S = \{ x \in \mathbb{R} \mid -1 < x \leq 3 \lor x > 6 \}$

251 Resolver as seguintes inequações:

a) $(x^2 - 6x - 7)(x^2 - 4x + 3) \geq 0$

b) $\dfrac{x^2 - 3x - 10}{x^2 + 4x - 21} \leq 0$

c) $\dfrac{-x^2 - 5x + 24}{(-2x - 6)(x^2 - 6x + 5)} \geq 0$

Resp: **248** a) $S = \left\{ x \in \mathbb{R} \mid x \leq \dfrac{2-\sqrt{6}}{2} \vee x \geq \dfrac{2-\sqrt{6}}{2} \right\}$ b) $S = [0, 6] = \{x \in \mathbb{R} \mid 0 \leq x \leq 6\}$ c) $S = \left\{ x \in \mathbb{R} \mid x < -\dfrac{3}{2} \vee x > \dfrac{3}{2} \right\}$

d) $S = [-2, 6]$ e) $S =]-\infty, -4[\cup]0, +\infty[$ f) $S =]0, 3[= \{x \in \mathbb{R} \mid 0 < x < 3\}$ g) $S = \{x \in \mathbb{R} \mid x \leq -2\sqrt{3} \vee x \geq 2\sqrt{3}\}$

h) $S = \mathbb{R}^* = \mathbb{R} - \{0\}$ i) $S = \mathbb{R}^* = \mathbb{R} - \{0\}$ j) $S = \varnothing$ **249** a) $S = \mathbb{R}$ b) $S = \mathbb{R}$ c) $S = \{0\}$

d) $S = \{0\}$ e) $S = \{0\}$ f) $S = \mathbb{R}$ g) $S = \mathbb{R}$ h) $S = \mathbb{R}$ i) $S = \varnothing$ j) $S = \mathbb{R}$ k) $S = \mathbb{R}$ l) $S = \varnothing$

250 a) $S = \mathbb{R}^*$ b) $S = \mathbb{R}$ c) $S = \varnothing$ d) $S = \{0\}$ e) $S = \mathbb{R}^*$ f) $S = \mathbb{R}$ g) $S = \varnothing$ h) $S = \{0\}$ i) $S = \mathbb{R}$ j) $S = \mathbb{R}$

k) $S = \varnothing$ l) $S = \varnothing$ m) $S = \mathbb{R}$ n) $S = \mathbb{R}$ o) $S = \varnothing$ p) $S = \varnothing$ q) $S = \mathbb{R}$ r) $S = \mathbb{R}$ s) $S = \{0\}$ t) $S = \{0\}$

252 Resolver as seguintes inequações:

a) $\dfrac{(-2x^2+4x-3)(7x^2-63)}{-13\pi(2x^2-8x+8)} \geqslant 0$

b) $\dfrac{(-2x+10)(-x^2-9)(x^2+6x-27)}{-117(-3x^2+27)(x^2-6x+10)} \leqslant 0$

3 – Sistema de inequações

Chamamos de sistema de inequações, duas ou mais inequações cuja solução é o conjunto de todos os valores que satisfazem a todos essas inequações.

Resolvemos todas as inequações do sistema e a solução do sistema será a intersecção das soluções obtidas.

Exemplo 1: $\begin{cases} 2x - 1 \leq 9 \\ 4x - 1 < 7x + 11 \end{cases}$

(1) $2x - 1 \leq 9$
$2x \leq 10$
$S_1: x \leq 5$

(2) $4x - 1 < 7x + 11$
$-3x < 12$
$3x > -12$
$S_2: x > -4$

$S = S_1 \cap S_2 = \{x \in \mathbb{R} \mid -4 < x \leq 5\}$

Exemplo 2: $\begin{cases} x^2 - 2x - 8 \geq 0 \\ x^2 - x - 30 < 0 \end{cases}$

(1) $x^2 - 2x - 8 \geq 0$
$x^2 - 2x - 8 = 0$
$(x - 4)(x + 2) = 0$
$x = 4 \lor x = -2$

(2) $x^2 - x - 30 < 0$
$x^2 - x - 30 = 0$
$(x - 6)(x + 5) = 0$
$x = 6 \lor x = -5$

$S = S_1 \cap S_2$
$S = \{x \in \mathbb{R} \mid -5 < x \leq -2 \lor 4 \leq x < 6\}$

253 Resolver os seguintes sistemas:

a) $\begin{cases} 7x - 3 < 4x + 18 \\ 5x + 9 \leq 7x + 27 \end{cases}$

b) $\begin{cases} 3x^2 - 4x < 12 + 3x^2 \\ -x^2 + 8x - 12 \leq 0 \end{cases}$

Resp: **251** a) $S = \{x \in \mathbb{R} \mid x \leq -1 \lor 1 \leq x \leq 3 \lor x \geq 7\}$ b) $S = \{x \in \mathbb{R} \mid -7 < x \leq -2 \lor 3 < x \leq 5\}$
c) $S = \{x \in \mathbb{R} \mid -8 \leq x < -3 \lor 1 < x \leq 3 \lor x > 5\}$

254 Resolver os seguintes sistemas:

a) $\begin{cases} (2x-4)(x^2-7x-8) \leqslant 0 \\ \dfrac{-9x-27}{-x^2+14x-40} \geqslant 0 \end{cases}$

b) $\begin{cases} 2x-6 \leqslant 0 \\ (3x-5)(x^2+2x-3) \geqslant 0 \\ \dfrac{3x^2+4x-15}{x^2+x-12} \leqslant 0 \end{cases}$

Lembre-se de que $f(x) < g(x) < h(x) \Leftrightarrow f(x) < g(x) \land g(x) < h(x) \Leftrightarrow \begin{cases} f(x) < g(x) \\ g(x) < h(x) \end{cases}$

Então a expressão $f(x) < g(x) < h(x)$ é um sistema da inequações.

Quando houver variável apenas na função do "meio" e ainda apenas do 1º grau, podemos resolver diretamente.

Exemplo:
$-7 < 5x + 8 < 33 \Leftrightarrow -7 - 8 < 5x < 33 - 8 \Leftrightarrow$
$-15 < 5x < 25 \Leftrightarrow \dfrac{-15}{5} < x < \dfrac{25}{5} \Leftrightarrow \boxed{-3 < x < 5}$

Quando há variável nos outros membros ou apenas na do "meio", mas for do 2º grau, transformamos a dupla desigualdade e resolvemos o sistema.

Exemplos:

1) $3x - 1 \leqslant 2x + 7 < 3x + 2$

$\begin{cases} 3x - 1 \leqslant 2x + 7 \\ 2x + 7 < 3x + 2 \end{cases} \Rightarrow \begin{cases} 3x - 2x \leqslant 1 + 7 \\ 2x - 3x < -7 + 2 \end{cases} \Rightarrow \begin{cases} x \leqslant 8 \\ -x < -5 \end{cases} \Rightarrow \begin{cases} x \leqslant 8 \\ x > 5 \end{cases} \Rightarrow 5 < x \leqslant 5$

Se for necessário, determinar a interseção com auxílio da reta dos números reais.

$\{x \in \mathbb{R} \mid 5 < x \leqslant 8\}$

2) $13 - 2x < x^2 + 2x + 8 \leqslant -2x + 29$

$\begin{cases} x^2 + 2x + 8 > 13 - 2x \\ x^2 + 2x + 8 \leqslant -2x + 29 \end{cases} \Rightarrow \begin{cases} x^2 + 4x - 5 > 0 \\ x^2 + 4x - 21 \leqslant 0 \end{cases}$

$x^2 + 4x - 5 = 0 \Rightarrow (x + 5)(x - 1) = 0 \Rightarrow x = -5 \lor x = 1$

$x^2 + 4x - 21 = 0 \Rightarrow (x + 7)(x - 3) = 0 \Rightarrow x = -7 \lor x = 3$

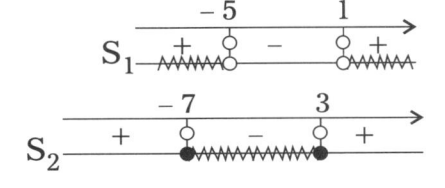

$S = \{x \in \mathbb{R} \mid -7 \leqslant x < -5 \lor 1 < x \leqslant 3\}$

255 Determinar x real que satisfaça a condição dada, nos casos:

a) $-7 < 2x + 5 \leqslant 21$

b) $13 \geqslant 5x - 7 > -12$

c) $-10 < 5 - 3x \leqslant 35$

Resp: **252** a) $S = \{x \in \mathbb{R} \mid x \leqslant -3 \lor x \geqslant 3\}$

b) $S = \{x \in \mathbb{R} \mid x < 3 \lor 3 < x < 2 \lor 3 < x < 5 \lor 5 < x \leqslant 9\}$ ou
$S = \{x \in \mathbb{R} \mid (x < 2 \lor 3 < x \leqslant 9) \land x \neq -3 \land x \neq 5\}$ ou
$S = \{x \in \mathbb{R} \mid x < 2 \lor 3 < x \leqslant 9\} - \{-3; 5\}$

253 a) $S = S_1 \cap S_2 = \{x \in \mathbb{R} \mid -9 \leqslant x < 7\}$

b) $S = \{x \in \mathbb{R} \mid -3 < x \leqslant 2 \lor x \geqslant 6\}$

175

256 Resolver:

a) $-9 \leqslant 5 - 2x < 1$

b) $8 \geqslant 2 - 3x \geqslant -13$

c) $1 \geqslant 1 - 5x > -19$

d) $4x - 5 \leqslant 6x - 17 < 2x + 15$

e) $2x - 3 < 8 - 3x \leqslant 2x + 7$

f) $-7x - 3 \leqslant x^2 - 9x - 11 < 2x^2 - 18x + 3$

g) $0 < x^2 - 1 \leqslant x^2 - x + 4$

257 Resolver as seguintes inequações:

a) $x^3 - 5x^2 - 9x + 45 \leq 0$

b) $x^6 - 64 \leq 0$

c) $x^5 + x^4 - 6x^3 - 27x^2 - 27x + 162 \geq 0$

Resp: **254** a) $S = \{x \in \mathbb{R} \mid -3 \leq x \leq -1 \vee 2 \leq x < 4\}$ b) $S = \{x \in \mathbb{R} \mid x = -3 \vee \frac{5}{3} \leq x < 3\}$ **255** a) $-6 < x \leq 8$ b) $4 \geq x > -1$ ou
c) $5 > x \geq -10$ ou
$\quad -10 \leq x < 5$
$\hfill -1 < x \leq 4$

VII EXERCÍCIOS DE FIXAÇÃO

Já vimos que um retângulo inscrito em um triângulo, como mostra a figura, tem área máxima quando o lado paralelo ao lado do triângulo mede a metade deste.
Ou seja, quando ele for a base média do triângulo.

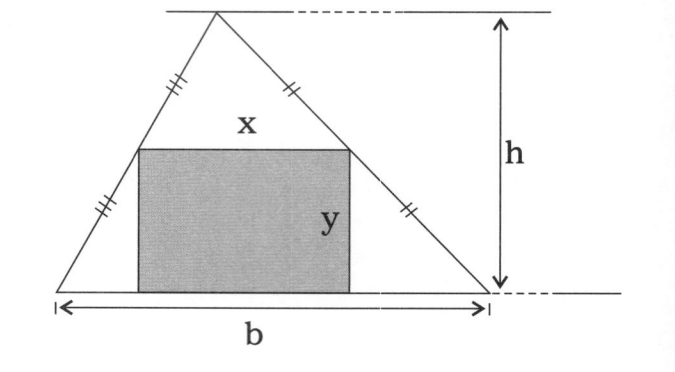

Retângulo tem área máxima

$\Rightarrow x = \dfrac{b}{2}$ e $y = \dfrac{h}{2}$

Usar este fato para resolver os próximos 4 exercícios.

258 (UEG – 2012) Em um terreno, na forma de um triângulo retângulo, será construido um jardim retangular conforme figura abaixo:

Sabendo que os dois menores lados do terreno medem 9 m e 4 m, as dimensões do jardim para que ele tenha a maior área possível serão, respectivamente,

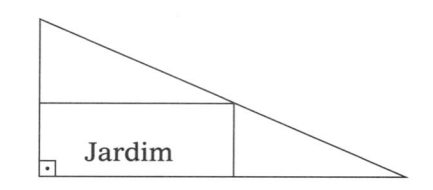

a) 2,0 m e 4,5 m
b) 3,0 m e 4,0 m
c) 3,5 m e 5,0 m
d) 2,5 m e 7,0 m

259 (ACAFE – 2016) Considere o retângulo da figura abaixo, com um lado contido na reta s: x – 2 = 0, o outro no eixo das abscissas e um vértice **P** na reta **r** que passa pelos pontos A (10,0) e B (2,8).

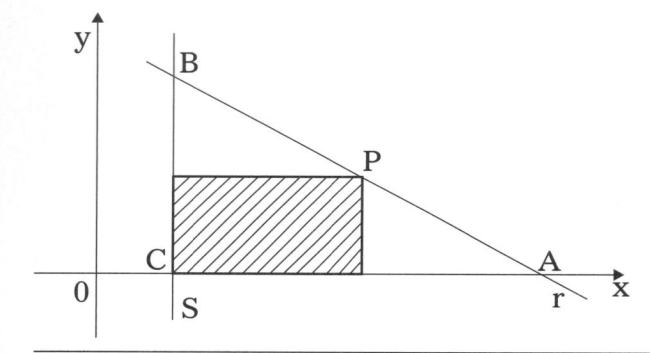

O valor da área máxima do retângulo hachurado, em unidades de área, equivale a:

a) quarta parte da área do triângulo ABC.
b) área de um retângulo cujo perímetro 20 u.c.
c) área de um quadrado de lado 4 u.c.
d) área de um quadrado de lado 6 u.c.

260 (UERJ – 2016) Em um triângulo equilátero de perímetro igual a 6 cm, inscreve-se um retângulo de modo que um de seus lados fique sobre um dos lados do triângulo. Observe a figura:

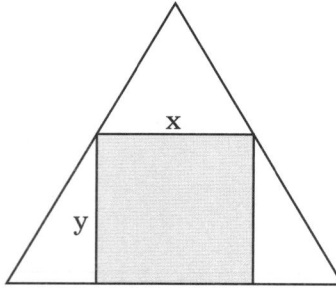

Admitindo que o retângulo possui a maior área possível, determine, em centímetros, as medidas **x** e **y** de seus lados.

178

261 (UERJ – 2014) O gráfico abaixo mostra o segmento de reta AB, sobre o qual um ponto C (p, q) se desloca de A até B (3, 0). O produto das distâncias do ponto C aos eixos coordenados é variável e tem valor máximo igual a 4,5. O comprimento do segmento AB corresponde a:

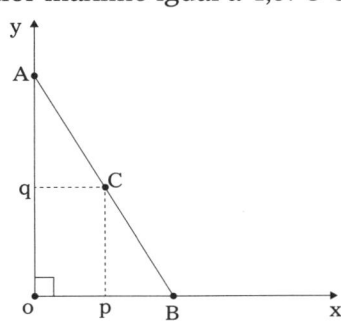

a) 5
b) 6
c) $3\sqrt{5}$
d) $6\sqrt{2}$

262 (UPE – 2015) Na figura a seguir, o triângulo isósceles OAB tem vértice na origem e base AB paralela ao eixo x. Da mesma forma que ele, existem vários outros como o triângulo isósceles OPQ.

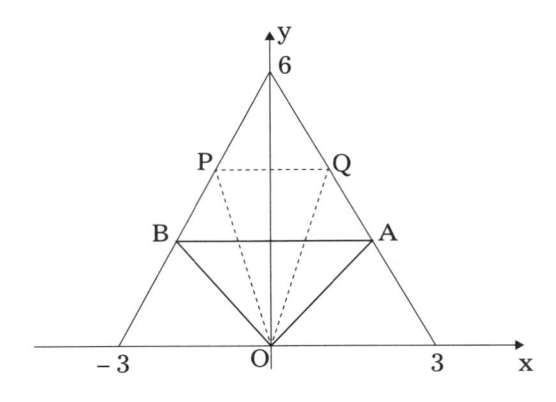

Dentre eles, qual é a área do triângulo que tem a maior área possível?

a) 4, 5
b) 6, 0
c) 6, 5
d) 9, 0
e) 9, 5

263 (ENEM PPL – 2012) O apresentador de um programa de auditório propôs aos participantes de uma competição a seguinte tarefa: cada participante teria 10 minutos para recolher moedas douradas colocadas aleatoriamente em um terreno destinado à realização da competição. A pontuação dos competidores seria calculada ao final do tempo destinado a cada um dos participantes, no qual as moedas coletadas por eles seriam contadas e a pontuação de cada um seria calculada, subtraindo do número de moedas coletadas uma porcentagem de valor igual ao número de moedas coletadas. Dessa forma, um participante que coletasse 60 moedas teria sua pontuação calculada da seguinte forma: pontuação = 60 – 36 (60% de 60) = 24. O vencedor da prova seria o participante que alcançasse a maior pontuação. Qual será o limite máximo de pontos que um competidor pode alcançar nessa prova?

a) 0   b) 25   c) 50   d) 75   e) 100

264 (UERJ – 2001) A figura a seguir mostra um anteparo parabólico que é representado pela função $f(x) = \left(-\dfrac{\sqrt{3}}{3}\right)x^2 + 2\sqrt{3}\,x$:

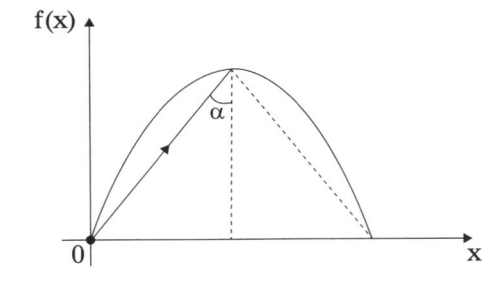

Uma bolinha de aço é lançada da origem e segue uma trajetória retilínea. Ao incidir no vértice do anteparo é refletida e a nova trajetória é simétrica à inicial, em relação ao eixo da parábola.

O valor do ângulo de incidência α corresponde a:

a) 30°
b) 45°
c) 60°
d) 75°

Resp: **256** a) $S = \{x \in \mathbb{R} | 2 \leqslant x \leqslant 7\}$ b) $\{x \in \mathbb{R} | -2 \leqslant x \leqslant 5\}$ c) $\{x \in \mathbb{R} | 0 \leqslant x < 4\}$ d) $\{x \in \mathbb{R} | 6 \leqslant x < 8\}$ e) $\left\{x \in \mathbb{R} | \dfrac{1}{5} \leqslant x < \dfrac{11}{5}\right\}$
f) $\{x \in \mathbb{R} | x \leqslant -2 \vee x > 7\}$ g) $S = \{x \in \mathbb{R} | x < -1 \vee 1 < x \leqslant 5\}$ **257** a) $S = \{x \in \mathbb{R} | x \leqslant -3 \vee 3 \leqslant x \leqslant 5\}$
b) $S = \{x \in \mathbb{R} | -2 \leqslant x \leqslant 2\}$ c) $S = \{x \in \mathbb{R} | -3 \leqslant x \leqslant 2 \vee x \geqslant 3\}$

265 (UFPR – 2017) Um agricultor tem arame suficiente para construir 120 m de cerca, com os quais pretende montar uma horta retangular de tamanho a ser decidido.

a) Se o agricultor decidir fazer a horta com todos os lados de mesmo tamanho e utilizar todo o arame disponível cercando apenas três dos seus lados, qual será a área da horta?

b) Qual é a área máxima que a horta pode ter se apenas três dos seus lados forem cercados e todo o arame disponível for utilizado?

---

266 (G1 – EPCAR – 2018) De acordo com o senso comum, parece que a juventude tem gosto por aventuras radicais. Os alunos do CPCAR não fogem dessa condição.

Durante as últimas férias, um grupo desses alunos se reuniu para ir a São Paulo com o objetivo de saltar de "Bungee Jumping" da Ponte Octávio Frias de Oliveira, geralmente chamada de "Ponte Estaiada". Em uma publicação na rede social de um desses saltos, eles, querendo impressionar, colocaram algumas medidas fictícias da aproximação do saltador em relação ao solo. Considere que a trajetória que o saltador descreve possa ser modelada por uma função polinomial do 2º grau $f(x) = ax^2 + bx + c$, cujo eixo das abscissas coincida com a reta da Av. Nações Unidas e o eixo das ordenadas contenha o "ponto mais próximo da Avenida", indicados na figura.

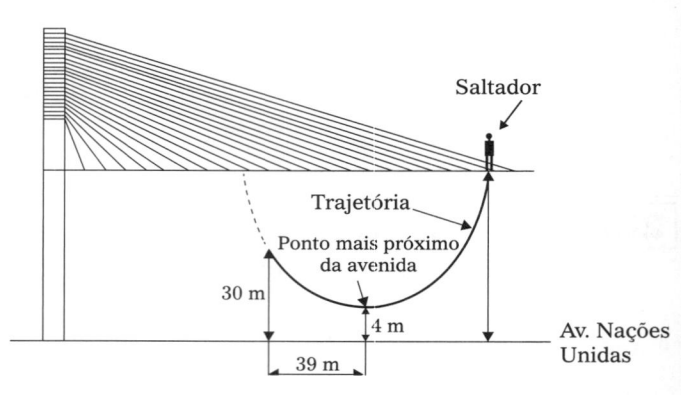

Considere, também, as medidas informadas.

O coeficiente de x^2 da função com as características sugeridas é igual a:

a) $\dfrac{22}{1521}$ b) $\dfrac{2}{117}$ c) $\dfrac{13}{1521}$ d) $\dfrac{13}{117}$

---

267 (ESPM – 2017) O lucro de uma pequena empresa é dado por uma função quadrática cujo gráfico está representado na figura abaixo:

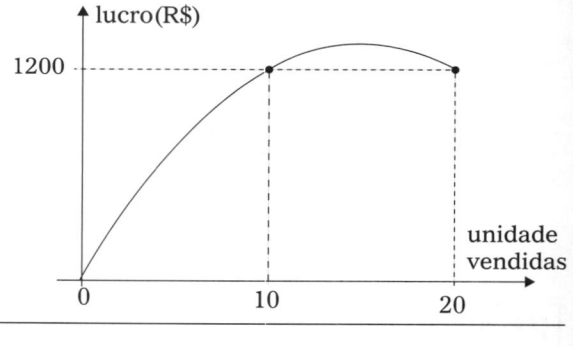

Podemos concluir que o lucro máximo é de:

a) R$ 1 280,00
b) R$ 1 400,00
c) R$ 1 350,00
d) R$ 1 320,00
e) R$ 1 410,00

---

268 (UECE – 2017) Se x e y são números reais tais que $5y + 2X = 10$. então, o menor valor que $x^2 + y^2$ pode assumir é

a) $\dfrac{70}{13}$ b) $\dfrac{97}{17}$ c) $\dfrac{100}{29}$ d) $\dfrac{85}{31}$

---

269 (FGV – 2017) Um fazendeiro dispõe de material para construir 60 metros de cerca em uma região retangular, com um lado adjacente a um rio. Sabendo que ele não pretende colocar cerca no lado do retângulo adjacente ao rio, a área máxima da superfície que conseguirá cercar é:

a) 430 m²   b) 440 m²   c) 460 m²   d) 470 m²   e) 450 m²

---

270 (G1 – IFAL – 2017) Em uma partida de futebol, umdos jogadores lança a bola e sua trajetória passa a obedecer à função $h(t) = 8t - 2t^2$, onde h é a altura da bola em relação ao solo medida em metros e t é o intervalo de tempo, em segundos, decorrido desde o instante em que o jogador chuta a bola. Nessas condições, podemos dizer que a altura máxima atingida pela bola é:

a) 2 m   b) 4 m   c) 6 m   d) 8 m   e) 10 m

180

271 (FGV – 2017) O índice de Angstrom (I_A), usado para alertas de risco de incêndio, é uma função da umidade relativa do ar (U), em porcentagem, e da temperatura do ar (T), em °C. O índice é calculado pela fórmula $I_A = \dfrac{U}{20} + \dfrac{27-T}{10}$, e sua interpretação feita por meio da tabela ao lado:

A temperatura T, em °C, ao longo das 24 horas de um dia, variou de acordo com a função

T(x) = –0,2x² + 4,8x, sendo **x** a hora do dia

	Condição de ocorrência de incêndio
$I_A > 4$	improvável
$2,5 < I_A \leq 4$	desfavorável
$2 < I_A \leq 2,5$	favorável
$1 < I_A \leq 2$	provável
$I_A \leq 1$	muito provável

(0 ≤ x ≤ 24). No horário da temperatura máxima desse dia, a umidade relativa do ar era de 35% (U = 35). De acordo com a interpretação do índice de Angstrom, nesse horário, a condição de ocorrência de incêndio era

a) improvável   b) desfavorável   c) favorável   d) provável   e) muito provável

272 (UEG – 2017) A temperatura, em graus Celsius, de um objeto armazenado em um determinado local é modelada pela função $f(x) = -\dfrac{x^2}{12} + 2x + 10$, com x dado em horas.

A temperatura máxima atingida por esse objeto nesse local de armazenamento é de

a) 0 °C   b) 10 °C   c) 12 °C   d) 22 °C   e) 24 °C

273 (PUCRJ – 2017) Um vendedor de picolés verificou que a quantidade diária de picolés vendidos (y) varia de acordo com o preço unitário de venda (p), conforme a lei y = 90 – 20p. Seja P o preço pelo qual o picolé deve ser vendido para que a receita seja máxima. Assinale o valor de P.

a) R$ 2,25   b) R$ 3,25   c) R$ 4,25   d) R$ 5,25   e) R$ 6,25

274 (UNESP – 2017) A figura representa, em vista superior, a casinha de um cachorro (retângulo BIDU) e a área externa de lazer do cachorro, cercada com 35 metros de tela vermelha totalmente esticada.

Calcule a área externa de lazer do cachorro quando x = 6 m. Determine, algebricamente, as medidas de x e y que maximizam essa área, mantidos os ângulos retos indicados na figura e as dimensões da casinha.

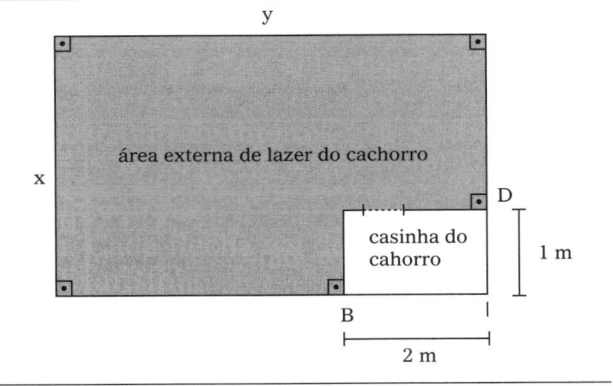

275 (Fac. Albert Einstein – Med – 2016) Suponha que, em janeiro de 2016, um economista tenha afirmado que o valor da dívida externa do Brasil era de 30 bilhões de reais. Nessa ocasião, ele também previu que, a partir de então, o valor da dívida poderia ser estimado pela lei $D(x) = -\dfrac{9}{2} \cdot x^2 + 18x + 30$ em que x é o número de anos contados a partir de janeiro de 2016 (x = 0). Se sua previsão for correta, o maior valor que a dívida atingirá, em bilhões de reais, e o ano em que isso ocorrerá, são, respectivamente:

a) 52 e 2020   b) 52 e 2018   c) 48 e 2020   d) 48 e 2018

Resp: **258** A   **259** C   **260** x = 1 e y = $\dfrac{\sqrt{3}}{2}$ **261** C   **262** A   **263** B   **264** A

276 (UNISINOS – 2016) Os alunos de uma escola irão fretar um ônibus com 50 lugares para um passeio ao jardim zoológico. Cada aluno deverá pagar R$ 40,00, mais R$ 2,00 para cada lugar vago. Para que quantidade de passageiros a empresa terá receita máxima?

a) 35　　　b) 37　　　c) 39　　　d) 43　　　e) 45

277 (ESPM – 2016) Um arquiteto projetou uma casa para ser construída num terreno retangular de 20 m por 38 m. A superfície ocupada pela casa, representada pela parte hachurada, deve atender às medidas indicadas na figura ao lado.

A maior área que essa casa pode ter é de:

a) 412 m²　　b) 384 m²　　c) 362 m²
d) 428 m²　　e) 442 m²

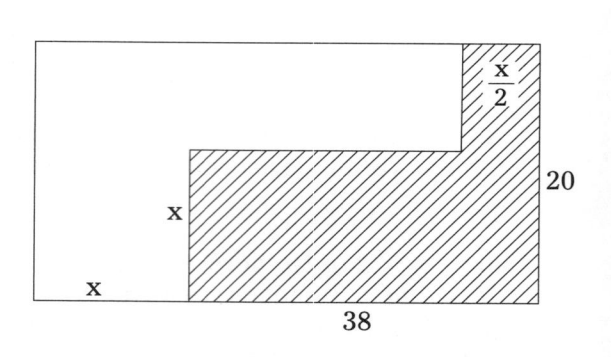

278 Resolver as seguintes inequações:

a) $(2x - 3)(4x - 1) \leq 4(2x + 3)(x - 1) - 3$

b) $(x - 2)^2 - x(x - 1) \geq 1 - 2x$

c) $3(x + 1)(x - 1) - 2(x + 1)(x^2 - x + 1) < 3(x - 2)^2 - 2x^3 + x - 1$

279 Resolver as inequações:

a) $(3x - 1)^2 - (x + 1)(x - 1) - (x - 1)^2 > (2x - 1)^2 - (x + 1)^2 + 6x$

b) $(x - 1)^3 - (x - 1)(x^2 + x + 1) \leq 2(x - 3)(x - 2) - 3(x^2 + 2)$

c) $\dfrac{x - 2}{3} - \dfrac{2x^2 - 3x}{2} - \dfrac{2x + 1}{5} \geq \dfrac{x^2 + 2}{3} - \dfrac{3x + 2}{2}$

280 Resolver as inequações:

a) $(2x^2 + 3x - 2)(x^2 - 5x + 4) \leq 0$

b) $(2x^2 + 3x - 2)(3x^2 - 5x - 2) > 0$

c) $7(2x - 1)(x^2 + 1)(x^2 + 3) < 0$

d) $2x(x^2 - 4)(4x^2 + x + 1) > 0$

e) $3x(4x^2 - 9)(2x^2 - x - 6) \geq 0$

f) $(-3x + 4)(x^2 - 16)(2x - x^2) < 0$

281 Resolver:

a) $\dfrac{4x^2 - 20x + 25}{3x^2 - 7x - 6} \geq 0$

b) $\dfrac{2x + 5}{9 - x^2} \leq 0$

c) $\dfrac{x^2 - 6}{12x - 6x^2} < 0$

d) $\dfrac{2x^2 + 3x - 2}{(3x - 1)(x^2 + x)(x^2 - x + 1)} \geq 0$

e) $\dfrac{(2x^2 - 3x - 9)(3x^2 - 8x + 4)}{(6 + x - 2x^2)(x^2 - 4x)} \geq 0$

182

282 Resolver as nequações:

a) $x^3 - 2x^2 - x + 2 < 0$
b) $x^3 - 3x^2 - 9x + 27 > 0$
c) $x^3 - 6x^2 + 12x - 8 > 0$

d) $x^5 - 4x^3 + 8x^2 - 32 > 0$
e) $2x^4 - 3x^3 - 16x + 24 \geq 0$

283 Resolver os seguintes sistemas de inequações:

a) $\begin{cases} \dfrac{3x+5}{7} + \dfrac{10-3x}{4} > \dfrac{2x+7}{3} - \dfrac{148}{21} \\ \dfrac{7x}{3} - \dfrac{11(x+11)}{6} > \dfrac{3x-1}{3} - \dfrac{13-x}{2} \end{cases}$

b) $\begin{cases} x^2 - 4x + 3 < 0 \\ 2x - 4 < 0 \end{cases}$

c) $\begin{cases} 2x^2 + 2 < 5x \\ x^2 \geq x \end{cases}$

d) $\begin{cases} x^2 < 9 \\ x^2 > 7 \end{cases}$

284 Resolver os seguintes sistemas de inequações:

a) $-2 < x + 1 \leq 3$

b) $-3 \leq 3x - 4 < 11$

c) $2x + 3 \leq 4x - 1 \leq x + 8$

d) $1 > 6x - 4(2x - 1) - 3 \geq -5$

e) $-2(4 - x) \leq 3x + 1 < 1 - 2(1 + 3x) + 10x$

f) $3x + 2(x+2) < 2x - 4(x+3) < 4 - 3(1-x)$

g) $4 - x \leq \dfrac{2x+7}{3} < \dfrac{x+16}{4}$

h) $2 < x^2 - x \leq 6$

i) $-3 < 2x^2 - 7x < 15$

Resp: **265** a) 1600 m² b) 1800 m² **266** B **267** C **268** C **269** E **270** D **271** D

272 D **273** A **274** x = 6 ⇒ 76. Máximo para x = y = 9,5 **275** D **276** A **277** B

278 a) $\{x \in \mathbb{R} | x \geq 1\}$ b) $\{x \in \mathbb{R} | x \leq 3\}$ c) $\{x \in \mathbb{R} | x < \dfrac{16}{11}\}$ **279** a) $\mathbb{R} - \{\dfrac{1}{2}\}$ b) $\{x \in \mathbb{R} | x \leq \dfrac{1}{2} \lor x \geq 6\}$

c) $\{x \in \mathbb{R} | \dfrac{1}{5} \leq x \leq 2\}$ **280** a) $\{x \in \mathbb{R} | -2 \leq x \leq \dfrac{1}{2} \lor 1 \leq x \leq 4\}$ b) $\{x \in \mathbb{R} | x < -2 \lor -\dfrac{1}{3} < x < \dfrac{1}{2} \lor x > 2\}$

c) $\{x \in \mathbb{R} | x < \dfrac{1}{2}\}$ d) $\{x \in \mathbb{R} | -2 < x < 0 \lor x > 2\}$ e) $\{x \in \mathbb{R} | x = -\dfrac{3}{2} \lor 0 \leq x \leq \dfrac{3}{2} \lor x \geq 2\}$

f) $\{x \in \mathbb{R} | x < -4 \lor 0 < x < \dfrac{4}{3} \lor 2 < x < 4\}$ **281** a) $\{x \in \mathbb{R} | x < -\dfrac{2}{3} \lor x = \dfrac{5}{2} \lor x > 3\}$

b) $\{x \in \mathbb{R} | -3 < x \leq -\dfrac{5}{2} \lor x > 3\}$ c) $\{x \in \mathbb{R} | x < -\sqrt{6} \lor 0 < x < 2 \lor x > \sqrt{6}\}$

d) $\{x \in \mathbb{R} | -2 \leq x < -1 \lor 0 < x < \dfrac{1}{3} \lor x \geq \dfrac{1}{2}\}$ e) $\{x \in \mathbb{R} | 0 < x \leq \dfrac{2}{3} \lor 3 \leq x < 4\}$

282 a) $\{x \in \mathbb{R} | x < -1 \lor 1 < x < 2\}$ b) $\{x \in \mathbb{R} | -3 < x < 3 \lor x > 3\}$ c) $\{x \in \mathbb{R} | x > 2\}$

d) $\{x \in \mathbb{R} | x > 2\}$ e) $\{x \in \mathbb{R} | x \leq \dfrac{3}{2} \lor x \geq 2\}$

283 a) $\{x \in \mathbb{R} | x < 5\}$ b) $\{x \in \mathbb{R} | 1 < x < 2\}$ c) $\{x \in \mathbb{R} | 1 \leq x < 2\}$ d) $\{x \in \mathbb{R} | -3 < x < -\sqrt{7} \lor \sqrt{7} < x < 3\}$

284 a) $\{x \in \mathbb{R} | -3 < x \leq 2\}$ b) $\{x \in \mathbb{R} | \dfrac{1}{3} \leq x < 5\}$ c) $\{x \in \mathbb{R} | 2 \leq x \leq 3\}$ d) $\{x \in \mathbb{R} | 0 < x \leq 3\}$

e) $\{x \in \mathbb{R} | x > 2\}$ f) $\{x \in \mathbb{R} | -\dfrac{13}{5} < x < -\dfrac{16}{7}\}$ g) $\{x \in \mathbb{R} | 1 \leq x < 4\}$

h) $\{x \in \mathbb{R} | -2 \leq x < -1 \lor 2 < x \leq 3\}$ i) $\{x \in \mathbb{R} | -\dfrac{3}{2} < x < \dfrac{1}{2} \lor 3 < x < 5\}$